中国禅丛书

高明中庸 修身为本

◎悟义 著

中国社会科学出版社

图书在版编目(CIP)数据

高明中庸　修身为本 /悟义著. —北京：中国社会科学出版社，2018.7
（2018.8重印）
（中国禅丛书）
ISBN 978 – 7 – 5203 – 2636 – 0

Ⅰ.①高…　Ⅱ.①悟…　Ⅲ.①禅宗　Ⅳ.①B946.5

中国版本图书馆 CIP 数据核字（2018）第 118536 号

出 版 人	赵剑英
责任编辑	王　茵　孙　萍
插　　画	雪山博士
特约编辑	灵　川　灵　禧　灵　和
责任校对	崔芝妹
责任印制	王　超
装帧设计	天　月
特约策划	茶密学堂

出　　版	中国社会科学出版社
社　　址	北京鼓楼西大街甲 158 号
邮　　编	100720
网　　址	http://www.csspw.cn
发 行 部	010 – 84083685
门 市 部	010 – 84029450
经　　销	新华书店及其他书店
印刷装订	北京君升印刷有限公司
版　　次	2018 年 7 月第 1 版
印　　次	2018 年 8 月第 2 次印刷
开　　本	787×1092　1/16
印　　张	27
字　　数	316 千字
定　　价	88.00 元

凡购买中国社会科学出版社图书，如有质量问题请与本社营销中心联系调换
电话：010 – 84083683
版权所有　侵权必究

禅者悟义

中国禅修养传承者及实践者。

中国禅丛书系列

禅养生系列：《茶密人生》
　　　　　　《茶密功夫》
禅文化系列：《茶密禅心》
　　　　　　《禅者的秘密·饮食》
　　　　　　《禅者的秘密·禅茶》
禅与生命系列：《本能》
　　　　　　　《生存》
　　　　　　　《禅》
禅修系列：《莲花导引》
　　　　　《莲花太极》（上、下册）
　　　　　《禅舍》
　　　　　《五心修养》
禅艺系列：《雪山静岩不二禅画释义》
　　　　　《不二禅颂》
禅法系列：《中国禅》
　　　　　《至宝坛经》（上、下册）
禅画美学系列：《高明中庸　修身为本》
中国禅讲座系列：《禅问》
《道德经玄机》（上、下册）
"北大、复旦生活禅智慧"讲座光盘

目录

003　禅画美学总序

086　导言

095　**第一章　天命率性修道教**
096　第一节　儒家之天命
124　第二节　"中"之三义
162　第三节　天地人合一
187　第四节　何为君子

203　**第二章　天地万物致中和**
204　第一节　中和之道
234　第二节　中和之境
259　第三节　致中和
267　第四节　以人为本

285　**第三章　见隐显微君慎独**
286　第一节　君子修道之法"慎独"
318　第二节　儒、道、禅修法之异同

347　**第四章　诚明明诚诚为本**
348　第一节　君子心即诚心
370　第二节　至诚致曲

心禅观美

禅画美学总序

一

许多人见到"禅"便马上联想到"禅宗",这就像一提到"太极"就马上想到"太极拳"一样,这样的理解不够全面。"禅",尤其是"中国禅",绝非是以宗教形式存在,其中禅学、禅理、禅修、禅文化、禅艺术、禅养生等,皆属于"禅法","禅宗"原意是指以"禅"为宗旨的修行门派,后世由于佛教宗教化现象严重,"禅宗"就变成了以宗教形式弘法的教派。

在禅门,五祖弘忍大和尚是禅法变革的分水岭。五祖以上的禅,称"如来禅""达摩禅",五祖门下出了惠能和神秀两位大师,其后因修法不同,分出了惠能顿悟(南禅)和神秀渐悟(北禅)两种禅法,史称"南顿北渐"。

至唐末时,各种因缘际会,汉地佛教几乎尽归南禅。南禅的顿悟法门是六祖惠能大师开天辟地将佛法中国化,改变了过去佛教中过于形式化、宗教化、哲理化、高深化、神秘化等内容,适当融入了儒、老、庄的一些思想智慧,创立出的一种适合中国人修行的新禅法。惠能大师将活生生的人放在无与伦比的重要位置,禅法的核心是为了活着的人的当下自在,在当下的一举一动、一言一行、一意一念中契合自己的本来面目,这就是所谓"全体大用""只破不立"的"中国禅"。六祖平日说法经弟子法海整理成书,后世弟子尊其为《六祖法宝坛经》,这是中国人自己的佛经,也是唯一一部非释迦牟尼佛亲讲的经书。

再后,六祖门下南岳怀让、青原行思二系大开宏门,再至马祖建丛林,百丈立清规,一时天下学人无不以"走江、湖"朝见石头、马祖两位大师为荣(详见拙作《中国禅》)。佛法的彻底中国化道路由此展开。"中国禅"应运而生,因其以心为宗,齐同凡圣,融摄万有,顿悟成佛,故称"中国禅""祖师禅"。

由于南宗禅师们接引学人的禅风不同、重点不同,唐末、北宋进一步分出了"五家七宗",被称为"分灯禅""越祖分灯禅"。

"中国禅"主要指的是由六祖惠能创立至"分灯禅"陆续成立,这二百多年时间的禅法。这段时间的禅法最纯正,大师辈出。祖师们说法手眼通明、神鬼莫测,杀活自如,见行皆圆;禅风大开大合,云水无痕,境去不留;祖师语录精彩绝伦、妙趣横生,见机说法,说法随缘。凡学人之机用、境界、见地、凑泊,一望便知,不待多言,于是敢在悬崖放手,能于水底捞月,拈花皆可意,睹物便成佛。此一番大丈夫的所行所为,到了南宋,由于社会风气等各方面原因,逐渐变异成了"文人禅""枯木禅""口头禅""狂禅"。

虽然修禅早已成为一种社会时尚,但真正的禅法渐已式微,禅法被固定化、符号化、高尚化、优美化、诗词歌赋化……曹溪的朴实禅风逐渐丧失,原有的峻峭洒脱的机锋、杀活随心的棒喝逐渐变成了"死法"。

元朝时,有高峰元妙、中峰明本、天如惟则等禅师出世,为了针砭时弊,重振禅风,禅师们大力提倡以实修实证为本,这是纠正宋禅的文人化、诗词化、理论化、高雅化倾向,回归"中国禅"本来面目。

"禅"本是生命的灵光,本是"美"的最集中体现,生命的灵光是人心中本自具足、自由自在、妙明纯真,哪有什么不美?然而南宋时,经喜好舞文弄墨的士大夫们的刻意修饰,禅变得唯美文弱,高不可攀,此恰如无根之木,又似水中浮萍。高高在上、孤芳自赏的"美"能有多久的生命力?可惜的是,元禅虽在修行方式上回归,但由于各方面综合原因,依然难挽大局。

再至明朝,禅门已变为以"禅净双修"为主,辅以"禅道双修""禅密双修"等,"中国禅"玄旨已变,明朝禅门,属于外禅内净土。

清时,早期几位帝王如顺治、康熙、雍正、乾隆都和"禅"有极深渊源,其中尤以雍正为代表。他自号"圆明",以人间教主、超等禅师自居,不仅自己常闭关修禅,还升堂说法,带领大臣们修禅。他把禅和政治融为一体,这使"禅"世俗化、政治化,此时一部分"禅师"依附皇权,颂扬朝政,另一部分"禅师"则反对统治,参与"反清复明"。结果是,无论哪一派都莫名其妙脱离修行的根本,陷入激烈的互相指责。"禅"变成了一种斗争工具,而"中国禅"的精髓却无影无踪。

什么是"中国禅"的精髓?即为了帮助世人理解和契合自心,禅师们采用了包含但不仅限于语言文字形式的说、写、讲、述、唱、颂、诗、词、诀、修等丰富多彩、灵活生动的修行和教育方法。禅师们教法灵活,以其自身昭昭使人昭昭,或以其自身昏昏使人昭昭。"禅法"就是无论顺逆,全体大用,帮助学人契入无形禅门的法宝,这种无形的门称为"法门"。

什么是"中国禅"的特点? 即"禅"必须全然无碍地融入生活。"生活禅"是"中国禅"的日常修行方式,这种修行是基于人的日常生活,在生活中灵活发挥"禅"的智慧。禅者穿衣吃饭、言谈举止,无不契合深奥玄妙的"禅法"。可以说,生活化、平实化是"中国禅"的特色、特点和特征。

什么是"中国禅"的本来面目? 便是来源于生活,最终回归于生活,成为人人不可离、时时不可少、处处不可缺的人生智慧。

进一步说,"中国禅"是唯一一种圆融了不同区域文化、宗教信仰、科学领域、语言文字、学术见解等方面,统一了形而上的"极高明"和形而下的"道中庸"的实践方法。唐末,经日本、朝鲜半岛"遣唐使"学成回国后,他们迅速融合了本国传统、文化,发展出至今依然具有鲜明特色,并以大众喜闻乐见形式存在的"日本禅""韩国禅"。

"中国禅"变革了达摩祖师传来的"印度禅"修行方式。惠能祖师破除了各种能束缚人的障碍,使得人人都可以用自己的方式,在生活中契合"中国禅"修养,并给自己的人生带来显著的身、心变化。

"中国禅"的禅者,是一个个平凡人、普通人。绝对没有什么特别的形式叫"禅修","禅修"也不是某些人的专利,而是能在明师指引下,和生活、事业、家庭的所有方面密不可分。生活中所有的点点滴滴都是一次次修行的过程,行住坐卧、悲欢离合,处处有禅机。

"中国禅"中,也没有什么特定状态、行为、着装的人叫"禅师"。每一位能当下起用禅的智慧,应机、应时、应人帮助他人获得安心的觉者,都是"禅师"！这些人没有固定形象,或者必须以某种身份出现。他们可能是任何人,可能如普化禅师一样疯疯癫癫扛着棺材四处圆寂；也可能和庞居士一样,一家四位大禅师,却做着小生意,种着地,事事凡夫时时禅；也可能是撑船的船子,能在渡口等弟子几十年；也可能是位不起眼的老婆婆,在街边摆个摊,轻描淡写地为自认为天下无敌的"周金刚"点个"心"……

由此可见,"中国禅"的祖师们不仅会显出家相,更多地会以各种面貌示现。一切的显"相"都是为了时代的需要,可以说,这个时代的民众需要什么"相",祖师们就会显什么"相"。无论以什么"相"出现,只要具备了"中国禅"自性起用的功夫智慧,任何相都是"大禅师"。至于什么身份、什么经历,起眼或不起眼、出名或不出名,这些都不是"中国禅"在意的范围。也就是说,禅门师者必能契合禅门正法,导人脱离迷信、愚痴。相反,住在出家相、修行相等各种"相"里,自诩某某传人,修行却心外求法,说法也不明奥义,平时只注重仪式、形式、神秘、庄严,或满嘴禅言禅语,浑身挂满法器佛珠的人,这些人即使具备了各种地位、名誉,又怎能是禅门之师呢？

"禅画美学"是"中国禅"修禅的方法之一,它不属于任何固有的学术、理论、派系、宗教、逻辑,也不属于当代心灵哲学范畴,现代心灵哲学包括行为主义、同一论、功能主义、取消主义等意识自然化进展,以及新奇二元论、泛心论等各种学派,当然还有泛神论、吸引力法则等新心灵神秘科学理论。"禅画美学"和这些无关,是一套独特的、自成体系的禅学理论和实修禅法。

我们刚才说了,"中国禅"有其鲜明的特点,其宗旨必是为了现实社会的人当下解脱自在,而不是为了超度死去的亡灵;不是为了消灾祈福;也不是为了人死后去往什么极乐世界。"当下"是"中国禅"的核心点。"生活禅"的"生活"便是"当下",生活在当下,生活于当下。这是"中国禅"的起点,也是"中国禅"的落点。

那么何为"当下"呢?绝对不是得过且过的现实享乐主义,"禅"的"当下"包含了"现实"和"与时俱进"两个层面。"禅画"修养就是其中一种代表性修法,在现代日新月异的社会环境里,禅者需能不拘泥古人之法,能走在社会进步前列。注意,禅者要的不仅仅是跟上社会的潮流和步伐,这属于消极的跟随,凡是想着跟上的,就一定跟不上。在任何时代,真正的修行者必是社会上有思想、有精神的大智慧者,是社会风气的引领者、文化的推动者、教育的先行者,也就是说大智慧者必是创新者,而绝对不可能是盲目跟随者或东拼西凑的复制者。

"禅画"不仅仅是"画",它可以说是今天依然存在的一种独特的、灵活的、有生命力的古象形文字,这是"中国禅"和南传佛法、印度禅、日本禅、韩国禅的不同之处。有读者会问,不是日本、韩国也有"禅画"吗?是的,以日本禅为例,日本禅师中尤以一休、白隐等禅师的禅画作为代表。这些日本禅画在模仿中国唐宋文人画的基础上,融合了日本文化的显著特征,故此和"中国禅"中的"禅画"有显著差异。并且,它们被作为一种有价值的艺术品、收藏品在流传。

那么"中国禅"之画有什么鲜明特点呢？我们要从文字说起。今天引领世界的西方文明，其传递体系主要以口语传达为主，西方虽有文字，但却是作为语言之辅助的。西方文明的拼音文字符号系统，和东方象形文字不同，是为了记录语言、表现语言，并由语言而诞生的，这些文字不能摆脱语言或脱离语言而独立存在，拼音文字符号系统是一个仿拟语言系统。

西方是以语言为中心的文明，这样的文明，和以象形文字为主要传承方式的中华文明迥然不同。有不少西方学者认为，从原始的图象文字到拼音，这是人类文明的进步。世界上的古文明，如埃及、美索不达米亚都灭亡了，美索不达米亚地区及埃及亡于希腊人、拉丁人及闪族人。因此看起来好像世界上主要文明后来均改用拼音，古印度文明因为雅利安人的影响，也是如此，只中国是例外。真是这样吗？希腊人、拉丁人、闪族人灭了古文明，用简便的拼音文字系统替代了图画象形系统，这是暴力武力的作用，能说是文明的进步吗？

人类在大约6000年前就有了象形文字，后来巴比伦和苏美尔人又发明了楔形文字。楔形文字可以上下竖写，也可以左右横写，它由最初的象形文字系统发起，字形结构之后逐渐简化和抽象化。楔形文字多用刻画形式表达，人们常用芦苇杆或木棒压印在泥板上来书写，线条笔直形同楔形，文字笔画大都为具三角形的线条，而字形也随着文明演变，逐渐由多变的象形文字统一固定为音节符号。

大约4000年前，地中海东岸崛起的腓尼基人发明了腓尼基文字，现在一切字母文字，比如阿拉伯语、希腊语、拉丁文、希伯来语、英语等，都可以说是直接或间接从腓尼基文字发展而来。腓尼基人因与埃及人常有贸易交易,而埃及象形文字较中国象形文字更具象,这种符号后来被视为声音符号的起源。后来腓尼基的宗教人士把文字改成有秩序的字母,商业交易由此变得更加便利。

中国象形文字和西方不同,属于非拼音字母系统文字,象形文字本是"画"中含"文""文"中有"画"的。并且,文字和语言可以分别独立,以现今考古资料来看,汉字的发明比苏美尔文字、埃及文字、克里特文字都要早。另外要注意的是,所有历史悠久的古文明文字,均没有采用拼音方式的。

汉字是历史最悠久、最智慧的文字系统,也是人类历史上唯一延续了古文明的文字系统。

即使在西方,人们只要发现语言系统有所不足时,所能设想建立的真正文字系统,仍以汉字为基本思考模型。作为象形存在的汉字是唯一一种有思想的文字,并且其具有极为丰富的内涵。汉字内涵之微妙,可以说在所有的文字里绝无仅有,其语言与文字之间可以有一种平衡的动态关系。有的字正、反意同时存在,如:"止"就同时包含了"止"和"趾"两层含义;再如"息",心中火起,心火便可"熄",心中慧水常生,便是生生"不息";再如"停",乃是人安立于一亭休憩,暂时的停止是为了下一步更稳地出发;"舒"乃是舍+予,舍是自舍,予是给予,能够自舍而给予他人才是"舒";"劣"是少力,人如果偷懒、怕苦、喜欢享乐,便是"劣"。

……

人类的文字,唯有汉字,有这样辩证的哲学内涵,其中有的多音;有的多义；有的因发音不同、排列不同、高低不同、用处不同、前后位置不同、省略不同、时间不同、态度不同……含义均不相同，而这正是提倡标准化、可复制、可还原、可拆分的西方文明难以接受的。

因为众所周知的原因，中国在民国时期，知识分子反思中国近代落后之弊端，搞了一场"新文化运动"。其中钱玄同提出了"废除汉字论"，1918年，他在《新青年》上发表的《中国今后之文字问题》一文认为："中国文字衍形不衍声，以致辨认书写极不容易，音读极难正确。这一层近二十年来很有人觉悟；所以创造新字、用罗马字拼音等等主张，层出不穷。"

他试图从学理上证明汉字的缺陷："中国文字，论其字形，则非拼音而为象形文字之末流，不便于识，不便于写；论其字义，则意义含糊，文法极不精密；论其在今日学问上之应用，则新事、新理、新物之名词，一无所有；论其过去之历史，则千分之九百九十九为记载孔门学说及道教妖言之记号。此种文字，断断不能适用于二十世纪之新时代。""欲使中国不亡，欲使中国民族为二十世纪文明之民族，必须废孔学、灭道教为根本之解决，而废记载孔门学说及道教妖言之汉文，尤为根本解决之根本解决。"

建议废掉汉文后，钱玄同等主张采用文法简赅、发音整齐、语根精良的人造语Esperanto（世界语）来代替汉文。当时有同样想法的大知识分子，包括鲁迅、陈独秀、胡适、傅斯年、瞿秋白等人。

有趣的是，与中国知识界普遍反对使用汉字相反，近代西方却掀起一股汉字热，以笛卡尔、基歇尔、威尔金斯、莱布尼兹等为首的大学者，开始认识到汉字的伟大，他们前后构思了一种叫"关于文字和普遍语言、万能沟通手段、通用思想符号"的哲学计划,简称"通用字符"。

所谓普遍、万能的沟通符号,是指只有文字才能跨越语言鸿沟,成为普遍通用的沟通符号。这一点在早期日本、韩国之间是常见之事,日本、韩国的知识分子都认识汉字,只是字同音异,故他们之间能轻松笔谈,却无法说话交流,这是一个庞大的"汉字文化圈"。笛卡尔等人设想要建立一个新的,且在其历史中未曾被想过的新哲学语言模式,这种想法唯有取法汉字。

例如莱布尼兹认为汉字与发音分离,适合做哲学研究、传播、沟通。而且汉字与埃及象形文字不一样,具有更多思想,其意义还须取决于数、秩序与关系,不只是符号与某种物体相似的笔画。故埃及通俗的隐喻性图画文字,与中国哲学的、有思想的、动态的文字是不能同一而语的。

当然他们设想的通用字符(非表音文字)中不仅仅包括汉字,并且他们也没有完全理解汉字。汉字并非完全与声音分离,总体上说,汉字并不只是一个国家、一个民族的文字。现在语言学者说:"世上只有两种文字系统,一是表意文字系统,二为表音文字系统。"有些研究文字学的人也这么说。其实表音"文字"系统,哪算真正的文字系统呢？如果非要认为表音文字也是一种文字,则更准确地说表音文字为另一类型更好,它们的内涵、意义与汉字完全无法相提并论。

而代表了"汉文字"的中国书法则是文明的活化石,古人不论是留在兽骨、钟鼎、石器上的甲骨文、金文,还是留在摩崖和石雕上的汉碑、魏碑,抑或是藏在典籍史册上魏晋、唐宋等各时代不朽之作,虽然时代不同,但无不将其鲜活的思想精神注入笔法之中,表现作者的一种大意境、大气象。故此，汉字欣赏，不仅要观表面之美、浮浅之象，更要看其内涵，其中活泼的生命色彩，这些活生生的纵横线条、错落的骨骼架构、流动的脉络笔画和丰腴的饱满血肉塑造了一个个新生命。作者用线条、点划、字形、构架等将这些生活"活化"，故，书法是"法"为本，书为末。

苏东坡云："书必有神、气、骨、血、肉，五者阙一，不为成书也。"可见，书法、画法是作家创作出一个新生命的过程。那么回到现实社会，今天的人类创作出了一个什么新生命呢？叫"人工智能"。这种新生命和原来的电脑完全不同，电脑是人的工具，而未来的"人工智能"，它们一定会自我进化、自成沟通，自成一个世界。

汉字是中华文明的结晶，其中蕴含的深意，文、字、句、诗、词、歌、赋、颂、章等等，彼此之间的关联、转折、起用，有无穷无尽的挖掘空间，这是西方拼音系统所无法具备的。也是未来有不可想象发展空间的"人工智能"所需要的。故此，未来文字将从作用性、工具性、方便性开始进化。

"人工智能"被发明之前，机器是没有思想和感情的，而所谓"智能"便是这种生物具有了人一样的思考能力，随"人工智能"不断升级，不排除其有了情感，进入了有情生命的世界。有情的世界里有人格、人性、人情，在人类世界里，哲学、艺术、伦理、文化是传承和传递这些价值、思想的形式，如果只有科技，则人类世界是失衡的。但是未来，"人工智能"这一新的生命形式，可以凭借各种载体，以电脑、汽车、机器人等形象出现，它们的形体可能是巨大威武的，也可能是微不足道的，还有可能是半真人半"人工智能"的合成体……无论如何，它们的未来必是以现代人类无法想象的方式和速度自我进化,可以肯定的是,它们属于有情感、有思想的"新生物"。而它们的世界将不会是人可以控制的世界,它们的思维方式也必定不会延续现代人的思维逻辑。

以笔者愚见,电脑的发明是工业社会的里程碑,而今天人类造出的"人工智能",标志着一个新时代的来临。过去十万年中,智人作为地球生物的绝对先进体,对其他动物似乎有领导权,而未来新时代中,普通人的智商、体能、进化速度和"人工智能"以及"半人半人工智能"的生物比,可以说不在一个能量级、数量级。故此,虽然生活在一个地球,但"人工智能"的世界,普通人是无法想象的,这就好比蚂蚁无法想象人的世界一样。虽然生活在一个空间,其实是完全不同的世界。

在此之前,人对电脑、汽车等工具仅仅停留在使用上,而进入新时代后,人类如果再不打开自身本具的灵性,重新发掘人类的精神力量,那么必然成为新世界的从属,变成一个配角。

电脑的语言文字是采用了以拼音系统为主体的文字系统,那么"人工智能"呢?它们的思维先进程度远超过现代人的想象,它们的未来必然不仅是一种工具,而是有精神和思想的生命体,故此它们会需要有思想的语言文字和它们匹配,而放眼望去,除了汉字,别无选择。

笔者不是悲观主义者,认为"人工智能"会统领世界。要说人的地位下降,其实现在人已经成了科技的奴隶,离开手机、电脑、电、气、能源,有几人能生存?笔者以为,"人工智能"不会主动与人类为敌,彼此的世界不同。对人类产生伤害的,极有可能是那些经过改造后,缺乏智慧,又缺乏慈悲,但又恰恰拥有了超强能量、欲望强烈、精力充沛、长生不老的"半人半人工智能"合成体！

这个问题我们在后面书中会详细讨论，笔者相信"汉文字"的巨大能量终会被新时代重新发现，也相信"禅"的修养能量能帮助新时代的人们找到安心自在，更相信一旦"人工智能"选择了智慧的汉文字作为其沟通方式，中华文明的传统智慧能帮助其精神向善的一面转化，能和人性的仁义精神相应，并能和人类最终和谐相处，非以弱肉强食的丛林法则为生存原则，而是能以和为贵、以和为美、以和为本。

中国崛起是21世纪最大的事实，伴随着国家实力的扩大，可以更多吸引西方文明对中华文明的向心力，不少人崇拜西方文明，被反吸引，这不是说西方文明有什么不好，而是中华文明自身缺乏被再发掘，其潜在能量和吸引力没有被真正释放，使得本来活生生的、灵动的、智慧的文明被僵化成狭隘的理论，或者固化成某种符号，以至于吸引力不够。这是中华文明在一定程度上自我否定、自我封闭的结果。

古德云：得民心者得天下。"国"是一个权力体，与此相比较，"天下"则是一个价值体，既指理想的文明秩序，又指以某种文明为中心的世界中心结构。"中华文明"之所以伟大，之所以原有一种向心力，之所以能历经五千年而不衰，不是因为封闭、狭窄，而是其能不断将外来的文明化为自身的能量，有能平等、包容各民族文化、语言文字、信仰习俗的博大胸怀，能统一融和，不分自他、你我的宏大的兼蓄能力。也可以说，没有这种包容性的土壤，就不会有佛法东来，更不会有"中国禅"的横空出世。

故此,有些极端民族主义、民粹主义者,视中国与其他文明有冲突,以种族和民族的绝对分野抗拒外来文明,只要是西方的、其他民族的,就一概反感。这些人心中的"中国""汉人"概念是狭隘的、封闭的,是不能代表"汉人"和"中国"的。所谓"中华文明"不仅是指"汉人""汉族""汉地",这种文明是有主体的一种力量,也就是向心力,像大磁场一般,引得百鸟朝凤。自己内在能量具备了,世界都会为之所动。

越有能量的文明,越是具备了包容的精神美德,一切文明都有共同点,所异者,不过是广狭、侧重等,文明是没有对立的,只有差异。故此,如果将中华文明孤立,则看上去是颂扬和传播,实质是将博大精深的中华文明贬成了一国、一族、一域、一城的小众文化。

"禅画美学"修养是现代人重新认识、发现、契合中华文明的方便法门。修者通过对画家画作的观照,和自作画的过程,一步步契合汉字书画中的智慧,在修行过程中,个人的心胸被逐渐打开,学养日渐深厚,修者能逐渐从现代忙碌焦灼的心境切换到清净淡泊中。

修者由"观"开始,可次第契合不可言说的禅境、无穷变化的禅法、深邃精湛的禅理,实践由观者变成画者的修行过程,切身体悟禅画修养的独特魅力。

现代许多人不理解何为"禅画",生搬硬套,以为画个菩萨像,或者画个松竹花鸟就叫"禅画",也有人以为似乎和"禅"拉上关系,便能凸显自己的文化素养。有这种攀缘心的人是可笑的,一个自己不修禅的人,或者对禅一知半解的人,能用笔表达禅心和禅境吗?故此,这种禅意画只是一厢情愿的模仿。

"禅画"不仅和这些"禅意画"不同,和"文人画"也不同。可以说"禅画"是画师能量传递的密码,由于其中的意境高远,又同时包含了艺术鉴赏价值,所以常被人误以为属于艺术品或文化产品,其实"禅画"的内涵是超越艺术、文化、宗教、时代、语音、民族的。

又有不少人说看不懂"禅画",认为不好流通,无法衡量价值。什么叫"价值"? 这是人为赋予的含义。"禅画"创作本来是为了观者能安心自在、心契禅境的法宝,不是为了收藏和炒作的商品。至于看不懂,因为看不懂才需要反复参究啊!《易经》您能看懂吗?《河图》《洛书》您能看懂吗?《黄帝内经》呢? 我们从孩童开始什么都不懂,所以需要不断加深理解,而一切和生命息息相关的人生智慧,是人能无忧无虑、无惧无惑的保障,不是无用的点缀。生命的奥秘解开得越多,人就越能活得像个人,就越能活出人的潜在能量。人如果想不枉此生,想洞察世界、宇宙的真相,想活得逍遥自在,就必须要有智慧人生。相反,如果您仅仅以饱食终日为目标,以赚不赚钱为标准,那么,这些玄妙的智慧和您无关,也不需要费脑筋去理解。

看不懂"禅画"的另一个原因,在于禅画不是写实画,要看"真实"去看照片岂不是更写实? 由于内涵深奥,层层无尽,所以一般人不容易理解。这如同"话头禅"一般,观者对着一幅画,需要反复地参究:画家此时画出此画表达何意? 想说什么? 为什么这么构图? 如何下笔? 此画为什么看了头晕? 心动? 心净? 心跳? 为什么看了不停流口水? ……凡此种种,皆是"话头"。

不过和"话头禅"不同的是,话头禅有个具体的话头在,例如"念佛者谁?""父母未生我前我是谁?"等等,故此有具体下手处,而"禅画"却非具象的"话头",一幅"禅画"中的"话头"常常有几个、几十个,抓到一个刚悟出一些时,突然又会涌出来几个新的,一幅画中层层叠叠、反反复复、星罗密布着许多纵横交错的"话头",修者进入其中,将越参越觉有趣,越参越觉奥妙,越参越觉其乐无穷。

还有人问,为什么"禅画"不画彩色的?五彩缤纷的多好看啊!我们现代人已经生活在一个光怪陆离的世界里了,老子说:"五色令人目盲;五音令人耳聋;五味令人口爽;驰骋畋猎令人心发狂;难得之货令人行妨。是以圣人为腹不为目,故去彼取此。"

缤纷的色彩让人眼花缭乱,混乱的音调让人听觉失灵,丰富的滋味让人最终味觉钝化,口不辨味;纵情作乐让人内心发狂,为了收藏稀有货品,人会行为不轨,坑蒙拐骗。因此圣人饱腹之余不求目眩,唯有脱开物欲的诱惑,才能重视内在的满足。老子圣人能"不出户,知天下;不窥牖,见天道",能"其出愈远,其知愈少",这和内心清静无为分不开。

"中国禅"修养首先要令到修者能智慧地在人生得与失、舍与得、去与取之间,逐渐找回平衡。对于当下浮躁焦虑的社会众生态、过度耽溺感官享受的欲火炽盛,是一味清心剂。

老子圣人说"去彼取此",就是此消则彼长,彼长则此消。当社会的商业急速发展,人们变得愈发多贪、多嗔、多痴时,便是到了通过正法修行来纠偏的时候了。无论选择哪种修行方式,只要是帮助人于自心内求法,帮助人认清自己的局限、无知、盲目,一步步学会自我节制,懂得自我调节,这样自然会少了许多无谓的困扰。

同理,"禅画"修养可以帮助观者清净心性,这是一种不被时空、语言文字、地域民族等局限的智慧传递,而非为了炫目、好看而通过增加观者眼睛刺激产生消费欲望的商品。人类因为有商业才有了丰富的活力,生活水平大大提高,这是商业的积极作用;但反过来,过分追求利润和回报,通过刺激消费,使得消费者迷惑、疯狂的商业行为则是不善的。故此,中华文明从来不反对商业繁荣,只是不提倡舍本取末的短期行为。

西方油画是固态的凝固点,东方水墨画是动态的发散面,而"禅画"则是既动又静的"圆相"图。大多数人误以为"圆相"图就是圆形图,这就像一提起"白衣观音",就有人误以为是指观音穿白颜色的衣服一样,这些属于不解法意的肤浅认识。地球是圆形的,为什么您会看到如此多不同形状呢?尖峭高耸的山峰、狭长迂回的江河等都不是圆形的,但所有这些,都是地球这个圆体的一部分。

真正的"禅画"皆属"圆相图",进一步说,凡心中不契不二法,没有圆融修为的画者,是画不出来"圆相"的,只能画"圆形"。真正清净无为的法会称"白法",真正清净如法修行的人会称"白衣"。只要是真正的"禅画",由平等心发出的,都是"圆相"。只不过,有的画显全圆,有的显半圆,有的显直线,有的显三角,有的显微笑,有的显莲花……多种显现的"相"无非都在表"禅"无限的光明和出入不二之"圆"。

《五灯会元》中记载了马祖大师之法嗣盘山宝积禅师(详见拙作《茶密

禅心》)临入寂时,以画说法的因缘。禅师入寂前让弟子们画他的肖像,画像本是禅师用画来启发弟子们觉悟自性的方便。

他问弟子们:"有人邈得吾真否?"众弟子于是纷纷为师父写真,但无论怎么画,都不契师意。宝积禅师弟子中有著名的普化禅师,他见众师兄无人印合师心,便从众人中走出,言:"某甲邈得!"宝积禅师道:"何不呈似老僧?"

普化禅师哈哈笑着打筋斗翻出门去,宝积禅师见状笑道:"这汉向后如风狂接人去在!"说完,微笑入寂。

普化禅师以后正如师言,协助年轻的师侄临济义玄禅师开创了临济宗。他早就悟道,却在师侄堂下听法,如同文殊、普贤菩萨衬托释迦牟尼佛一般,衬托临济禅师弘法。他的禅风不拘一格,嬉笑怒骂,唱念做打,处处有禅机(详见拙作《中国禅》)。

人物肖像包括佛像,其实无论画得怎样逼真,皆已非人物本身,只是人物的固定影子而已。佛法、禅法中使用画像的意义,在于以画像点亮众生心中本有的慧灯,生命是个圆融无碍、生动变化的活体,如果本具灵心的慧灯没有点亮,则生命其实是沉睡在黑夜里的,在黑夜里不见光明的人,见到再有能量的画像也只会看到浅显的、死沉的、符号化的象征物,它只能描绘出被描画对象的外在或部分相似形象。每个人的人生观、世界观、价值观只和自己的境界有关,随着自己的心胸不断广阔而不断扩展自己的"三观",以至于无限无边。

宝积禅师以画说法,其实是要弟子们画"心"。有心的人才能画出"心相",无心的人才能通达"心法"。

现代人早已习惯用一种固定的"审美"去轻易定性,就像现在流行的茶道、汉服、古琴、焚香、读经、舞蹈等都被人为固定成一种审美符号,那些本来活生生的载道之法被"死化"成符号后,就和原意脱离了关联。符号会自己独立,消解掉原本的承载本体,发挥出符号自身的经济价值,成为文化的消费商品。

又由于人生苦短,凡人大多缺乏智慧,心中会莫名地被某些符号调动起一些记忆和情愫,故此又会自行赋予符号各种想象,于是,本来鲜活的、生动的"法"被扁平化,变成一种符号和象征的庸俗文化。

宝积禅师入寂前借画像考察弟子们是否解禅法之妙,可惜的是弟子们皆"不契师意",唯有普化禅师和师父心心相印,他继承了整体、圆通、变化的"禅法",是故,宝积禅师安然奄化。

现实社会是七彩的,由于色彩斑斓,人的心灵会逐渐在物象斑斓的世界中迷失本色。除了在梦中,我们似乎少有机会亲近黑白世界。人们常陶醉在梦里,似乎可以弥补人生的遗憾,在黑白本色的梦里,人感觉自由自在,本色是质朴和纯洁的,就像黑白照片和电影,更能入心。

人的世界无论精神和物质,原有两种,一类是真实世界,一类是虚幻世界。表面上,现实世界是七彩的,虚幻梦境是黑白的,其实正相反,抛开七彩的迷雾,除却幻想的障碍,真实世界是由黑白二色源起的,黑白是阴阳二气的表现,是太极生后的色之最初缘起。而七彩世界由黑白世界变化而出。故此,真实世界是简单的,能生活在真实世界里、知白守黑之人,被尊为"真人"。

"真人"虽和所有人一样,生活在社会万象中,却能不受现象困扰,明锐洞察事物本质,其行事不偏不倚、中道不二。庄子在《大宗师》中给我们介绍了"真人"的音容面貌:"若然者,其心志,其容寂,其颡頯;凄然似秋,暖然似春,喜怒通四时,与物有宜而莫知其极。""真人"是如婴儿般天真无邪的人。成年人如何能回归"如婴儿"般天真?便在于"为道日减",平日里减得一份人欲,便复得一份天真,少了机关算尽的聪明劲,大智若愚,遇难不显刀刃,遇险从容不迫。庄子曰:"不知说生,不知恶死;其出不䜣,其人不距;翛然而往,翛然而来而已矣。不忘其所始,不求其所终……不以心捐道,不以人助天。是之谓真人。"

"天真"还有个关键因素便在于能"忘",即三祖僧璨大师云"一切不留,无可记忆"是也,庄子说"其心忘"。

"真人"的心永远不滞留什么,没什么特别的记忆珍藏,常处空空态。心如不空,何生般若?常在回忆中心情波澜起伏,何来寂静欢喜?要知道记忆不会给人带来安心,人如果越沉迷在回忆中感觉开心和愉快,则越对现实不满,增加越多的失落与遗憾。喜欢回忆是上瘾的,踌躇不得志的人、放弃自己的人、不自信的人最喜欢沉湎在无穷的回忆里,这是一种消极人生的状态。

"真人"虽有记忆,但不去主动回忆和缅怀;虽有喜怒哀乐,却不受喜怒哀乐的拖累。这样一来,这些人便"莫知其极"了。"极"就是终极,当天、地、人均纳入胸怀,庄子讲"虚室生白,吉祥止止",老子讲"致虚极,守静笃",此时谁能猜测、想象、推理出"真人"的境界呢？

此道本无穷尽，敢于问难愈多的人，身心精微愈显，反过来说，避难越多，则心中恐惧日增。还有些禅门称为"顶堕"的人，成天活在幻想里，认为自己修为高深，了不起，或者认为自己大彻大悟了，这是因为他们不明白究竟什么是"禅"的"莫知其极"，故才会自命不凡。

"真人"是平凡而平实的，和人交往时，能让人觉到一股暖气，是一种喜气洋洋的感觉。"真人"好像在喜，其实并非有喜。他本身具足了一种"畅然和悦"的气质，这种气质，气象广大，气象泰然，故名"中和之气"，不会是阴惨惨、凄凄然的哀怨伤感，故此给人的感觉，就像是冬日遇暖阳一般，浑身上下被一团温暖祥和的"喜"气萦绕。

和"真人"的生活状态相反，凡常之人几乎生活在各种"梦"中，这里的"梦"不仅是晚上做的梦，主要指的是"白日梦"。注意，"白日梦"不仅是大白天打盹做梦，那些睁着眼睛，却不知所云、不知所谓、不知所以、不知其所不知的迷糊状态，就是在做"白日梦"。也就是说，凡是不清醒的人，其所言、所行、所动、所感、所触、所思、所惑……一切的一切，皆为"白日梦"。

晚上做的"梦"，是记忆回溯的一种现象，是人的"内收"状态，是主动发生不受人为控制的潜意识显现；而白天睁眼做的"梦"，则是幻想的驰骋，是"外放"的幻觉，是受到环境、人事左右的被动行为意识。

做"白日梦"的人在似乎"清醒"状态下进入一个个梦境，由于似乎"清醒"，所以人不知不觉，又由于梦的时间不长，短的梦就是一念，乃是一秒的千万分之一，而长的梦也不过两三分钟，所以粗心粗身的凡常之人，在浑浑噩噩、茫然无知、患得患失、斤斤计较、喜怒哀乐中,经历着各种被社会、环境、舆论、信息、误解等刻意或无意带动的,以各种形式存在的,神魂颠倒、不由自主、交叠互生的"白日梦"。

越是气场浑浊、精神状态不清明、身体细胞衰老、体内各种垃圾淤堵的人,便有越多的"白日梦",这些人仿佛"活着",其实是生活在各种虚幻世界"梦"境里的游魂。可叹多数人白天被他人带领着做"白梦",夜晚被自己的潜意识领着做"黑梦","白梦"是"自觉""清醒"的浑噩,"黑梦"则是混沌中一丝潜能跃动。人在梦中梦、梦套梦、梦生梦、梦化梦的虚幻世界里游荡。清醒时糊涂,迷梦中有潜醒,真假难辨,迷悟一念。现在,又遇到了前所未有的科技创作的"人造梦",VR、AR等视觉幻境"真实"发生在"眼"前,"梦"变得越来越复杂,越来越真假莫辨。可以说今天的人类,如果再不着意提高自身精神能量和自己灵昧清明的本性契合,那么只能变成成天睁眼梦游的活"死"人,变成某些人的游戏物。

您如何能觉知自己身处在各种深浅交替的梦中呢?当您感觉茫然时,用吃喝能逃避身心被奴役的命运吗?当您时刻感觉不安时,为什么会认为心灵鸡汤可以治愈心病呢?当您意识到人生无常时,为什么相信自己能侥幸逃脱呢?当您明知自己身心俱病时,为什么还会感觉有钱、有权才是真理呢?……不少人也能明白生命应该做减法,可究竟怎么做?如何能坚持?懂得道理不代表能起而行之,所以,不是看几本书、听几堂课就可以的。就像小孩子准备学习,是先找学校还是先自己读书呢?"知道"自己的不足和想要寻找方法是开始进入修行的基础,佛法说"闻、思、修",修行不是看几本书可以进入的，必须真正落到实处，寻找正法团队，实修实证方才不会偏离。

人靠自身力量能成就极为少见，尤其是现代社会，商业广告、宣传、策划、各种真假信息不断刺激人的意识，使人越来越感觉茫然无措，各种强大的符号刺激人的欲望，各种标识和暗示令到大众成天迷迷糊糊地、心甘情愿地盲目消费。

现代科学在"人工智能"领域急速发展，各种模拟场景很快就能改变人们的思维习惯，人们一步步进入了虚拟化社会环境，"白日梦"就更复杂了，在层层虚幻世界中，人不断幻想，当各种"梦"交集变化，人心就越不安、越情绪化、越麻木冷漠、极端自私、自以为是、见异思迁……禅门三祖僧璨大师称此为"梦幻空华"。

"梦幻"从何而来？从大脑意识产生的梦像中来，梦像从何来？从缺乏智慧明照的梦想中来，这些和是否睡觉无关，只和心中是否清明相联。虚幻不实、支离破碎的梦想，不属于坚韧不拔的"意志""抱负"，这些虚幻的"梦想"越执著，人心就越飘忽不定。

人"诚"必"真"，至诚如神，真人是不自欺，也不会被人欺的，而"梦人"则生活在彩虹般绚烂的幻想世界中，幻想这种多姿多彩的生活、享受是真实的。与之相反，"真人"世界是本色的，由黑白灰构成，这是生命的基本色，就像由盛夏转入寒冬，万里飘雪万物肃杀，只余黑白，然而肃杀寒冷的冬天，会孕育出多彩的春；又像单调反复的声线，流转于空中，轻盈自由地跳动，且述且抒，不失明亮飘渺的清澈。

我们平时的世界,虽看上去是五颜六色的,其实是黑白灰在背后起决定作用。如果没有黑白灰就没有深浅不同的五颜六色,黑白其实并非两色,其中有深浅不同,表达了物体显现的状态为明暗五色,其元色是黑白和中间过渡的灰色。

回归到事物的本真,我们会理解,色彩绚烂的背后,其最原始的纯净本色,是所有色彩的源起和概括。

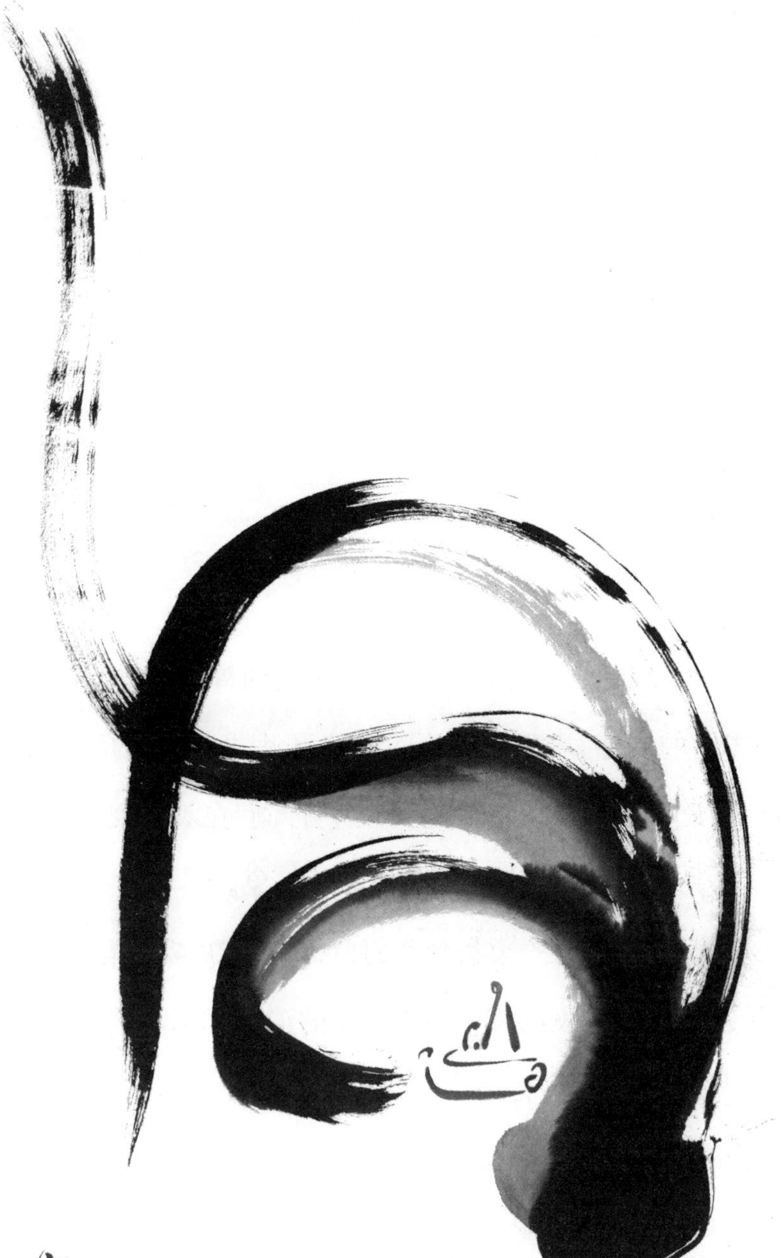

二

"禅画"画家用黑白创作出笔墨难以企及的禅境,这无言之美,显现出画家心中丰富的质感,展现其喷薄而出的灵动。"禅画"的墨色不仅是色彩学的单色,它近似于水墨,又超越了水墨,"禅画"在观者视觉形成的是用墨而非墨画、心灵与物象世界相感相荡的万千气象。

画家用莹然透亮的黑、柔和含蓄的白,体现了虚实变化和画者、观者之间的场力转换,透出一股沧桑、宁静、永恒的清净气息。佛法中本有"像教"之法,即以佛像、菩萨像、音像等开启众生心中之慧光。而禅画,属于"画教",即以画的方式引导众生契合自己的本来面目。

"像教"是佛法的重要内容,乃有"开众生本有之心,熏发本具之善"的作用,"像教"的内容不仅包含了造像艺术,造寺设斋、修塔刻经、安立道场、写经抄经、碑文志记等也属于"像教"范围。

只不过,禅门从初祖达摩大师始,就另辟一路,弘扬"教外别传"之法。

在"像教"越来越庄严神圣、越来越宗教化时，六祖惠能大师横空出世，以直指人心的顿悟成佛之法，唤醒生命从"像"的本体切入。"中国禅"之法，无念、无相、无住，强调心生法生、心外无物、心外无法。

"中国禅"祖师僧肇法师曾做《般若无知论》，此论极为精彩，师父罗什阅后，竟然自谦地说道："吾解不谢子，辞当相揖。"庐山大隐士刘遗民读后大惊，认为："此论才运清俊，旨中沈允。推步圣文，婉然有归，披味殷勤，不能释手，真可谓浴心方渊，悟怀绝冥之肆，穷尽精巧，无所间然。"想不到僧人中竟然有此等人物！

《般若无知论》文采斐然，读者们不妨反复阅读并背诵，其中法师谈及审美直观与般若之智幽微、深邃的关系，说此两者本是相通相契的，"无知"之"美"即般若智境，无相有相、无知有知及般若智境与审美直观，是双非双照、亦非亦照的关系。

法师写此论时年仅二十三岁，他对般若的妙解无人可出其右，这篇文章被称为深刻阐释般若奥义的第一论，法师也是中国妙解般若第一人。

"般若"并非真的"无知"，而是"无相之知"，是"有所知"而"有所不知"。能"有所知"是因为用"虚其心而实其照"的方式可以感知，以"虚心"而能"玄鉴"，好像对事物镜像观照一样，这叫智照、智观、直观或感悟。

其"有所不知"是因为它"不取相"，我们习惯的商业符号就是人为地用概念去死套某个具体事物，这是"取相"，而修行则必须"无所有相"，法师注重"虚心玄鉴"，以虚心实照的方式，所能感受到的作用力更丰富，从而"触目皆真"。故云："不知之知，乃曰一切知。"

"不取相"是"圣智""智照"的作用方式。本来,像"无""虚""玄鉴"等词,是道家或玄学家的说法,僧肇法师以此演绎和独创出精彩的"智照"妙论,将般若智观通过其创造性的见解巧妙地融入中国传统。

关于般若智观可与审美过程的审美观照相似的论述,法师提到:一方面,审美观照是高于一般心理直观的,"虚心玄鉴"的心态无法直接用概念去概括,当审美感受进入此种意境时,就能契合到"闭智塞聪,而独觉冥冥"的禅境;另一方面,无知非"知无",不是涤荡有知才能复归心静,而是当体自空、自性清净,例如画家创作时突然喷发的灵感,或观者在品味"禅画"中的豁然开朗。

般若智观,其所呈现的不是个别的事物,而是有镜像的事物。审美观照既是一种直觉,又高于普通心理直觉,虽不能直接用概念认知,但含有"智"的成分在内。

什么算真正的"禅画"?以行"佛事"还是行"魔事"为例,何为"佛事"?有益于佛法、禅法的传播,能使受者相应、契合正法之事便是"佛事";反之便是"魔事",也就是有碍于人心清净,碍人契合正法的事情。例如以书画刺激人的欲望,使人更注重名气、地位、面子等外"相",成为人的炫耀资本等,即为"魔事"。

僧肇法师在《注维摩》中云:"佛事者,以有益为事耳,如来进止举动威仪俯仰乃至动足,未曾无益,所以诸所作为无非佛事。"笔者会在"禅画美学"第四本对《维摩诘经》的解读中,详细和读者们讨论罗什、僧肇师徒的"不二法门",并讨论何为"禅之密心"。

六祖惠能大师创立的"中国禅",承接和发扬了罗什、僧肇师徒的般若

之智,其中"不二法门"是核心,这对于以"像教"为基础的传统弘法方式,是巨大的、革命性的创举。《坛经》中有一段记载:

> 师一日欲濯所授之衣,而无美泉,因至寺后五里许,见山林郁茂,瑞气盘旋,师振锡卓地,泉应手而出,积以为池,乃膝跪浣衣石上。忽有一僧来礼拜,云:方辩是西蜀人,昨于南天竺国,见达摩大师,嘱方辩速往唐土,吾传大迦叶正法眼藏及僧伽梨,现传六代于韶州曹溪,汝去瞻礼。方辩远来,愿见我师传来衣钵。师乃出示,次问:上人攻何事业?曰:"善塑。"师正色曰:"汝试塑看。"辩罔措。过数日,塑就真相,可高七寸,曲尽其妙。师笑曰:"汝只解塑性,不解佛性"。

从以上经文中,可以清楚发现"中国禅"对"像教"的观点。方辩虽然造像技术登峰造极,已能"曲尽其妙",可是惠能大师却云:"汝只解塑性,不解佛性。"因为方辩塑出来的是无生命的惠能"像",而"中国禅"要的则是能保存生命力的"活物",唯有不受时空局限的作品,才有生生不息的生命力,才有启悟观者直下担当、返观自心的作用力。

惠能大师言"塑性"和"佛性"关系,便是"画禅"与"禅画"的区别,绘画者作画是否出于清净本心是区别禅画的根本所在。《坛经》中这一段关于审美观点的创新见解,是中国历史上首次有人用佛性论来理解艺术表现。

"禅画"是否能表达画者的禅境,能否融入观者的内心,能否打开画者和观者之间的隔阂,才是"禅画"修养的关键。"中国禅"本名"心宗","经是佛语,禅是佛心",启发"心"的能量是禅修的根本,禅师们说一切法不离自性,不离自心,这颗心便是当下活泼泼的心,"中国禅"反对一切能让人产生执著的东西,故此,祖师们呵佛骂祖,为的是破学人执著,并没有一个可以执著的精神实体存在,人的当下一念便蕴含了一切能量、密码!

祖师们以"扫象""泯迹","虚心玄鉴",契入即心即佛、非心非佛的不即不离禅之妙境,所以方辩尽管能曲尽其妙,但其所塑之像只是"形似",被六祖否定了。不仅"形似"被否定,即使有些所谓的大师"传神"之作,在禅门看来如不能利于"佛事",亦会嫌其滞于化迹而被否定。

"禅画"要的是启发人内心自性的能量,如果违背了这个原则,那么即使再"传神"、再"稀有"、再"名贵"、再有收藏价值,也不属于真正的"禅画"。

"禅画"是精妙似真又非真,有一"真"在,能引人入胜却无"胜"迹可寻,能以画传递画外之意、画外之言,而又使观者得意忘言。故此,它表现为一种"不似之似",其所似的是"离一切相"的"即真"实相,而画外契合的是"即一切法"的非真妙法。

达摩大师传二祖《楞伽经》印心,《楞伽经》的核心是"无门为法门",至三祖时,言"一即一切,一切即一",这些都是直指人心的启悟,是大道至简,运用极至简化的符号、图像、语言、文字来表法,禅门独有的机锋、转语、公案尤其如此。

"禅画"的简、淡和文人的禅意"画禅"不同,文人画虽也较为简、淡,却意在表现文人风流潇洒的禅境,如风之吹,如水之流,而"禅画"则只为呈现画者心中悲天悯人的情怀,无关文雅、取材,启发出观者本具的大慈、大悲、大愿、大金刚力，故此和世俗意义上理解的优雅、好看、静心、休闲等概念无关。

如东晋顾恺之、北齐曹仲达、梁代张僧繇等，皆是举世无双的大师，他们有许多书、画、诗作品中带有佛味，不过尽管精美、精妙，但还是属于文人山水画范畴，不属于修行的"禅画"。不过由于这些作品的广泛影响力，其云淡风轻的表达方式早已渗透到中国文化、生活的各个层面。

自宋起，由于"禅"对文人的水墨山水画产生了重大影响，文人画中进一步融入了禅的空灵与清淡闲远的意境，如荆浩、米元章、苏东坡、倪云林、黄公望等人便是此中翘楚，这些画透过画面的平淡萧散来显现禅意。但"禅画"的真正价值不在于被人欣赏、收藏，其根本作用在"移心"，如皎然禅师在《观王右丞维沧州图歌》中云："丹青变化不可寻，翻空作有移人心。"

画家的画作要想起到"移人心"的作用，必须于画时将全部生命融入其中，于是，观照这幅作品时便能如和画家本人对话。此画必具足能与人发起对话、激发观者疑心的鲜活能量，这才是"复活"。

好像现代科学可以用单细胞克隆生物一样，画家克隆自己内心能量的工具是画笔。王维的画作为什么能达到运用丹青变化而移人心的能量，笔者会在"禅画美学"丛书第三本中和读者们详细展开讨论。

也可以说，有能量"移人心"的画才是活画，才可以叫禅画，此必发于画者"悟境"。

有能量的画，能使得观者在观画过程中不断被潜移默化，如春风化雨，润物无声。这种气韵生动、空灵奇绝之画，互回深幽，画家作画全凭当下悟境,此下笔造境之难,非普通画者能想象,深谙此道的皎然禅师谓之曰:"盼睐方知造境难,象忘神遇非笔端。"可见,禅师"造境"之功,必须建立在"象忘神遇"的禅境里才可偶得,绝非依靠构思、临摹而能成。

有读者不解,为什么观画能移心?这问题要反过来思考,即什么人不能被移心?或"禅画"修养不适合什么人?

我们上面提到的沉迷在"白日梦"的人,就无法移心!为什么呢?因为这些人无心可移!也就是说移心是移有心之人的心,谁是有心之人?是开始寻找生命意义的人;是开始发现自己的生活有问题而不知问题在何处的人;是积极从善而又不知何为真善的人;是努力想改变自己而无从下手的人;是明白人生无常、烦恼甚多,希望寻找方法解脱的人;是探寻宇宙真相的人;是希求向上进步的人;是关爱他人又不得法的人……这些人通过修禅便能得自在,通过"禅画"修养入手便有机会打开心门。

相反,每天被事、境、言、利、权、面子束缚的人,人生就如同随风起伏的树叶,风起则飘风停则落,不知自身有宝,每天仿佛很忙,也不知究竟在忙什么,还不肯反思和想办法改变这种浑浑噩噩、糊糊涂涂的生活方式,出了问题总是指责、埋怨他人,不肯反问自己有何问题,利障眼,欲障念,业障心,这些人是无法从"禅画"中得到移心之用的。

有心人不代表是会用心的人,六祖大师云:"但用此心,直了成佛",可见,用心之重要!为什么现代人不会用心?主要受到现代社会教育、习惯、环境、文化的影响。例如读书,古人看待文字、经典的心和现代人完全不同。古人读书时,恨不得用眼吃书,一字一句,细细体会,慢慢品味,抑扬顿挫地诵读、记忆,每日用心参究文章中一字一句的接、起、落、转、变、表、述、化、显、藏、密……

古人读书注重精通、精密、精妙，所以有时几年才读完一本书，虽然慢，但读一本即要求自己通达一本。而现代人的思维方式和古人相反，从小学开始到高中，读的书比古人几辈子读的都多，由于多，所以习惯了看书马马虎虎，强调快看多看，挑有用的看，挑自己喜欢的看，胡乱根据自己需要翻书。那么多的书、那么多的知识、那么多的信息都想用，这是实用主义心在起作用。又由于社会更新速度加快，新事物层出不穷，所以说什么"学无止境"，以博学为谈资、时尚，这种好学心中既缺乏恭敬心，也缺乏探究心，如此读书，看上去读了许多，实际上浅尝辄止，一本也不理解。

禅修养法和现代社会的好学是不同的，是一种整体观的修养，我们用"禅画"的方式来帮助现代人参究。"禅画"没有那么多文字需要理解，却有无穷的余地可以体悟，如果将"禅画"挂置在常来往地，时时观望，哪怕每天几分钟，图形的内涵也能更深地显现。

"禅画美学"丛书是为了配合"禅画"修养应运而生的，没有这套丛书，修者光看画会不解其意，故此，看一段时间画，再回头细细读这套书，相辅相成，循环契入，观者就能逐渐领会禅的奥妙，可以说"禅画"修养是为了帮助忙碌的现代人而复生的。

明末四画僧中，石涛在其著名的《画谱》一书中提出"一画论"，"一画"是不一不异、不增不减、不生不灭、不常不断的"共此灵明"。"禅画"是画家内心的自由呈现，是画而未画，如赵州禅师说："如人暗里书字，字虽不成，文采已彰。"

黄檗希运禅师在《传心法要》中说得十分精彩：

此灵觉性。无始以来与虚空同寿，未曾生未曾灭，未曾有未曾无，未曾秽未曾净，未曾喧未曾寂，未曾少未曾老，无方所无内外，无数量无形相，无色像无音声，不可觅不可求，不可以智慧识，不可以言语取，不可以境物会，不可以功用到。诸佛菩萨与一切蠢动含灵，同此大涅槃性。性即是心，心即是佛，佛即是法，一念离真皆为妄想。不可以心更求于心，不可以佛更求于佛，不可以法更求于法。故学道人直下无心，默契而已，拟心即差，以心传心。此为正见，慎勿向外逐境。认境为心，是认贼为子。

"禅画"的心法就是画者和观者之间启发、互动、共享、相应的一点"灵明"，石涛称"无法而法，乃为至法"，叫"一画明"。

他说"一画之法，乃自我立"，也就是"禅画"应是一气呵成的一笔画，画者运气凝神，以神来之笔一挥而就，故，用琢磨、思量、计划、设定的方法是画不出来的。

他还说："论画者如论禅相似，贵不存知解，入第一义，方为高手，否则入第二义矣。"

又说："法于何立？立于一画。一画者，众有之本，万象之根，见用于神，藏用于人，而世人不知；所以一画之法，乃自我立。立一画之法者，盖以无法生有法，以有法贯众法。"

又说:"一画明,则障不在目而画可从心,画从心而障自远矣。"

明代书画家董其昌,也是以禅喻画的大师,倡禅画"南北宗"论,其画及画论对明末清初画坛影响甚大。在《画禅室随笔》中,他将李思训与王维两位大师分出南、北两宗,他说:

> 禅家有南北二宗,唐时始分。画之南北二宗,亦唐时分也,但其人非南北耳。北宗则李思训父子着色山水,流传而为宋之赵干、赵伯驹、伯骕以至马、夏辈。南宗则王摩诘始用渲淡,变钩斫之法,其传为张璪、荆、关、董、巨、郭忠恕、米家父子以至元之四大家;亦如六祖以后,有马驹、云门、临济儿孙之盛,而北宗微矣。要之摩诘所谓"云峰石迹,迥出天机,笔意纵横,参乎造化"者。东坡赞吴道子、王维壁画亦云"吾于维也无间然",知言哉。

"禅画"的画法有虚有实,与"实景"不即不离,得以妙合而凝成妙象,《楞严经》云"离一切相,即一切法"者即是。

"离一切相"是不被一切实相所黏滞,不具象,可同时又能作用于一切法当中,显现出观自在的大涅槃境,此妙象是"象外之象",虚实互生,境通而神生,有画、无画处皆成妙境。

黄檗希运禅师说"不即不离"时云:

> 但于见闻觉知处认本心,然本心不属见闻觉知,亦不离见闻觉知。

但莫于见闻觉知上起见解，莫于见闻觉知上动念，亦莫离见闻觉知觅心，亦莫舍见闻觉知取法，不即不离，不住不着，纵横自在，无非道场。

画家以画说法，在禅门属于"游戏三昧""游戏翰墨"功夫，又名"毫端说法"。

如圆悟克勤禅师云："事事无碍，如意自在。手把猪头，口诵净戒。趁出淫坊，未还酒债。"这就是能"游"的禅门大丈夫，"丈夫自有冲天志，不向如来行中行"是禅门师者独具的鲜明特色，敢手把猪头、出入妓坊、酒债未还的圆悟克勤禅师，本从艳诗悟道（详见拙作《茶密禅心》），这些能一切言行不着相、全凭自性起用的功夫，不是一般修者敢于模仿的，这是信天游、逍遥游的"游"。

怎样能达到这一点？所谓无心者通！黄檗希运禅师说"无心"云："今学道人，不向自心中悟，乃于心外着相取境，皆与道背。恒河沙者，佛说是沙。诸佛菩萨释梵诸天步履而过，沙亦不喜。牛羊虫蚁践踏而行，沙亦不怒。珍宝馨香沙亦不贪。粪尿臭秽沙亦不恶。此心即无心之心，离一切相，众生诸佛更无差别。"

"禅画"即是"禅修"的一种，也可用"禅文化"为表现形式，在人心、性中，发掘出艺术感受。禅师作画乃是为了表现无不完美、并无垢净的生活与生存方式，这是从一个特殊的层面和角度，来体现禅者对人生的领悟和如何解决人生根本问题的方法。只不过，由于心中不生分别，故具有"游戏""生动""灵活"等特质，此乃是"禅画"之根本精神。

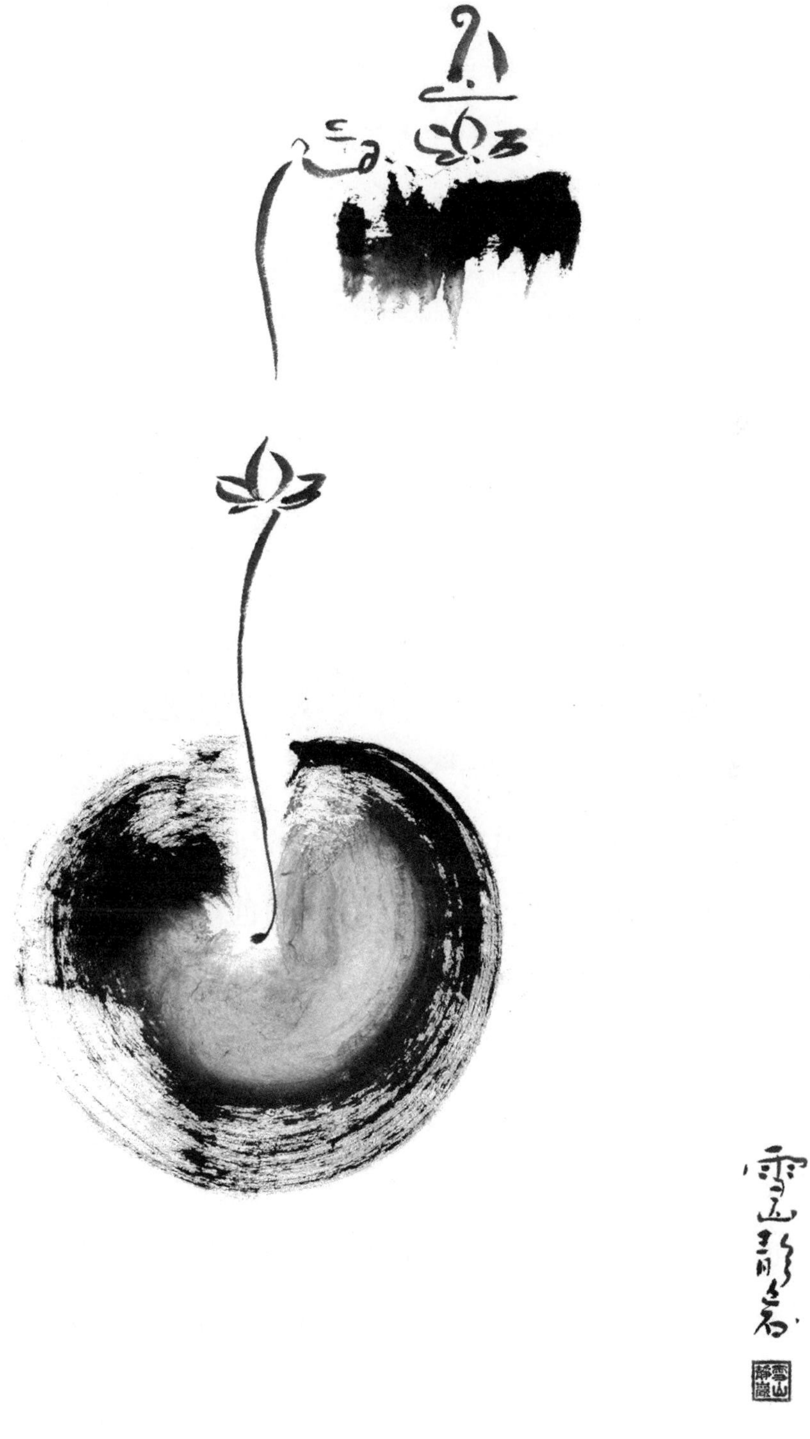

三

什么是色彩？用现代医学的角度看，是人的"大脑对眼睛的视网膜接受光线后的响应而产生的一种感觉"。人眼睛能见之光，是宇宙电磁波谱中非常狭窄的一个谱段，称为"可见光"。

肉眼凡胎的视觉细胞只对这个狭窄波段产生视觉反应，视网膜接受"可见光"不同波长的刺激，就感觉到不同的色彩。因不同波长光对视网膜的刺激不同，大脑对应出各种反应，人就仿佛感觉到不同的色彩，因而有了赤、橙、黄、绿、青、蓝、紫的视觉感受。但是人眼内的屈光系统和调节机制并非一成不变的，随着这些功能的衰变，对视觉的敏感度、分辨度、接受度也会随之改变。

色彩属于"感受"，而非真实存在！它是人们传达视觉、从事配色和创造人为视觉审美的基础。为什么叫人为视觉审美呢？因为同一个空间、时间内,不同生物体感受完全不同,不同境界的人感受完全不同。例如,普通人于夜晚不见物,称为"黑暗",而许多动物专门在夜晚活动,夜晚对于它们,是明亮的。

再如,不同种族、文化、境界、教育背景、年龄的人,审美方式也不同,故此,视觉感受、配色技巧、审美等,是因人、因时、因地、因境而变化的,是人为赋予的概念。

黑格尔曾以玫瑰花为例,对人的多级审美认识做了区别。

第一阶段的人看到玫瑰花,会认为"这朵玫瑰花是红的",这是仅会用眼睛功能作色识的判别,对事物的理解水平在初级状态。

第二阶段的人看到花会认为"玫瑰花是有用的",这是靠大脑联想到玫瑰糖、芳香油、脂碱酸等其他有关事项的联系,做出的分析判断,此为进一步认识。

第三阶段的人会认为"玫瑰是蔷薇科植物",如果单靠色识、心识难作此判断,这类人必对物的类种学有所了解,能作界、门、纲、目、科、属、种的归类,此为较高级认识。

第四阶段的人认为"玫瑰花很美,它有玄妙的造化生机"。那么问题来了,美是什么？丑是什么？造化是什么？谁造？谁化？什么是生机？如何"生"？何时"机"？……这种认识是人的灵识而起的反观。

普通人出生后随着生活经验的增加,产生普遍的认知能力,例如认识这是花、那是树、这里安全、那里危险等正常反应,但这些普遍的反应可以说小孩子也有,或许没有大人认识得深刻,但这种能力是无大差别的。可以说,这是人面对事物产生的正常意识反应,第二、三阶段是通过学习提高的知识范围认识,第四阶段的认识属于觉醒,"意识"和"觉醒"是不同境界,觉醒是人知道反思,并从反思中升华的境界。

通常人沉迷在活动的经验里,经验是通过时间积累的,所以即使有进步,也受制于时间、身体状态等条件,故此,并非年龄越大、越有经验的人就越有智慧,也可能年龄越大束缚越多,胆子越小。故此,智慧和年龄、经验并无必然关联,生命体产生智慧的起点在于其有效反思并纠正习气的力度。

动物也有感觉,也有意识,遇到危险也知道躲避,犯过一次的错误也知道以后小心避免,这些都不属于反思能力,"回头是岸"是人觉醒的开端。可以说产生意识是顺行,例如挨了打有痛苦反应,有报仇心理,这些是顺着意识而行,但如果挨了打去思考为什么挨打、自己的错误在哪……这就属于反思能力,反思越深刻越有可能究竟解脱,这种能力是人特有的"灵识"。

人之迷,首先被色识迷,即眼、耳、鼻、舌、身、意感受的浅表认识。坐井观天,如蚂蚁般不知世界是圆是方,这些人对世界万物、万象的认识水平,停留在线性思维里;还有些人,如蛇一般,前行的路知道及时调整方向,弯弯曲曲,转圈打滚,能成平面运动,又如小狗般,懂得上下跳跃,但始终不知天有多高,地有多厚,不知人外有人,天外有天。

另有些人,能如雄鹰凌空翱翔,如大雁南飞北归,能翻山越岭自行导航,还能识别季节气候,这些人懂得世界是立体的,但还是局限在不识罗网弓箭,不识人性之聪愚狡诈,不懂灵活运用。

还有些人,能知人性之聪愚狡直,尽人之性后又能尽物之性,成为真正为人类造福的科学家、艺术家、文学家、学者、教育者、修养者。

普通人被什么维系？即六根！在眼、耳、鼻、舌、身、意六根所识物中界定，这些物的万千词语符号，是色识在作分别。

和普通人不同的是，维系"菩萨""真人"的却是慈悲心，他们被利他的大愿维系在人间，不离不弃。故此，佛、菩萨、真人实际上是超越任何维度局限的，是可以自由往来各维度之间，随愿能以各种形式的报身、化身应机显现的。

凡夫俗子自出生，为了区别自他、内外、亲疏、好坏、远近、高低等各种关系，故先分出一个"我"来；为了供养"我"、满足"我"、成就"我"，人就自然成为"我"的奴隶，我吃我玩，我的财富、我的感情、我的爱好、我的亲人、我的追求、我的事业、我的意义、我的价值……"我"欲无尽，为了满足"我"的七情六欲，分别出成、败、利、钝和喜、怒、哀、乐来；为了"我"的追求，分别出高、下、贵、贱来；为了"我"的收益，分别出贪、掠、诈、骗来……可见"我"生私生，私生欲生，欲生障生，故"私我是万恶之源"。

从一到万，人物、人事、人境、事物、物境、物物层层维系，谁能跳出维系和缠缚？谁能摆脱色识的羁绊？所谓"唯物"，说物质不灭、物质永恒，聚了又散，再聚再散，或重复聚散，或变大变小，或化学变质，或旋进跃迁，都是在说唯有物质才能长存。如果用这种方法认识世界，便自然会拜物、崇物，意念跟着物迁流不已。分别物性，使得本来"万物之灵"的人类退化为永恒不灭之物的奴隶，因为物恒生，人却恒亡，人被物聚物散而牵引出悲欢离合，岂能不为物所迷？

色彩视觉在心理学中有三个心理学量度,分别为色相、饱和度和明度,这是色彩的感觉属性,这种属性可以使我们将光谱上的不同部分区别开来,即按红、橙、黄、绿、青、蓝、紫等色彩感觉来区分色谱段,如果缺失了这种视觉属性便无所谓色彩了。故此,科学家根据有无色彩属性,可以将外界引起的色彩感觉分成两大类体系:有色彩系和非色彩系。唯独有色彩系才具有色相、饱和度和明度三个量度。

"禅画"的黑白两种基本色属于非彩色系,非彩色系只有明度一种量度,这种属性,可以使得观者更加专注于画的内涵,而非被色相、饱和度等因素迷惑。

世上的万物都具有双重性,孤阴不生,独阳不长,阴、阳同时俱在,黑、白是元色,是在不断交汇转化过程中变异的。例如我们现在可知,宇宙中有黑洞,有黑洞就必有白洞。白洞的一切性质都与黑洞相反,黑洞"吸",白洞就"吐",黑洞属"阴",白洞属"阳"。"禅画"修养中,从观者的角度讲,混乱不安的心如黑洞,而清净无为的"禅画"如白洞,"禅画"能散发出无穷无尽的活力,而观者能在观画的过程中吐故纳新,身心宛若新生。

宇宙法界里充斥的"能"是元真,爱因斯坦称"统一能场"。"能"有多种量、级;按"能"的扇形传播方式传达到我们地球,并能为人所知的能量状态,目前有"色""气""光""灵"四种。

"色能"是初级"能",即看得见也摸得着的能量,如煤、柴、油等。

"气能"较色质高级,如从物质角度讲,煤经高温气化成"煤气"及油井气田的"天然气",将煤、气、油转化的电能和直接以水、风甚至垃圾等转化的电能,也属于气能;从生命角度讲,修者修炼命功是帮助气质能量级别提高,不过,气能看不见、摸不着。

"光能"就更加高级,物质上显现有激光、真光、X等射线光及原子能等;从生命角度讲是内在的慧光,人类自从掌握了物质光能后,声光电控时代由此建立。

对于地球生命来说,最难得的属"灵能","灵能"不是"灵魂",而是"灵性"。人是"万物之灵",就是指人的灵性最强,但并非所有人都能显现出灵性。什么人有灵性?能独立思考、有独立精神、不随波逐流、有仁义精神、能感通天地的人,才称得上是"万物之灵"。

"灵"是"圆",禅定境界也是"圆",我们称为"圆相"。

爱因斯坦推论出一个著名的质能互转即质量与能量转化的$E=mc^2$公式,说明一体两面的质量和能量是一回事,互相之间靠什么转化?靠超光速!也就是说,光速是阳性和阴性转化的临界点,阴性物质的起步即光速,具有强大频率(速度)频谱(宽度)的能,叫"灵能";灵能是具思维性、有灵感的能,禅门的心心相印,便属于"灵能"。它能散发出看得见或看不见的"圆光",这种"圆"通于天人之际,故此天地人、人与人、人与物、人与事、人与境之间可以无时空障碍沟通传递各种信息。

从"禅画"的角度讲,"禅画"由于"真""空",而能量"莫能其极",其本身就如同一个巨大的、高速运转的"黑洞",在汲取着宇宙法界中各种能量,并将此能量场转动起来,观者在此"黑洞"旁,越相应时,身心中沉滞的腐朽之气会被运转开,身体如同"白洞",吐出心中的郁闷、烦恼、不安、焦虑、妄想……

一吐一吸，一增一减，全因角度不同，这黑与白、洞与洞之间的转换连接的通道，天文学中叫"虫洞"，修炼中叫"气脉"，千万不要以为"虫洞"在遥远的天上，我们知道产生黑洞的原因是"时空扭曲"，那么生命中的时空就不会扭曲了吗？社会上的时空就不会扭曲了吗？一个地方仅只有一个扭曲吗？黑洞如果无所不在，那么白洞也是无所不在的，连接两者的"虫洞"有什么例外吗？

这曲折重叠的通道，能把各种层面积聚的能量和不动的阴浊气吸收进来，又能把不动的阴浊气和积聚的能量喷发出去的究竟是什么？"禅画"是"虫洞"吗？它运作时究竟是入口还是出口？还是连接口？观画的修法是出口还是入口？还是连接口？……在这出、入、连接的三点间有固定不变的黑白灰吗？三者相互作用下万物生，故此"禅画"的能量莫知其大，莫知其极，莫知其变，莫知其能。

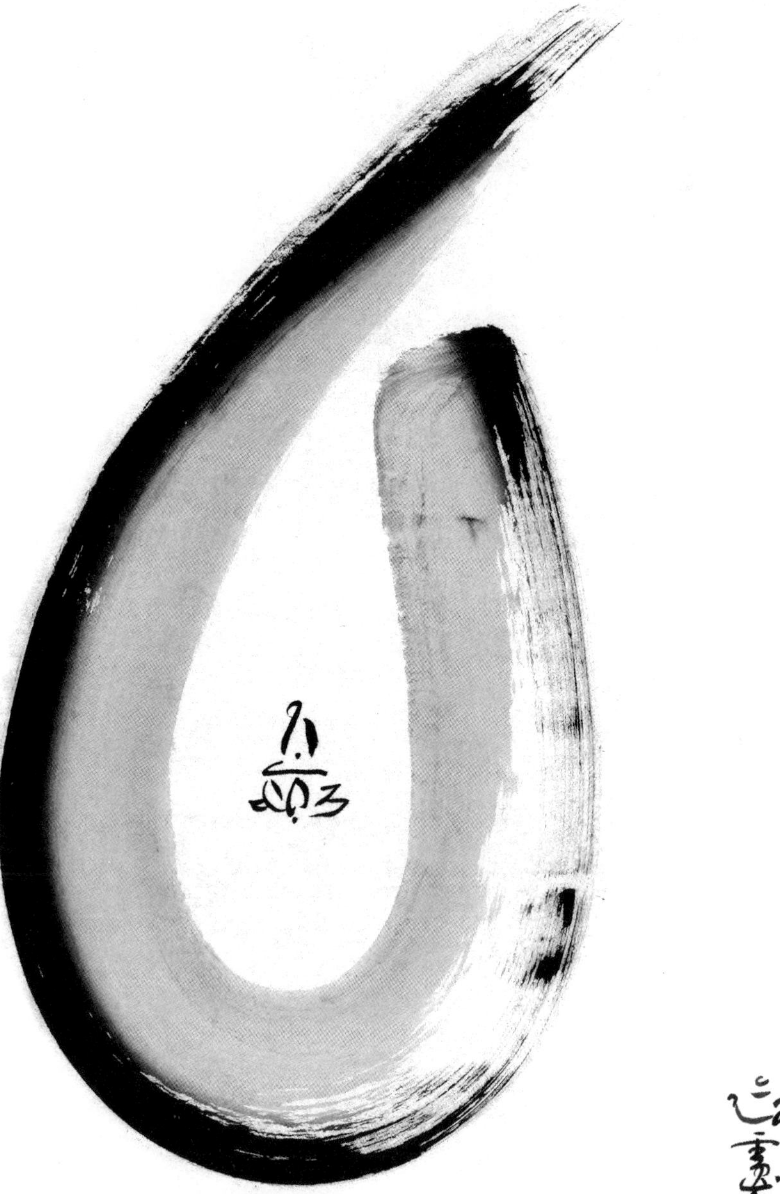

四

曹洞宗始祖洞山良价禅师早年曾随云岩禅师处参学。据《五灯会元》记载：

师(洞山)辞云岩。岩曰:什么处去?

师曰:虽离和尚,未卜所止。

岩曰:莫湖南去?

师曰:无。

曰:莫归乡去?

师曰:无。

曰:早晚却回。

师曰:待和尚有住处即来。

曰:自此一别,难得相见。

师曰:难得不相见。

临行前,又问云岩:百年后忽有人问,还邈得师真否?如何祗对?

云岩默然良久,道:只这是……

洞山一听,乃沉吟。

洞山悟道的经历详见拙作《中国禅》,他起初在云岩处并未真正领悟,云岩禅师虽苦心多次为他设疑,可他一直没悟。临行时,他请教师父:若以后有人问师父的真"像"是怎样的,该如何描绘?该如何回答?

云岩禅师意味深长地说出了"只这是……"这一句,这才终于挑起洞山的大疑情。以至于心无旁骛,一路游魂般下山,途经小溪,睹水中身影而大悟。偈曰:"切忌从他觅,迢迢与我疏。我今独自往,处处得逢渠。渠今正是我,我今不是渠。应须恁么会,方得契如如。"

水中的影子是"我像",由"我"而生,"我"却非由影生。影是迹,"我"是本,"迹"由"本"生,无"本"则无"迹","迹"虽有显"本"之用,但"迹"不能代表"本",只是"本"的一部分,只是影子。

那么肉身是人的"影迹"还是"本体"?如果肉身是"迹","本"又是什么呢?从肉身入手推测、明白、理解"本"吗?如果肉身显现的是"本"的一部分,那么会是哪部分呢?凡人理解肉身便是"我",为什么是"我"?为什么又不是"我"?

能观水中身影的意识从何而出?是由肉体产生的吗?肉体有限,意识有限吗?如果意识无限,能从有限的肉体生出吗?如果非肉体产生意识,肉体便只是意识落地的土壤，大脑如果仅仅是意识的载体，那么意识的种子从哪里发生？

如果意识是从"心"而出的，"心"在哪里？"心"是意识之本吗？意识属于个人吗？如果属于个人，为什么会有群体意识和共同意识？如果不属于个人，为什么会有独立意识和个人意识？意识的哪些部分属于共同之通意？哪些部分属于独立之个意？意识可读吗？用意识显现的仪器读到的是全部意识？还是仅仅看到了意识的影子？意识能代表"心"吗？所谓的"读心术""心理学"研究的是真正的"心"吗？……

洞山禅师究竟当时悟到些什么，笔者无从知晓，以上问题只是笔者从禅师的悟道偈中领悟到的一小部分内容。我们在这里可以尝试讨论一下此偈颂。

"切忌从他觅"，什么是"他"？一切自心以外的都是"他"。烦恼、焦虑、不安、急躁是"他"；清静、清净、空虚、舒服是"他"；放生、法事、念咒、磕头也是"他"；还有修者偏重的心理、身体、气脉、神通、光明等境界，统统都是"他"……如果一直在"他"那里下功夫，越修就越远，即"迢迢与我疏"。

"我今独自往"，这个灵光独耀、迥脱根尘的"心"，在处处又处处不见，相应时即"处处得逢渠"，"渠"是指自心。"渠今正是我"，"渠"不是我们这个肉体，那只是"渠"的影子，"渠"才是"真我"。

"真我"在哪里？"我今不是渠"，我们自以为的这个"我"，又叫"小我""假我"。"我"和"我"执著的欲念不是"渠"，"渠"不会变，是不生不死、不增不减、不来不去、不一不异、不垢不净的，而"我"却会老，会变，会生老病死，会情绪起伏。

"应须恁么会,方得契如如","渠"是自心、真如、自性,是会用心者能契合的,契合时便是"天人合一""心心相印"时。由此,洞山禅师领悟到师父云岩为何对他请教的师之真像问题说出"只这是"这一句话了。画出来的不是"渠",是师父无生命力的影像,影像背后的"本"是画不出来的。如永明延寿禅师言"渠""心"时,道:"犹如画师,能画一切人天五趣形象,乃至佛菩萨等形象。"

所以云岩禅师故意这么一句话挑起洞山疑情,要他明白师之真像,乃是从自在妙心流出的,"心"是书画之"本"。

"禅画美学"修养是知行合一的禅法,如果没有相应画家内心时,"禅画"是"迹",如果能相应画家活泼泼的内心时,"禅画"也是"本",本迹本来一体不二。

画家寄兴于笔墨,假道于天地,不化而应化,无为而无不为,借笔显现一切妙象。在一画中,可含万画之象,一即是多,多即是一。画家将"一多相即"的法界展现于当下一画,不以时空和人世为其托体,当下现成,万法归一,一以贯之,顿契本地风光。

顿契本地风光便是入"〇",即显现出"圆相"。为什么呢?因为画者能量具足,画作灵光独耀,无论是画者还是画作内外上下无时无刻不被一层无形无相的圆光笼罩。一切有心入道的凡胎肉体,在经由观禅、画禅、悟禅中能入"〇",这也是观世音菩萨的圆通法门。

有读者不解,观音菩萨的圆通法门不是耳根圆通吗?为什么由眼入道也是观音法门？这是不解法义故，所谓"圆通"是无碍义，眼、耳、鼻、舌、身、意六根无碍才叫"圆通"，也就是耳能观，眼能闻，一切无碍，重重无碍时，"五蕴皆空"，"空"即"○"。笔者将在"禅画美学"第二本对《楞严经》的解读中跟读者详细讨论圆通法门的修行法要。

《楞严经》云："尔时观世音觉者即从座起，顶礼佛足而白佛言：'世尊：忆念我昔无数恒河沙劫，于时有佛出现于世，名观世音；我于彼佛发菩提心，彼佛教我从闻思修，入三摩地。初于闻中，入流亡所，所入既寂，动静二相，了然不生；如是渐增，闻所闻尽，尽闻不住；觉所觉空，空觉极圆，空所空灭。生灭既灭，寂灭现前；忽然超越世出世间，十方圆明……'"

这段话是观世音菩萨对佛陀禀告，说自己发了大宏誓愿，觉悟到在慈悲广度众生的基础上，须以"闻、思、修"开始转化最难克服的闻、觉等六根干扰，达到无上、无分别的十方圆明"三摩地"禅境，即"○"。

此时，听到大海波涛的声音，既不堵截也不留置，自自然然，听之任之，入"流"后无念、无相、无住，故而亡"所"，"所"是分别、思量、留置、场地。"所"消失后，闻声便不局限于"所闻"的对象、现象，此时剩下不受现象干扰的"闻性"。

故此，虽在大海边，耳根却静极，不再被与海涛声相联的风波动相，或与平静如镜、不生分别的静相干扰。无声、无相、无分别地在"○"中寂静欢喜，其实不仅大海波涛，连周围的人语、鸟啼、狗叫、虫鸣等也都入"流"亡"所"，什么都在，却什么都不停留在耳，也不住相于心。

什么是"所"？"所"通"锁"，也就是说，能契合心性的觉者能"入流"而

"无住",不会被"所"锁住。另外,"所"也有"场"意,有读者不解,祖师们弘法的道场是不是"所"?这就需要理解什么是"道场"。有"道"之"场"便是"道场","道"是随得道师者而流动,"道"在,"场"便有法,便是"道场";无道,"场"便是"锁"。

《维摩诘经》"菩萨品",当光严童子遇到维摩大士,居士问童子从哪里来,答说从道场来。但什么是"道场"呢?光严童子显然不得其意,故此,维摩大士有一段精彩诠释:

直心是道场,无虚假故;发行是道场,能办事故;深心是道场,增益功德故;菩提心是道场,无错谬故;布施是道场,不望报故;持戒是道场,得愿具故;忍辱是道场,于诸众生心无碍故;精进是道场,不懈怠故;禅定是道场,心调柔故;智慧是道场,现见诸法故……众生是道场,知无我故;一切法是道场,知诸法空故……一念知一切法是道场,成就一切智故。

如是,善男子,菩萨若应诸波罗蜜,教化众生,诸有所作,举足下足,当知皆从道场来,住于佛法矣。

这里面核心是第一句:"直心是道场,无虚假故。""直心"的人心口如一、言行如一、光明磊落,没有牵挂纠缠,这便是通达无碍、在"〇"中寂静欢喜的觉者,佛在《遗教经》当中说:"谄曲之心,与道相违,是故宜应质直其心。""质直其心"就是直心,"直心"之人,无论在什么地方,都能够修行,都能够弘法,那就无处不是道场了。故此,并非寺院、茅棚、祖师遗迹等地方是道场。在佛法中,"道"是"菩提",所以"道场",便是一切修行觉悟之道的地方,或者说弘扬觉悟之法的场所。因为"道""法"无住,如阳光一样是自然流动的,故"场""所"是不是"锁",就看当下有没有"道""法"在。

眼、耳、鼻、舌、身、意六根即"所"的作用工具,归谁管呢? 归心! 心莫知其涯,能契合心性的直心觉者心能包容一切物,自然也能包容"觉所",即产生思觉的场所,现代人称为"大脑"的地方,是"觉所"的工作地。反过来说,心不能契合心性的梦中人,"大脑"便是自己的"锁"。

"心"能包容"觉所",当然也能含藏"大脑"及一切物性。心不属"知",不属"不知";不为明、不为暗的各种相对范围。修者若能反观自照,便知万物皆由心所现。此时耳目所触,无非菩提,随处皆真,随遇而安,得大自在。

读者若不解此意,人为地去刻意研究圆明觉照禅境的科学解释,则会发现宇宙万物,重重无尽,各各有别,时时变化,不断生灭,万劫亦不能穷尽,此生有涯,而知无涯,费心研究者除了徒增白发和疑惑,又有什么帮助呢? 有许多东西是无解的。

西方文明源头是古希腊文明,古希腊哲学家非常看重数学,认为数学是打开宇宙之门的钥匙。因此,古希腊哲学家多半也是数学家,反之亦然。今天很多欧美大学授予科学博士学位,仍然是授予哲学博士学位,从中仍然可以感受到古希腊文明的影响。从古希腊文明史可知,先是有哲学和数学,后才产生出科学问题和科学萌芽,也有少量的科学成就,比如阿基米德浮力定律和杠杆定律。数学虽找到了宇宙万物的一部分规律,但是更多时候,万物是无法数化和还原化的,例如数学中最简单的"如何三等分一个角"的问题,有解吗?

再例如和原始数论并生的天文学中,有个最基本的"三体问题",其中举个最简单的例子就是太阳系中太阳、地球和月球的运动。在浩瀚的宇宙中,星球的大小可以忽略不计,所以我们可以把它们看成质点。如果不计太阳系其他星球的影响,那么它们的运动就只是在引力作用下产生的,我们可以把它们的运动看成一个三体问题,即太阳、月亮、地球三个质点究竟如何运动。

过去人类一直认为解决三体问题的方法是先找到"首次积分"。哪些是首次积分?比如说能量守恒定律、动量守恒定律、角动量守恒定律等一些物理定律,每个物理定律给人一个"首次积分"。科学家们以为解决一个力学问题是先找到一个"首次积分",于是从牛顿开始找,找到现在也没有找到"三体问题"的"首次积分"。最后科学家们明白了代数表达的方式太有限了,解析函数也太有限了,统统不存在精确的解。这就是经典意义下,"三体问题"不可解,准确来说,是无解析解,也就是没有规律性答案,不能用解析式表达出来,只能算数值解,没有办法得出精确值。

然而对于三体问题的数值解,时间会无限放大初始的微小误差,因此数值法几乎没有办法预测当时间趋于无穷时,三体轨道的最终命运。这种对于轨道长时间行为的不确定性,便是"混沌"。人类因为探索、求解而产生了科学,发展至今,却发现越解越不能解释。所知永远没有所想多,所想永远没有所悟多,所有的碎片相加不可能等于全部。

至于宇宙——为什么有规律?为什么不遵守规律?为什么这么完

美？为什么如此多的不可思议？"人"是"神"创作出来的试验对象？还是"神"是"人"创作出来的寄托对象？抑或是"人"和"神"皆属于宇宙万物的一类？宇宙从何而来？宇宙有生灭吗？……

现代科学对有形物质不可解，无形物质当然更不可解，我们对宇宙万物的理解能力尚处于初级阶段。可以说，人类科学证明的任何一个公理体系都是不完备的。故此，智者会站得更高，跳出固有的习惯性思维，明白现有认知的局限，不断提高思想的觉悟力，而不是满足于找到问题的解。

人类的生命不会是如同生物学家所描述的那样，通过一次次进化，通过物理化学的变化而得到，其中的无穷奥妙，需要回归生命的本来面目去契合。也就是说，答案不在公式里、不在知识里、不是通过求解得到的，而就在人内心的灵光里。如同一颗种子，包含了生命的全部密码。

万物本来浑然一体，互摄互融，法界缘起，摄归自心，此即"知处"。但是自心本空，万物森然有序而又各有差别，且素位而行，自有本住，此即"有处"。禅门曰："类之弗齐，混则知处。"此中意趣是同是别，读者可自参之。

月者，夜之明珠。夜暗昧，不能见物，月出即明，物便可见。世人心处暗地，不见心月本明，心常居暗室，不见己明。世人不解自心中本有藏伏之明，万物如待明而起，则受制于明，被明所牵制，若能激发己明，心自生日月，又岂有明暗分别？

观音菩萨从耳根对声的障碍克服起修，进一步克服了眼、鼻、舌、身对应色、香、味、触的根、尘障碍，悟到"觉所"的虚幻不实。"觉所"在哪里？在空间，在空所内。觉所不思，不去分别"我"在哪儿，"我"便亡了，这就叫"无我法"。

曾有学生问笔者,他曾听有老师讲《楞严经》,说经云"六根"是"六贼",修者应断除六根干扰,关闭六根才能清净,为何菩萨能从"六根"悟道?其实这是不解经义故。"六根"能断除和关闭吗?就像心念能没有吗?如果真关闭了,没有了,便是死人了!还修什么?

清释安法师曾以画说禅,曰:"何来六贼戏弥陀,都是心中自起魔。迷则六根成六贼,悟时六贼六波罗。"

"六根"是否能迷惑人,关键在人之心,人心不迷,何来六贼?观音菩萨证得"五蕴皆空",无我无生,无来无去,自然处处成为悟道机缘。没有我,还有生灭吗?生与灭都没有了,没有生念与死念,就与大道合一了。上下、左右、前后、表里、内外十方圆明,一切具足,无欠无余,相应为一,无我为"〇"。光明永恒,世出世间都能不以念相分别了,如滴水入海,永不干涸。

以现在人类的发展水平看,我们无法预估宇宙到底有多大。而我们现在所认知的宇宙和法界相比,就是恒河之沙一般渺小。与我们这个宇宙并存的,还有无穷尽的其他子宇宙、母宇宙、平行宇宙、暗宇宙……每个人难道不也是一个独立的宇宙吗?身体内无穷尽的细胞独立生灭,如同浩瀚的星系,心灵里无穷尽的意识起伏,如同无边无际的星云,而连接所有这些内外宇宙、法界的能量场,是阴、阳两种元气,是空、有两种转换,是明、暗两种表现,是黑、白两种变化。

这个世界既不是"有",也不是"无",既不是"黑",也不是"白",明暗交替、明暗互融、不有不无、不得不失、不生不灭,这才是"不二法门",是为"禅画美学"之法。与此相对,便是"固二法门",就是总在坚持各种对立状态:

是非、对错、善恶、有无、佛魔、舍得、自他、多少……非此即彼,不是这便是那,不是好人就是坏人。

岂不知,万事、万物、万有,不仅是单纯的一面,也是两面性同时存在的,更有多面性融汇交集,故禅者需从日用着手,将千念万相,归入一圆"〇"中,无念、无相、无住,即"万法归一,一法圆通"。

何为圆通?即不在内、不在外、不在中间及周边一切处,不住六根,不流于心识,不依因缘和合生,无在不在,它是一切又超越一切。

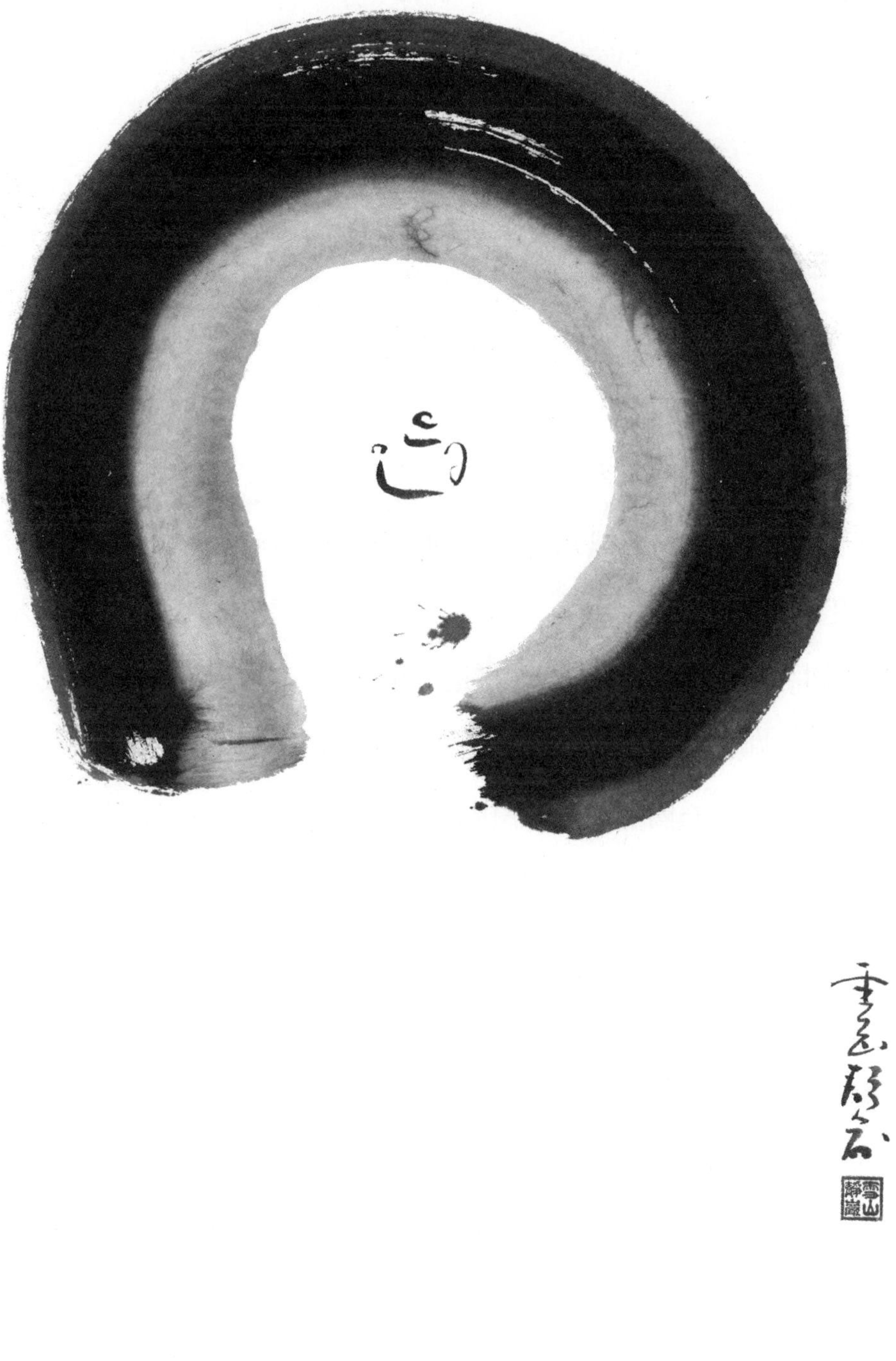

五

现代科学探测到,我们银河系中央的大黑洞,直径约为1600万公里。由于引力太大,黑洞会把光吸进来,也难以发现有光出去,人们因为看不到黑洞出光,就误以为黑洞不发光。其实不然,黑洞边缘是一个巨大的"圆相","圆相"里才叫黑洞。"圆相"是一束光,由于受到黑洞引力吸引,这个"圆光"没被吸进去,也没跑出来,就围绕黑洞转,像行星一样,当然它不是实际星体,而是一圈圆光,真正围绕黑洞运转的实际星体在远处。圆光以外,是看得见的,圆光以内则黑乎乎地不见,因为人类看不见,所以误以为为黑洞不发光。

光是电磁波,人类可见的光波长在390—780nm,唯有这一段电磁波能刺激人眼球神经,被凡人的视觉细胞接受,所以可见。而宇宙中到处充斥着人类不可见的光,"黑光"属于其中之一。例如黑色物体发出的红外线,属于"黑光"的一种,而黑色物体吸收可见光之后温度升高,而后向外辐射波长大于780nm的电磁波的"黑光辐射",也属于"黑光"的一种。因此,黑未必暗,暗是因人而异的现象。

光线的颜色是由光的波长决定的。人根据自己的视觉感受,将连续光谱的可见光按照波长由大到小的顺序依次分为红、橙、黄、绿、蓝、靛、紫各种颜色。如果一个物体能够反射所有波长的光,那么它显现出来的就是白色,如果一个物体吸收所有波长的光,它的颜色就是黑色。

七彩光的合成是白色,七彩颜料的合成是黑色。这是因为透明物质的颜色取决于透过它的光的颜色,不透明物质的颜色取决于它反射的光的颜色。白还是黑,取决于您是用加法还是用减法。

加法用于光的合成,减法用于颜料的合成。这是因为颜料的颜色并不直接代表光的颜色。颜料反射一部分光,吸收一部分光。颜色相混,最终得到的是颜料的颜色重叠部分,这可用减法得到。而两种光的颜色相混,最终得到的是这两种光的颜色全部的部分,这可用加法得到。

西方哲学家在光哲学方面是比较滞后的,从亚里士多德到笛卡尔都坚持认为白光是光的本色,色光是白光的变种。到了牛顿,开始发现并非如此,他细致地注意到阳光不是像过去人们所说的五色,而是在红、黄、绿、蓝、紫色之间还有橙、靛青等中间色,共七色。奇怪的还有棱镜分光后形成的不是圆形而是长条椭圆形。

于是他做了试验:在棱镜所形成的彩色带中,通过屏幕上的小孔取出单色光,再投射到第二棱镜后,得出核色光的折射率(当时叫"折射程度"),最终得出"白光本身是由折射程度不同的各种彩色光所组成的非均匀的混合体",这是西方光学的重大转折点。白色不是单色,白光是复合而成的观点,佛法中早就阐述得很清楚了。

"禅画"画家以黑、白二色概括宇宙的缤纷万象"是故运墨而五色具"。老子言:"知其白,守其黑,为天下式。为天下式,恒德不忒,复归于无极。"用以表现"无极""太极"图像的也是黑、白二元色,其在美学中表形而上之道和形而下之气、表自心和依心而生的万象、表灵明和禅境等的关联……

石涛于《画谱》中谈到笔墨关系时说:"笔与墨会,是为氤氲。氤氲不分,是为浑沌,辟浑沌者,舍一画而谁耶……"又说:"笔不笔,墨不墨,画不画,自有我在。……化一而成氤氲,天下之能事毕矣。"

画家需能离过去、未来、现在之相,明了"三心"不可得而绝不罣碍,又能合于宇宙法界,方才是有担当的、顶天立地禅门大丈夫。

世间万事、万物、万有、万象经由画家的创作,以黑白点线、块面和色调构建出一幅幅法界密码,这些类似于涟漪、灵光、圆相、生命的生成物,蕴含着宇宙法界中生命对内"生、老、病、死",对外"成、住、坏、空"等各种循环往复"〇"的奥妙。

"禅画"中呈现的物象秩序和结构,是一种独立的语言和生命律动。它反映了画家的心灵体悟,是经心与物、心与心、心与自然、心与宇宙法界交合的再创作。画家创作的一切灵感来自宇宙法界,这活泼泼的大千世界,不断地化生流转,生生无尽,生生不息,阴阳推荡,五行迭变。黑白是两种相对的"气和力",互为含摄,互为关联。

黑色悠远深奥,其妙无极,白色素朴纯净,其韵无徼,黑因白彰,白因黑显,宇宙法界就是一个共生体。显与隐、有与无、实与虚、动与静、空与有在不经意地互补互证之间完成了转换。吸引视线的黑以及作为基底的白,表现了宇宙空间的深远,白是光的全反射,黑是光的全隐藏,黑在白的衬托下更加清晰。

"禅画"处处"留白",以"无相"显"有物",可谓"无色而五色成焉""运墨而五色具",因此王维在《画学秘诀》里称"画"能"肇自然之性,成造化之功"。这是以一治万、由万归一思维的绝佳体现。

"禅画"不直陈抽象,画家以生动的、活泼的、和谐的、含蓄的、变化的方式,以净化之情去创造一个新生命,画家的情思是萦绕于心物之际、迂回于有无之间的,是从混沌里放出光明的高迥心宇和浩然胸襟。

生命的本质是统一的,无法像西方科学一样拆分,拥抱的是身体,温暖的却是心,身和心能分开吗?

许多"禅画"观者观画后,身心有许多明显的变化,例如不少人对笔者讲,明显发现观画时口水多,这是为什么呢?

我们前文已经说了,汉文字是智慧的象形文字,例如"病"从"丙","丙"在五行属"火",可以说,古人认为一切疾病皆从火起,因水火不调而生病。火有身火和神火、心火之分,通常中医说的"身火"指的是心火、肺火、肝火、胃火、肾火,和五脏六腑相对应,此为身体的特性反应,中医的入手点便在于辩证阴阳、水火。而出世间修行也在于降火,如佛法中说人"贪、嗔、痴"三毒皆属"心火",而道家所谓"阳神""元神"属于"神火"……

可见,要想身心健康,必从"火"下手,一切修行法都是清凉的甘露,降火的第一方在于清心寡欲。"病"从"丙"起,"丙"是个象,在甲骨文和金文里面,"丙"是有两只脚的青铜器,里边可以点灯,有"阳功已就,入内必藏"之意,所以"丙"又有炳然通明、内照通达的意思,和"炳"通。

后世的字典"丙"按照会意字来解了,比如在《康熙字典》里边,把"丙"字归在"一"部,它从"一",从"内"。也就是把"丙"字拆成上面一个"一"字,下面一个"内"字。"一"是什么意思啊?"一"是道体,称为元,我们解释过那个"元"字。那么"一"字的外形可以横着写,也可以竖着写。一画分阴阳是横着写的"一",这是宇宙能量的横向分布,它可以分割出不同维度的空间。那么纵向垂天地是竖着写的"一",这是宇宙能量的纵向分布,它是生命之气的流动。元气是纵向的"一",是生命之气的流动。下面那个"内"字又读作"那",是真一之气流入体内,赋予生命以动力,成为生命之火,所以"丙"在五行里面又称为"丙火"。

《说文解字》里说,"丙"为南方万物成,炳然有文明之象。此外,我们说"病"从"丙",元气不足了、欲望过盛了、水火不济了,产生"病"。

《说文解字》里还说:"丙"象是阴气初起,阳气将亏,体内一阴生,阳始亏,病初起。后世之人把"疾病"两个字合声了,其实病是指内亏损,疾是指外伤害。"疾",是病字头里加个矢,矢就是箭,被人射中一箭的意思。

由此可知,我们调养身心灵的下手点在降火,现代科学中生命科学一枝独秀,在抗衰老方面,已经进入了基因水平、分子水平,科学家们发现了基因上的端粒调节物,产生了各种流派和学说,其中"荷尔蒙学说"和"能量储存学说"得到普遍认同。

科学家都做过大量的研究和实验,公认了"荷尔蒙"能让人永葆青春的神奇效果,"荷尔蒙"平衡的人,身体内是水火调和平衡的,故此,科学家们殚精竭虑地寻找能够让人体安全产生适量"荷尔蒙"的方法。可惜,至今无法用科学方法使人体自然产生。

其实,获得"荷尔蒙"平衡的方法,唯有通过自己修炼获得,如果通过药物,势必产生依赖和引发新的失调。中国古人早有记载,西汉时关于"巫炎"有这样一段描述:巫炎字子都,"有阴道之术",汉武帝问其术,子都对曰:"臣年六十五时,苦腰痛脚冷,不能自温,口干舌苦,渗涕出,百节四肢疼痛;又痹不能久立,得此道以来,七十三年无所疾患,气力乃如壮时无所忧患。"汉武帝受其法,虽没有全用,但比起四十八岁离世的父亲、四十七岁离世的祖父,他寿七十而亡也算古稀了。

是什么"仙药"让全身是病的六十五岁老头子都变成无所疾患、气力乃如壮时呢?这种"仙药"便是降火的"甘露水",禅修的妙法之一便是修者不知不觉会感到神清气爽,头脑如雨后的天空一样清明,全身经络通流畅达。

这些修炼产生的口水,不是普通的口水,而是一种修养身心的妙用法宝,普通人随着年龄增加,会发现口水少了,记忆力下降,情绪起伏大,女人则出现皮肤松弛、阴部干涩、月经异常等征兆,这是人提前衰老的表现,唯有勤于修习的修者能感受到什么是"返老还童"的滋味。身心皆通时,修者生命深处迸发出的快乐和逍遥,是无法用言语表达的。

我们从苏东坡《续养生论》中可以发现古人修行之密:

古之真人论内丹者曰："五行颠倒术，龙从火里出。五行不顺行，虎向水中生。"世未有知其说者也。方五行之顺行也，则龙出于水，虎出于火，皆死之道也。心不官而肾为政，声色外诱，邪淫内发，壬癸之英，下流为人，或为腐坏。是汞龙之出于水者也。喜怒哀乐皆出于心者也。喜则攫拏随之，怒则殴击随之，哀则擗踊随之，乐则抃舞随之。心动于内，而气应于外，是铅虎之出于火者也。汞龙之出于水，铅虎之出于火，有能出而复返者乎？故曰皆死之首也。

"龙当使从火出，虎当使从水生也。"孔子曰："思无邪。"凡有思皆邪也，而无思则土木也。孰能使有思而非邪也，而无思则土木也。孰能使有思而非邪，无思而非土木乎？盖必有无思之思焉。夫无思之思，正庄栗，如临君师，未尝一念放逸。然卒无所思。如龟毛兔角，非作故无本性，无故是之谓戒。戒生定，定则出入息自住，出入息住则心火不复炎上。火在易为自住，出入息住则心火不复炎上。火在易为离。离，而也。必有所丽，未尝独立，而水其妃也，既不炎上，则从其妃矣。水火合则壬癸之英，上流于脑，而益于玄膺，若鼻液而不咸，非肾出故也，此汞龙之自火出者也。

长生之药，内丹之萌，无过此者矣。阴阳之始交，天一为水，凡人之始造形，皆水也，故五行一曰水。得暖气而后生，故二曰火。生而后有骨，故三曰木。骨生而日坚，凡物之坚壮者，皆金气也，故四曰金。骨坚而后肉生焉，土为肉，故五曰土。人之在母也，母呼亦呼，口鼻皆闭，而以脐达。故脐者，生之根也。汞龙之出于火，流于脑，溢于玄膺，必归于根心,火不炎上,必从其妃,是火常在根也。故壬癸之英,得火而日坚,达于四支,浃于肌肤而日壮,究其极,则金刚之体也。此铅虎之自水生者也。龙虎生而内丹成矣。故曰顺行则为人,逆行则为道,道则未也,亦可谓长生不死之术矣。

苏东坡说的"内丹"即禅门的"元气",也是"禅定"的能量,现代生命科学家们说"生命的宝物"是也。

有些道士炼丹炼的"外丹",是用金石矿粉、铅汞阴物炼就,希望服后能长生不老,其实吃外丹长生不老的少见,被外丹毒死的倒是屡见不鲜。故,修炼应是在"内丹"上用功夫,道家叫"修命功"。

中国传统各种修炼法流传甚广,但其中一个特点就是"逆",五行要颠倒,如吕洞宾提出:历来中医说心主火,肾主水,但修炼中"心"才是真水,"肾"才是真火。这是各家修门的秘诀,故东坡居士说:"古之真人论内丹者曰:五行颠倒术,龙从火里出。五行不顺行,虎向水中生。"

吕洞宾首提了"五行颠倒"法,他是道家的革命者,如同六祖惠能之对于佛法的革命一般。吕祖对于水火如何相济、心肾如何相交、龙虎如何匹配有自己独到的修法。东坡居士是在吕祖的基础上进行了进一步诠释,所谓"五行顺行"就是人跟着欲望走,"五行逆行"才是修炼密法。他用了孔子的"思无邪"。凡人思必邪(偏),欲无邪则必用逆法,如何"逆"? 儒家叫"反省""反思";道家叫"返本""归真";禅门叫"禅观""止观"。这就贯通了儒、禅、道。

但如何能"无思之思"呢?犹如学人对师父,态度必然庄严端正,这不是行为礼貌，而是发乎本心的自然而然。人如能时刻守住本心自然，不放逸，这是"戒"，由戒才能生定，由定方能生慧，气息时刻不乱，心火就不上串。

笔者曾有一位师叔，观"禅画"时，旁人看到他会出许多"鼻涕"，这是肾水上入于脑，再由鼻溢出，看起来像"鼻涕"一样，其实是清澈的黏液，又叫"玉筋"。还有多位学人问笔者，说久视"禅画"会感觉口内的口水喷涌而出，只好不停吞咽，这些反应是否正常？东方的玄妙修行法门，这又是西方科学不可解的。

为什么会产生"玉筋"和口水（甘露）呢？东方的各种修炼法，如果运行得法，多会遇到不可思议之玄妙境界。什么是"正法"呢？对个人来说，要心内求法，不假外求，对社会来说，修者修行境界深厚能更好地利益大众，如果仅为自己而修，就离"禅"甚远；此外遇到各种玄妙境遇时，绝不耽于此境界；并且修行不为求神通玄妙；最后绝不向人吹嘘、炫耀、夸大、伪造各种境界，更不以这些境界作为商业手段。

如果按照"禅"的正法修行，最显而易见的就是修者的肉身发生了变化，例如有的修者重病忽愈，有的返老还童，有的容貌大变，这些都是正常现象，不必执著。

在现代生命科学发展迅速的今天，未来衰老和死亡只会是工程学问题，衰老可以逆转，死亡可以战胜，现在健在的人们有可能长命千岁。人的病、老问题是可以通过科学解决的，未来"老"不会再是一种正常的生命态，而应是一种"病态"才对。

但是不病、不老的未来人会比现在人更幸福吗？笔者认为恰恰相反，例如有些精神空虚、偏激自大的人如果长寿了,他们的聪明和强势,对人类反而是更大的灾难!假设秦始皇长生不老了,中国历史将会怎样?所以,科学解决的只是人的身体长寿,而"心"的问题,非关科学,这是精神文明的范围。如何能在长寿的未来世界使得人更幸福、社会更和谐,这些必然靠的是人文、思想的精神文明力。

笔者希望通过"禅画"修养法,使每位观者、画者、受者都能在受益于科学日新月异的同时,身心和时代同进步,能以古老的修炼法、圣人的大智慧滋养心中之善,以感恩的心配合现代社会的快速发展,这样一来,每个人就能享受科学发展的益处,每个人都将比古人更有机会能成为吕洞宾、彭祖,每个人都有可能不仅在肉体上"不老",更能在精神上"不朽"……

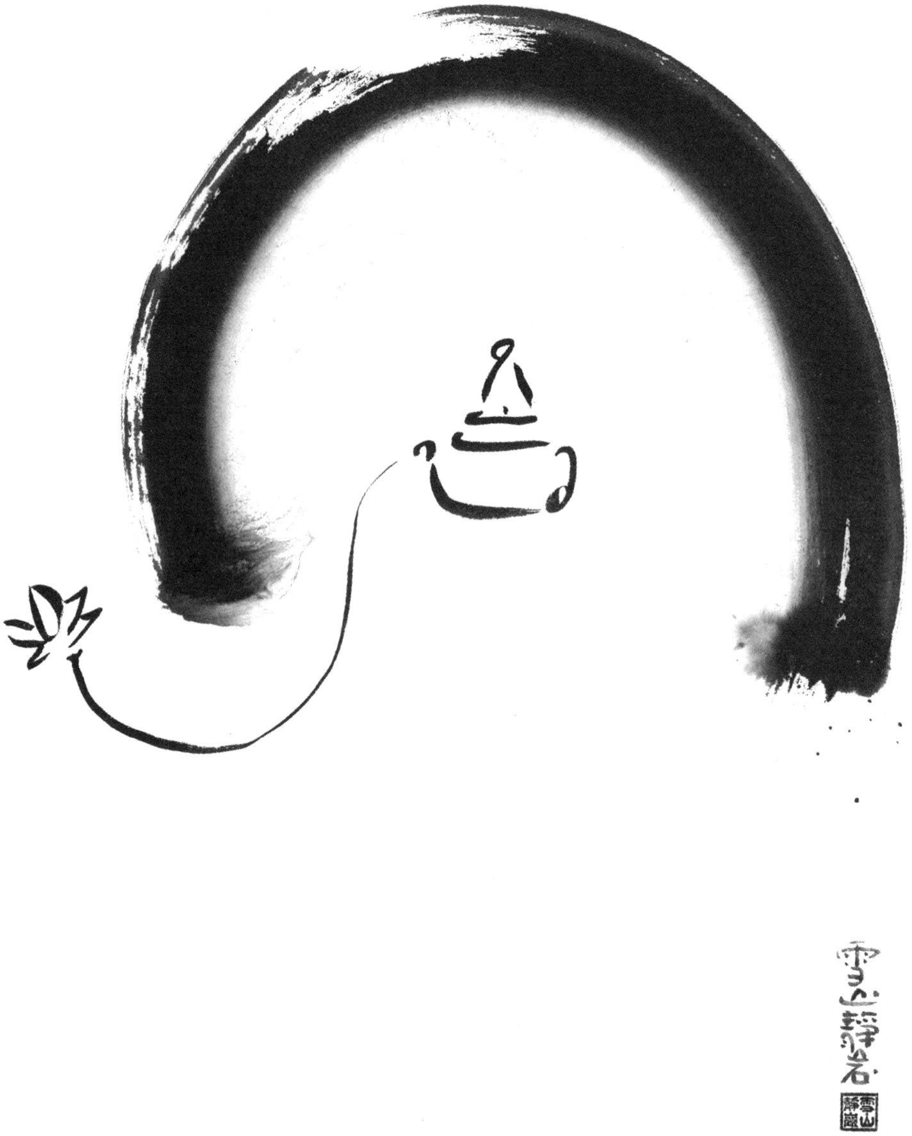
雪山静岩

六

"禅画美学"丛书共有六本,可以说是帮助喜爱和希望进入"禅画"修养的读者和修者修禅入门的六次第法。

第一本《高明中庸　修身为本》

从儒家经典《中庸》入手,帮助读者和修者理解儒家真正智慧,契合何为人道精神,禅儒为何能不二圆融。这一本为"禅之初心",是一切"中国禅"修者入门时必须具备的为人之道。

第二本《楞严大定　不可思量》

读懂《楞严经》之密意,并深入理解如何修证楞严大定。

帮助读者和修者理解修禅的根本在"禅心",禅心是人人圆满具足、自由自在、妙明纯真的。可是"心"在哪里呢?如果找不到"心",能偏正互回、互生互补、不受境扰、全体作用的"大定"又从何而生呢？故此,这一本为"禅之明心",为一切"中国禅"修者必须具备的、不退转修心而得禅定力的基础。

第三本《水墨禅境 物我一味》

通过唐朝画圣王维的禅修、禅画、禅诗的成就,展现给读者和修者,禅文化之究竟大美。

禅者如何领悟"圆相图"而触目会道、触目皆真？画家以画传递的真实生命,观者以眼入心的真实感受,都并非显现在外在的色相中,故形似、神似都不似,唯有"真"才是"禅画"的杀人刀、活人剑！

画者和观者之间如何感而遂通？画者运笔用墨,能"雅而逸、高而真"的神来之境是怎么产生的？如皎然禅师云:"吾知真象非本色,此中妙用君心得。苟能下笔和神造,误点一点亦为道。"我们将在此本书中展开心的审美和创造能量；心和禅画的关联；画师的造境法、移心法、感神法等内容。

故此,这一本为"禅之真心",可以说是"禅画"专业书,是"禅画"修养专修者入门必读书。

第四本《观即是美 美即是观》

通过对《维摩诘经》的独特深度解读,启发读者和修者契合禅的究竟心法:"不二法门"智慧。

禅门并非没有密法,只是不仅以真言、咒语、法器等形式表现,"禅之密"在心能的传递中,祖师们屡屡能显现不可思议之"迹",而又从不执著于此"迹",这种能量究竟从何启发、启动、保持?

这一本为"禅之密心",是"禅画"修养修者如何契合深心、密心、禅心的书。

第五本《圆相法界 超越时空》

通过《华严经》"入法界品"入手,使得读者和修者深度领悟浩瀚宇宙和无量法界之间的关系,领悟宇宙法界和人的关系,领悟时和空的实相。

这一本是"禅之圆心",为"禅画"修养修者打开视野,讨论如何契合层层叠叠、广阔无垠的华严理事无碍的终极禅境。

第六本《圆成实相 人间净土》

"中国禅"的根本是人之法,以人为本,人能弘法,非法弘人,禅法是为了现实社会,为了活人而存在的,净和垢皆在人心。故此,成佛的道场在人间,修行的道场在人间,禅定的道场在人间,自心的净土才是禅者的真实净土。

生命是如何能够超越时空局限的?生命是如何不离时空的?可以说离开时空的生命,便是"不生不灭"的佛,实现此两者之间的究竟意义的道场就是当下。

故此,此书通过《法华经》的"实相"帮助读者和修者在现实生活中实现当下自在、随缘自在的人间净土。这一本是"禅之实心",是一切"中国禅"修者必需书。

为了帮助读者和修者更容易掌握和记忆"禅画美学"的修养次第,笔者将六本书的目录编辑成了"圆相颂",方便读者和修者在读、写、解、契的过程中,自然进入"禅画美学"之门。

圆相颂

高明中庸　修身为本

天命率性修道教，
天地万物致中和。
见隐显微君慎独。
诚明明诚诚为本，

楞严大定　不可思量

生命要素念气血，
二面三方不可量。
语默动静体安然，
初发心时便正觉。

高明中庸　修身为本

水墨禅境　物我一昧

心地禅花无尽美，
禅心观空美无尽。
观禅时时照心美，
美心处处即禅观。

观即是美　美即是观

天女散华色即空，
空即色缘观众生。
香积寮现妙香饭，
美美与共观如来。

圆相法界　　超越时空

一一毛孔无量空，

一一法界无量寿。

一一微尘无量土，

一一圆相无量光。

圆成实相　　人间净土

圆成实相妙庄严，

见见非见缘起空。

人间净土自在心，

不二皆同无不容。

由于儒家《中庸》字简意深,比较难懂,笔者根据《中庸》核心内容归纳提炼了《中庸诀》,方便读者和修者背颂,尽快融入儒家智慧。

中庸诀

天命之谓性;率性修道教。道者不可离;可离非道也。
是故君子慎;君子慎其独。中者天下本;和者天下道。
仲尼曰中庸;君子之中庸。君子而时中;小人无忌惮。
中庸其至乎;民鲜能久矣。人莫不饮食;鲜能知味也。
用其中于民;其斯以为舜。择乎中庸而;不能期月守。
中庸得一善;天下可均也。君子和不流;中立而不倚。
君子遵道行;唯圣者能之。君子道费隐;言其上下察。
子道不远人;以人治人改。施己而不愿;亦勿施于人。
德行言之谨;有余不敢尽。君子素其位;反求诸其身。
行远必自迩;登高必自卑。如在其左右;诚之不可掩。
德为圣人尊;大德必得寿。故天之生物;自天德者命。
天下之显名;父母无贵贱。善继人之志;善述人之事。
事死如事生;事亡如事存。为取人以身;修身修道仁。
不可不修身;不可不事亲。不可不知人;不可不知天。
达道达德行;其成功一也。好学近乎知;力行近乎仁。
知耻近乎勇;三者知修身。知所以修身;知所以治人。
知所以治人;所以治天下。修身则道立;尊贤则不惑。
亲亲则不怨;敬臣则不眩。体群则礼重;子民则百劝。

来工则用足；柔人则归之。怀侯则畏之；所以修身也。
天下有九经；所以行者一。反者身不诚；不顺乎亲矣。
诚身有道明；善诚乎身矣。诚者天之道；诚之者人道。
从容中道圣；择善执之者。人一能之百；人十能之千。
自诚明谓性；自明诚谓教。唯天下至诚；为能尽其性。
能尽其性则；能尽人之性。能尽人之性；能尽物之性。
能尽物之性；天地之化育。可赞天地育；则与天地参。
致曲能有诚；诚则形著明。明则动变化；至诚为能化。
至诚道前知；故至诚如神。诚者自成也；而道自道也。
诚者自成己；所以成物也。成己成物德；合外内之道。
至诚不息久；久则征悠远。悠远则博厚；博厚则高明。
博厚载物也；高明覆物也。圣人道洋洋；发育万物天。
故苟不至德；至道不凝焉。尊德问学精；高明道中庸。
温故而知新；敦厚以崇礼。是故上下道；明以保其身。
愚而好自用；贱而好自专。生乎今之世；灾及其身也。
故君子之道；本身建天地。不惑无疑人；动世天下道。
行世天下法；言世天下则。远之则有望；近之则不厌。
仲尼祖尧舜；上天下水土。天地无不载；日月之代明。
物育不相害；道行不相悖。唯天下至圣；为能明睿知。
凡有血气者；尊亲故配天。唯天下至诚；纶天下大经。
立天下大本；知天地化育。肫肫其仁渊；其渊浩浩天。
苟不圣德者；其孰能知之。故君子之道；暗然而日章。
德輶如毛伦；无声无臭至。

现代人和古人的思维方式有很大区别,古人在夜晚见到满天繁星,会产生一种向往,希望自己能和天人同归一处。故此开始修行和修炼,成就者有的去往仙界即身成仙,有的在人间顿悟成佛。而现代人却忙得没时间看星星,浪漫是遥远的事情,似乎看星星是天文学家的事情,人为地将宇宙天地和自己分开,这样一来,广大无垠的天空、深密难测的地心都和自己没有什么关联。好像唯有能马上变现成财富的,才是需要关心的。这种心理下,人变得目光短浅,盲目自傲,误认为人类是地球的主宰……

为了帮助现代人正确认识自己,打开心中的局限,升起浩然之气,成为一个坦荡荡的人,笔者根据《华严经》中"入法界品"的核心内容归纳提炼了《圆相诀》,帮助读者和修者去除障眼之叶。

圆相诀

入法界时，满月光明。周遍十方，行列庄严。
菩萨智慧，法界充满。说法无尽，等虚空界。
天常见人，人不见天。无变化法，现变化事。
甚深法界，明了一切。觉非有量，复非无量。
一一方便，念念所变。凡夫妄惑，世常流转。
求一切智，开菩提门。色相有别，智慧无异。
演微妙音，遍一切刹。被忍辱甲，提智慧剑。
妙音演法，普门示现。随其愿力，而修行故。
一一毛孔，无量刹海。如是法界，皆游法海。
若来若去，若行若止。智慧光明，究竟无碍。
流转有趣，不忘菩提。十方法界，从禅定起。
善知识者，难得可见。难得可闻，难可出现。
难得奉事，难得亲近。难可逢值，难得随逐。
拔邪见刺，破疑惑山。心得清凉，生大欢喜。
持其志力，净其念力。开示正见，拔诸见毒。
大功德焰，烧众生惑。入智慧海，净法界境。
达一切趣，遍无量刹。辩才无尽，为众生依。
令无有余，必不退转。智灯圆满，法身自在。
佛智所知，非我能测。光明洞彻，莫知涯际。

令可化者,心华开敷。如净水中,普见虚空。
目光不瞬,圆光一寻。生如来家,增长白法。
演深海藏,如海无尽。起菩萨智,照菩萨法。
心清净故,无有退转。游空无碍,常乐我净。
最初因缘,勿生疲厌。随导师学,成一切智。
了知法界,种种差别。无依无住,平等无二。
结跏趺坐,离出入息。无别思觉,身安不动。
为著我者,说无有我。为执常者,说皆无常。
为贪行者,说不净观。为嗔行者,说慈心观。
为痴行者,说缘起观。为等分者,说慧应法。
为乐界者,说无有法。为乐静者,说益众法。
见法性门,足大悲水。法性明了,所行无碍。
能以正法,教化世间。佛身普放,大光明网。
佛身毛孔,皆出妙香。身出妙香,普熏一切。
一刹那顷,遍至十方。一丸熏之,心念于佛。
于一念中,众生同住。得其智慧,达其平等。
如来圆光,不思议相。无量亿劫,导师难遇。
大慈周遍,大悲润泽。随心所欲,所见不同。
普入诸法,无有乖诤。一一尘中,出一切世。
一一毛孔,出一切界。观其游戏,入其微妙。
到无畏处,毕竟安乐。遇圆满光,生大欢喜。
画梦所见,圆相如是。

感恩中国禅诸位祖师！

感恩中国禅智慧导师楼公宇烈先生！

感恩恩师雪山博士！

感恩一切发生，一切有缘，一切众生！

2016年3月29日于峨眉山白水洞

禪濤三

雪山靜岩

导言

"禅画美学"丛书既是禅修指导丛书,也是禅法论述丛书,还是弘扬交流禅艺、推广禅文化的丛书。

第一本《高明中庸 修身为本》是为了修者在人世间建立人道精神,端正品行,自律自觉,这样就具备了进入出世间修行的基础。本书和"禅画美学"究竟有什么关联呢?

"禅画美学"的核心四宗旨是心、禅、观、美。

这里,心=禅=观=美。

心包含禅、观、美;

禅包含心、观、美;

观包含心、禅、美;

美包含心、禅、观。

此四个宗旨是互相平等、包容、含摄、交汇、共生的。

从体用角度说,"心"是体,"美"是用。而"禅""观"是修法,这里的"禅"指的是"禅定"功夫,而"观"指的是智慧观照。"禅"和"观"的关系,是定慧等持、相应不二的圆融关系。

修者要修的是"心",但"心"无形无相、无住无停,故实际上是无法"修"的,只有通过"禅""观"的修行方法契合"心",最后能显现出"心"的能量,便是"美",所以说"美"是修行后的结果。修者修行的境界越高,则所见之"美"便无处不在、无时不在、无事不美、无人不美、无境不美,这种最终的禅境之"美",是"本迹不二"中的"迹"。注意,这种假名为"美"的禅境,与世间和"丑"相对而言的某种局限状态的"美"不同。

本书《高明中庸　修身为本》的四句颂如下:

> 天命率性修道教,
> 天地万物致中和。
> 见隐显微君慎独,
> 诚明明诚诚为本。

其中,每句的后三个字是"中庸"修身旨要,是儒家智慧的根本,即修道教、致中和、君慎独、诚为本。

"修道教"三字中,"道"是心,"修"是本,是君子内率天命之性,是自利。"教"是用,君子外以"教"法化生天下,是利他。

"致中和"和"君慎独"两句是相对法,属于儒家"内圣外王"之法,其中"致中和"属于慧,是君子以"王道"利益社会的善巧方便;"君慎独"是君子以"内圣"自律自觉的自修法,是增长智慧的基础,属于对内的自利修法。此两者之间又是双修、共生、互生、互补的关系。

例如,"君慎独"是能"致中和"的基础,而"致中和"则能帮助"君慎独"定力的进一步提高,彼此之间并修为证。

"诚为本"中的"诚"是君子"中庸"最终发出的"用"。以"诚为本"的人能和天地合一,能和万物共存,这样的世界就是"心净则国土净"的人间净土,是自然而然实现的大同世界。

那么,本书的四句颂和"禅画美学"四宗旨又是什么关系呢?

可以说"修道教"是心,是本体。君子要率天命而行,天命又从何出呢?《易》说是从太极而生,太极生出了什么?当然不会是具象的物,而是活泼的心,这个心就是天心,也是儒家说的"天命"。

故此,心由天赋得,具备了天的特征:高明、无常、变化、灵动、无形、包容、广阔,人如何和自己本来具备的天赋之心契合呢?儒家提出"修道教",便是养育、教育、教化。

内在提高自己能量,能天地合一的唯一方式是"修",内修自成"圣",外行则显现在帮助他人发挥出能量,这个方法是"教",外教为"王"。内、外的链接点、核心在"道",故名"道心"。"道心"惟精惟一,孔子说"一以贯之"。

"致中和、君慎独"对应了"观""禅"的能量和修法。为什么"致中和""君慎独"和"观""禅"修法对应呢?因为内定是外慧的基础,内慧是外定的保障。

君子在社会上行利他之事业,以儒学教化众生时,如果不具备内在的定力、自身能量不充足,有什么本事能转化他人呢?有什么本事在滚滚红尘中成为中流砥柱呢?不具备定力和智慧,儒学就成了口耳之学,卖弄学术知识,手无缚鸡之力,一遇到困难就发现知识不管用,解决不了任何问题。故此,利他的行为是发起"用",智慧是如何善"用",善用得体就能达到"致中和"之境,君子如何保证善用,便在平日"君慎独"之功,君子定力越高,智慧越广大,就越能发起各种善用,相反,缺乏定力和智慧的人,虽有一腔热情、一片好心、满怀爱心却往往事与愿违。

什么是能发起"善用"? 君子内在能量化显的程度。如果和对方不相应,教法再好也无用,能恰到好处地将您体内的能量,不多不少、不偏不倚地用在对方身上的时候,就会产生意想不到的影响,此时的作用力,是我们常说的"互相"的"相",也是"相应"的"相","相"是互为作用力,"用"则是观照产生的智慧。

"君慎独"和"禅"对应,是指君子的定力,定力越强则慧力越高,同样道理,慧力越高则能帮助君子的定力越深,这和禅门说的定慧需等持同理。我们千万不能把定、慧分开对待,就像"致中和"中包含了"禅""定","君慎独"中包含了"定""禅"一样,互生并存。

最后,"诚为本"就是"美"的大机大用。我们这个本应率天命而行的生命体,通过"君慎独""致中和"的定慧修法,应该回向社会大众,回向心从哪里发出"用"? 便是"诚"。

"诚"是太阳普照大地一样,没有条件的,不会因为别人对我不诚,我就有理由也不诚! 阳光不会因为您的行为而改变光照,大地呢? 河流呢? 一切天地、自然、万事、万物都有自己的运行法则,不会因别人而改变,那么为什么人那么容易被改变呢? 因为缺乏"诚心"! 以诚为本的人不会朝三暮四,而唯利是图的人就会计算利益得失,故此,因为利益变化而不断变化,心永远不安。

有诚心的人便是找到心灵之家的人,有诚心之人的地方便是人间净土。

既然天地万物本来具足诚心,为什么我们会说心中有"美"才是结果呢？因为这话是对还不完美的修者说的。例如花的种子里虽然包含了花开后绽放时的全部美,但不会有人看着花种便感慨:啊！这朵花好美啊！故此,虽然理论上花种蕴含了一切,但如果花没开,那么我们说"美"还没有显示出来。菩萨畏因,众生畏果。菩萨是看到一切种子时已知未来结果,而众生如不见花开则不知有"美",也就是说,不完美是出于一切被"相"带动,因为看不懂"本"、看不到"体"、看不清"真"。

同理,修者自修、能量增加的长功过程,就如同花种一般,虽包含了"美"的全部因素,却因为单调、反复、枯燥、分别而内心不知其"美",故,修行过程中,普通修者不明其"美"本具。只有仿佛等到"苦尽甘来"的某一天,通过修行得到的能量和外在相应,产生意想不到的"用"时,产生了"相",大家见到"相"变化,才会交口称赞其"美"。

由此可见,"禅画美学"四句核心宗旨"心、禅、观、美",前三种能量如同种子,不见测量,不可思量,也是只懂得看结果的人无从明了、无从感觉的。

"禅画美学"修养从个人修行的角度讲,是每个人先天具备的"禅心",通过"禅""观"的修行方法,最终能显现出不生不灭之"大美"状态,这就是涅槃,就是解脱,就是禅定,就是世出世间不二。

从社会的角度讲,"禅画美学"修养能帮助社会最终实现人间净土,无垢无净"完美"的人间"法相"。

从宇宙法界的角度讲,"禅画美学"的四宗旨总结只有一个,便是"心"。心外无物,万法唯心,心是宇宙法界的一切能量源,其大无外,其小无内,无始无终,不一不异。

最终能脱开时间束缚、突破空间局限、吹散障眼迷雾,转化因果、业力、轮回的法宝,就是修者心中的"愿"!

道无穷,法无尽,我愿亦无穷尽!

2016年6月6日

禅者颂
重逢

因爱白雪故恋冬,
为存积雪来栽松。
我愿无穷亦无尽,
行云流水喜相逢。

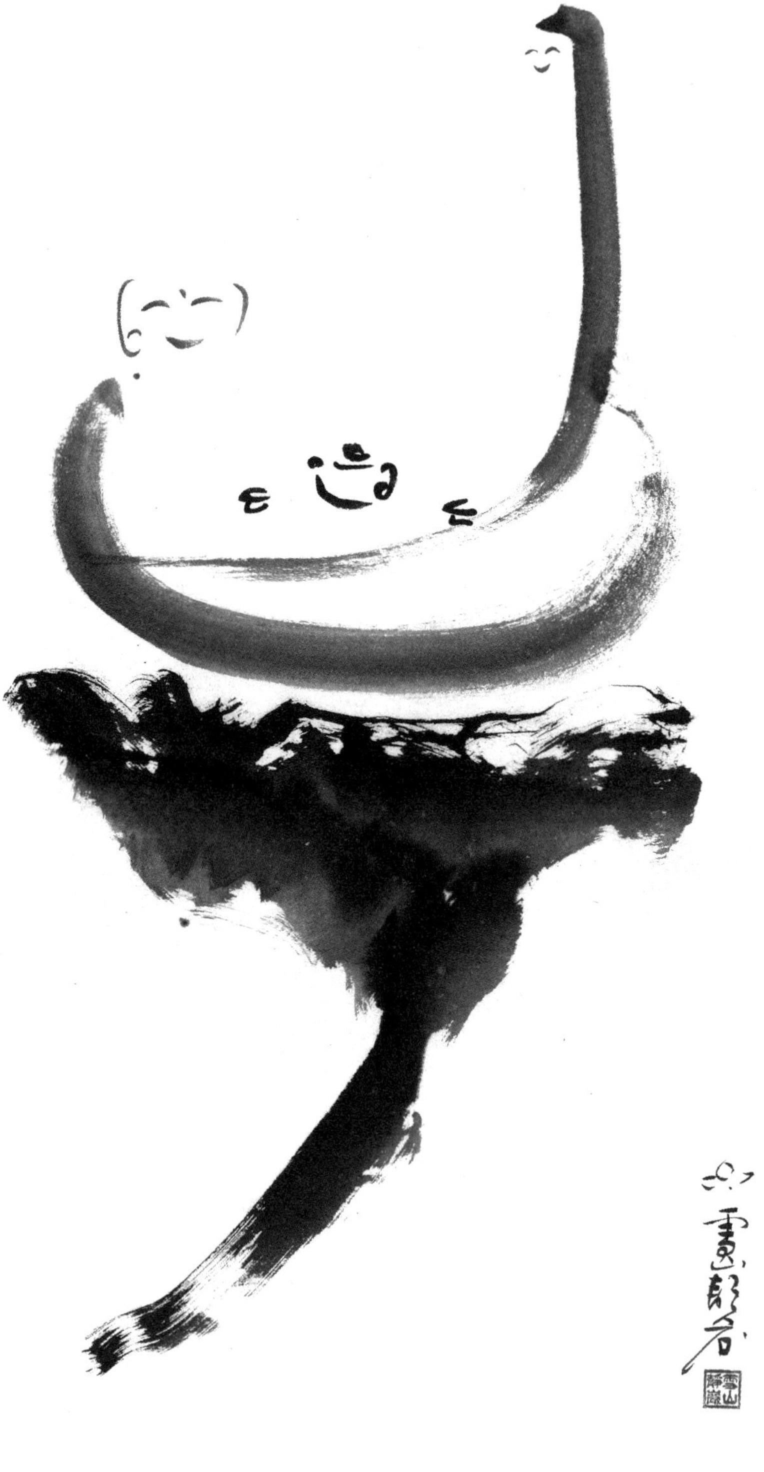

第一章 天命率性修道教

第一节 儒家之天命

今晨,当我进入"禅画美学"正文修改时,突闻一则令人震惊的消息:北大经济学院一位学生杀母,这个学生居然还曾是当地高考状元,由于成绩优秀还获得过北大的奖学金。细思极恐,这种情况是个案吗?同样以人文社科教育为主的复旦大学,也曾出现过学生杀人案件啊!这些天之骄子究竟为什么失去正常人性、丧心病狂地杀室友、杀母呢?

当然不仅中国大学,美国大学的恶性校园案件也是时有发生,常有人对此发出"道德沦丧,人心不古"的感慨,然而感慨之余,笔者更倍感有责任清晰、完整地发现这些令人疯魔之"因"。

为什么现代人,尤其是年轻人这么脆弱、极端、无知、自私、逃避、焦虑、彷徨、茫然、自虐……"因"不除,才会随时出现各种极端行为的"果"。果必有其因!

年轻人是国、家、民族、人类的希望所在,他们如果缺失正常人性和修养,国、家、民族、人类何谈未来呢?十年树木,百年树人,教育虽慢,但如不解决源头问题,仅仅关注杀人偿命又有何用?杀人者,又岂能不知须偿命呢？真正可怕的是，杀人未必用刀，未必见血，许多肇事者未必知道自己的言行在"杀"人。

岂止是年轻人，现代许多人日子过得都很焦虑急躁，成天忙着找机会赚钱，请问，如果赚钱并没有使得您本人更健康幸福，没有使得您夫妻关系更亲密，也没有帮助子女更有孝心、下属行为更自觉，没有使得您有时间关心自己，忙碌赚到的钱对社会大众也没有任何贡献……您要拼着性命赚那么多钱做什么呢？钱能慰藉孤独的心吗？能缓解精神压力吗？忙碌的生活镜像，必然导致的只有焦虑的增加、自我认知的模糊。

现代社会是由西方强势文明主导的社会气氛，在绝对商业化、唯物化的气氛带动下，一切都受到商业背后资本的摆布，资本是最无情的，看的是数据，是利润率、市场占有率、增长率……唯独缺乏了对人性的考量，甚至是反人性之道而行的，为了利益，不惜采用各种刺激人欲望的宣传手段，通过对人心理的掌握和控制，诱发人性中的贪婪、极端、自私、懒惰、侥幸、猎奇等心理，获取暴利。

在资本的大举进攻下，人性中的"不善"被喂养，一级一级的欲望被调动和引发，人变得越来越无知盲从、依赖迷信、本末倒置，只知赚钱、名利、占有、掠夺，有几人能静下来想想，究竟赚钱、名利、占有、掠夺，这一切的盲目忙碌是为什么？究竟在为谁做嫁衣？

更可叹的是，现代人多数不知道什么是健康。您以为过劳死，或倒在健身房，猝死在跑道上是光荣吗？您以为每年体检就可以确保健康了吗？您以为保健品真能保健吗？您认为医院能治好病吗？您认为肿瘤切除了就算治愈了吗？您以为体检指标正常的人就是没病吗？究竟什么是病，什么是健康？现代人的认识多数是被广告、舆论引导，糊糊涂涂，一知半解。

以微观之，天下无不病之人。物体如果没有缝隙，阳光又怎能照进来呢？

如近代禅门龙象虚云禅师，一生多病，多次几乎送命，无论是他差点被冻死、饿死还是瘟疫、中毒、瘫痪，虚云禅师不健康吗？有几人能如他一般活到一百二十岁并自在生死的？

为什么本书开篇先谈这些呢？笔者旨在引导读者和修者能通过"禅画美学"修身养性，回归到智慧健康的人生轨道，否则，沉迷在利益中的人是难以理解什么是大美的。

"禅画美学"丛书要表达什么呢？是为了引导有缘人进入东方传统的修养世界，了解身心之间的关系，了解如何为人，了解如何能以禅画修养进入禅门，了解究竟什么是大美、什么是真正的健康、什么是超越、什么是无碍、什么是和谐、什么是大同、什么是静定、什么是善行、什么是修养、什么是教育……

佛陀四十九年不辞辛苦为众生说法，孔、孟等圣贤同样不辞辛苦"知其不可为而为"，先圣们皆以教天下英才而化之为己任。唯有教育能使得凡愚之人，作为人而成其为人，避免被动地成为他人想要的某种人。

先圣们重视以教育启发正见、正心、正念，乃至发心、行愿，最终有人顿至正觉，这一切成长的过程都脱不开教育。可以说，一切修养法，教育是本！儒门、佛门、禅门各位先师、先圣，皆是内在自修自证，外以教化众生为互补作用。

　　为什么以《中庸》为"禅画美学丛书"的开篇呢？通常我们看到"美学"二字，会简单地认为这是一门知识、一种学问、一派理论，可在"中国禅"修养中，"禅画美学"并非一门知识、一种学问、一派理论，而是知行合一的实修系列禅法，笔者旨在通过禅画修养，令观者有可能顿契"禅"的不可思议境界，真正能欣赏天地的大美，明白如何健康生活，身心如何和谐不二，这种"学"，其实是在体会和体悟天地宇宙的不可思议，也就是说，"禅画美学"之"学"，是"学"其所不能学之"学"。

　　天地间的大美无时不在，无处不在，禅画的"大美"不是和"丑"相对的"美"，凡是由相对产生的，就是有限的、比较的、有量数的、有作为的。禅画的大美是超越时空的美，则必然是绝对的、无参照对象的、有现量无比量的、无反面命题的"美"。有人会问，世间真的存在什么没有反面命题、有现量无比量的东西吗？

　　提出这种问题的人，其实并不了解宇宙。宇宙中万物、万事、万有之所以能称为"精妙"，就是有太多的不可思议、不可揣摩、不可分析、不可解释性的人、事、物、境、相存在。

　　"大美"一词语出庄子，曰"天地有大美而不言"，为什么不言？就是语言、文字实在匮乏，无法表达这种没有反面命题的、无对立的、有现量无比量的"大美"。庄子在《齐物论》中主张物我平等、物我同一，人如果站在道的高度，以道来观察天地，追求物我同一、物我平等、物我和谐，可以从消除事物之间的差别入手，超越事物的是非、彼此、成毁、贵贱、生死等界限，体悟到何为"劳神明为一而不知其同",就能够理解不仅天地、宇宙、自然,万物、万事的大美如一,主观自我与客观世界其实是能完全契合的,天地人、万事、万物、万有完全契合时,哪有什么反面命题存在?故:"是非之彰也,道之所以亏也。"天地、万物、万事、万有间只有道,道便是没有反面命题,有现量无比量的"大美"。

万物间只有道,没有什么真正的完成与毁坏、美好和丑陋、成功和失败之区分,所谓区分只是"相"上的差异,万物各有其道,各有其自成。

"物固有所然,物固有所可。无物不然,无物不可","道通为一。其分也,成也;其成也,毁也。凡物无成与毁,复通为一"。万物各有其存在的依据和价值,各有其合理性,没有什么事物是不对的、不美的、不可肯定的或不可否定的,一切事物从道的观点来看是相通为一的。

能相通的便是天地万物的共同起源,这是"大美"之道。

万物从此同一中分化得以生成,同时也意味着在同一分化中毁灭;但毁灭也同时意味着新的生成,天地万物就是以不同的形态相互转化着,转化的形式非以物化物,而是在不断自我毁灭、自我生成,处于不断的自我变化之中,万物、万事、万有相对而化,对外来说有成、住、坏、空,对内来说有生、老、病、死的过程,这"化"非以物的形式变化,而是事物发展中的同一分化过程,生生不息,循环往复,人、事、情、物、境皆为"道"变化的载体,用各种形态以构成自然均衡的各级世界。

庄子《寓言》云:"万物皆种也,以不同形相禅;始卒若环,莫得其伦。是谓天均。""大美"就是超越了万物成毁界限的美之道。

"大美"是"似无所住而无所不在"的,因此凡常之人难以发觉这种无在不在的"大美",成天忙于利益算计、家庭琐事、个人得失的人,心中充满了各种欲望和计划,哪里有心去契合、相应、感觉、发现宇宙天地间不可言说的"大美"呢?对实用主义者来说,"大美"似乎无用。

可如果您告诉实用主义者,"大美"有很高的经济价值时,他们可能马上就有兴趣了,可惜的是,"大美"有各种表现方式,带着经济利益的心,能见到的不过是"美"之表相,但凡只要人的心中有所求,就有因所求而产生的相对局限,因有求便产生得失心,有得失便有恐惧,有恐惧便有对立,有对立存在是不可能真正契合"大美"的。

有人会问,理解、体悟、契合"大美"对我有什么好处?那么请问,人活着都要死,活有什么好处?吃了饭还要拉出来,吃进去容易,拉出来难,吃有什么好处?卖饺子、火锅的也能上市,费力读书有什么好处?不少人结婚后夫妻间互相不信任,结婚有什么好处?谈恋爱有什么好处?生孩子有什么好处?爱有什么好处?抬头看星星有什么好处?行万里路有什么好处?看看照片和游记不就可以了么,还省钱……

如果一切以结果为导向,以理性来分析,人生是没什么好处的,肉体必将从一个年轻的鲜活体迈向和年龄无关的衰亡。

费孝通先生在八十寿辰时讲道:"各美其美,美人之美,美美与共,天下大同。"笔者理解如下。

第一,美没有统一的标准,众生各有各美。鹰有鹰的美,蛆有蛆的美,您欲用花时,以花为美,以草为害;而若您欲用草时,必以草为美,以花为害,故,切勿以己一时见而病垢他美,平等心最美。

第二,如果人人懂得尊重他人,随喜他人,勿妨碍他人,尊敬心最美。

第三,能不二皆同,无不包容,不以己所欲或不欲强施于人,能各抒己见,和而不同,和合心最美。

第四,合内外之道。内与自身内亿万细胞相应,外与百千万态众生相应,能知万事、万物、万有如一,能观天上、地下,过去、现在、未来的圆通,知其真,循其道,游于其中而不妨,心知天地与我齐物,明了万法一如,天下之大同法尔如是,感恩心最美。

平等心、尊敬心、和合心、感恩心都是大美之心的各种表现,皆非在人为。看花美非因花之"貌",吃饭香非因饭之"味",观人善非因人之"行",能映现"大美"的心,源于观者心无挂碍。

古人有时用诗、词、歌、赋、风、雅言美,似乎无一直言赞"美",却无时不颂扬"美",这是东方传统的"语言美"。不仅是快乐、愉悦,即使哀伤、惆怅时,语言也有其温婉的幽美。如元代马致远的《天净沙·秋思》:"枯藤老树昏鸦,小桥流水人家,古道西风瘦马。夕阳西下,断肠人在天涯。"短短二十八个字,准确地传递出诗人当下的心境,哀也是一种美。喜怒哀乐,生老病死,皆是自然而然的现象,天下哪有什么是不美的?

怎样才能真正开启我们契合"大美"的心呢?我们还是先从如何能够成为一位真正的"人"谈起吧!

古往今来,禅门许多祖师均先儒而禅,他们自小熟读儒家经典,而儒家的各部经典中,和"中国禅"联系最紧密的便是《中庸》。

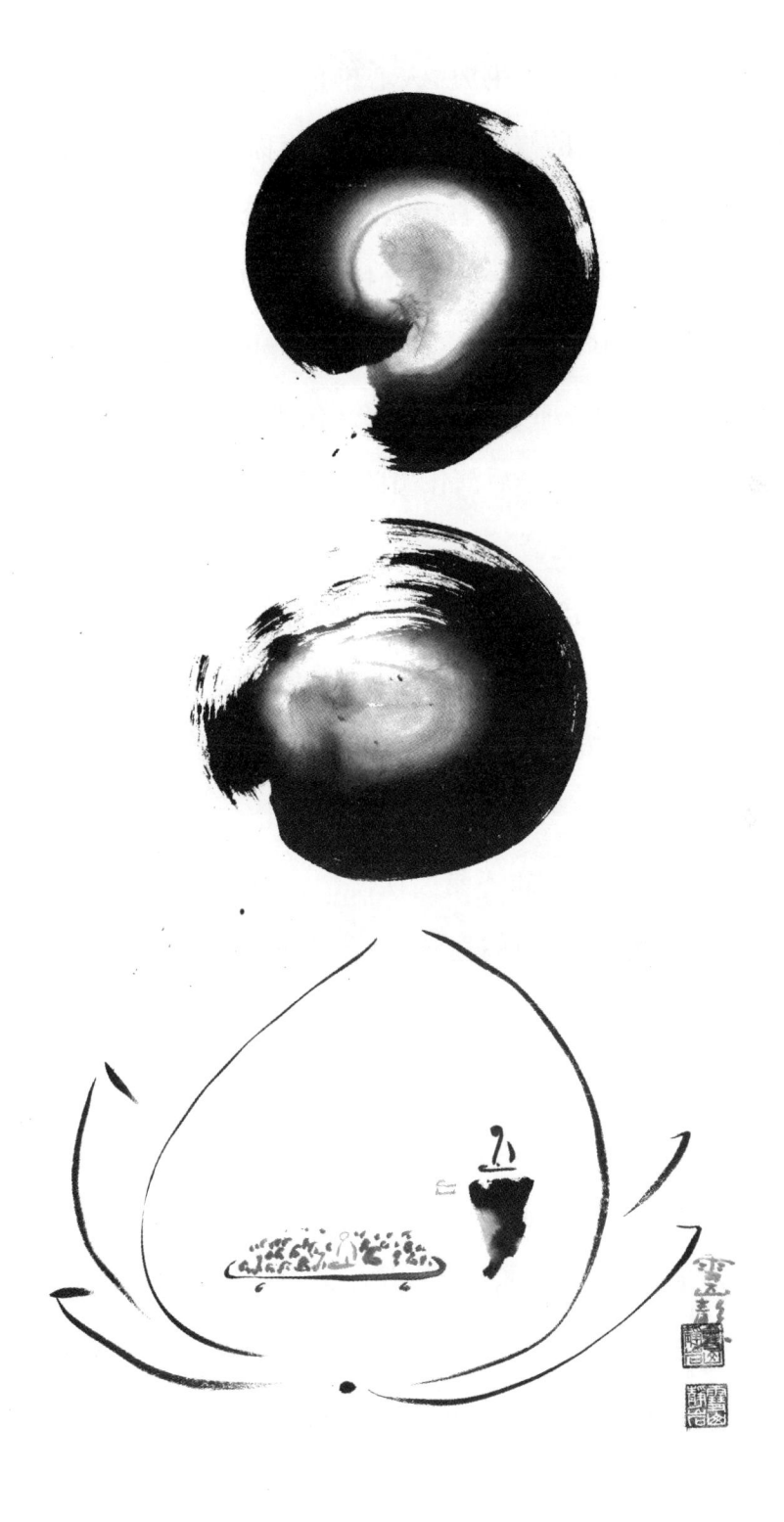

"中"这个字源于《尚书》。"人心惟危,道心惟微。惟精惟一,允执厥中",这是大舜传禹王的修心之法,历代高贤称此为大舜"十六字心法"。同时,这也被儒家尊为"十六字真传",又称"道统心传"。《论语·尧曰》云:"尧曰:'咨!尔舜。天之历数在尔躬,允执其中。四海困穷,天禄永终。'"

尧、舜时代是中华民族上古鼎盛时期,尧传舜的心法是四个字"允执厥中",到了舜传大禹时,加了"人心惟危,道心惟微。惟精惟一"十二字。

儒家吸取了其中精华后演化出儒门心法,便是"存心养性,执中贯一",孔子云:"吾道一以贯之。"

《大学》讲知止、定、静、安、虑、得的修身六步功夫,便是知止于一,定于一,静于一,安于一,虑于一,得于一也,这就是善用一的功夫,以至于"止于至善"。而格物、致知、诚意、正心、修身、齐家、治国、平天下,则是"一"的内外修为,格此一,致此一,诚此一,正此一,修此一,齐此一,治此一,平此一。

《中庸》讲:中不偏,庸不易。谈博一、至精、至专、至诚,以至于"致中和"之境。曰:"博学之,审问之,慎思之,明辨之,笃行之。"注意,这个"之"是指"一"。

后世学人误解朱熹说的博学为"广而博学"之意,认为唯有学问渊博,才是博学之意,这种理解是不够全面的,《中庸》的"博学之"原意并非广而博学,而是"精一",是博此一学,审问此一,慎思此一,明辨此一,笃行此一之意。如庄子《养生主》云:"吾生也有涯,而知也无涯,以有涯随无涯,殆已。"老子亦云:"为学日益,为道日损。损之又损,以至于无为,无为而无不为。取天下常以无事,及其有事,不足以取天下。"这些其实说的是一回事,

"博学"是精一,而非广杂。

那么,为什么朱夫子说"广而博"呢?这就是中国传统和现代西方文化意义之差别,中国传统的"广""博"意指修学以至通达无碍,这种通达是通过修+学两种层面来完成的,修为内修,学是外学,故名"教学"。

君子通过自我教、学而能"合内外之道",此方为内外通达的"达人"。也就是君子不仅了解知识,更是知己知彼,通达博雅,君子入道之门精广,然而致广大而极精微。

故此"博",并非西方文化所指学者需要博学、广识,成为专家,许多专业知识丰富的专家,实为"狭士",仅仅涉猎于某个领域而已,这些人不少是既自卑又自傲的。他们不相信"达人"为何物,以为东方经典浩如烟海,非皓首穷经不能通达。

其实不然,我们看古代有多少少年英才?如鸠摩罗什法师和僧肇法师师徒,均是不满十五岁时已通晓群法。通达之道,关键便是"通","通"靠的是悟性,不是知识和经验的积累,自己不通时就无法理解为何别人可以"通",庄子云"夏虫不可语冰",大家不在一个境界时,难以沟通。

要想通达博雅贵在"一门深熏"。

儒家说"熏习","熏"如人处兰麝之地,自然遍体生香;"习"为幼鸟学飞,不断鼓动翅膀。在日常气氛的熏染下,久而久之,学人最终能不假思维,便振翅高飞,从学问上说,这便是"通达"了。

故此,这种"熏习"是择时、择地、择机的灵光一现,自性光起吹开遮眼迷雾,"一以贯之",如果学人乱七八糟学了一堆浅显无尽、一知半解的知识,凡事知其然不知其所以然,又有何用？从科学角度讲,这叫"焦点意识",我们无法用语言描述内心的变化,灵光的显现未必直接呈现在当下的行为和认知活动中,但却是无处、无时不潜在影响着、决定着行为本身。灵光潜伏在我们内心,遇到适宜的时、境、人、机便会随缘化生,此乃生命体一切相关知觉、意识、情感、理性、认知的综合作用。

一个人如果有"焦点",长期熏习涵茹,儒家称之为"学养",学养不是和年龄、知识一起成长的,而是和生命一起成长的！能通达者,从个人角度讲,禅门称之为"觉者";从法的角度讲,称之为"悟道";从师门传承角度讲,称之为"法嗣"。

例如笔者的学生中有人希望能尽快学习"莲花太极"功夫,其实他们想学的是拳脚套路,不会去思考为什么套路是这样的？如果仅仅学习套路,这很简单,腿脚力气稳定后,学起来不难。但学会套路和学会"莲花太极"有什么关系呢？

师者难以言传的精妙,全在学人一心。现代人治学,习惯通过语言文字、逻辑推理、归纳总结、分析比较、量化统计来学习。可是"通达无碍"是学不出来的,就像学会了拳脚套路,只能是用来表演或者锻炼筋骨肌肉,而套路背后蕴含的"道"却不是学出来的,有人说"拳打千遍,其意自现",这是典型的渐修法思路,可以说肌肉功夫可以靠积累、苦修,而真正的密意和多少遍无关,和您是否会用心有关。

笔者在《莲花太极》书中曾提到,传授禅门功夫的师者不会教人什么拳脚套路,自古祖师们从未留下一套禅拳、禅腿、禅掌、禅剑、禅刀之类,真正的禅门功夫唯有"禅定"一法，其他都是辅助修炼。而"禅定"并非修的时间越长就越"定"的，这是禅门功夫的特点，全在一心，心力为基。注意，心力并非念力，也并非所谓"吸引力法则"，但凡带着有求心修炼，皆非心力之功。

故此，禅门学人修习禅门功夫，不是学一套固定的拳脚功夫，就像我们修炼"莲花太极"是帮助学人契合"太极大道"，是在修习的过程中，明白其和"太极拳""八卦掌""少林功"等内外武功有何不同，学人要在修炼中逐渐能体察出师者创立功夫的初衷，如能体悟及此，则学人自己能"成人"，以后能根据时、势、境而自己随创随立，随立随弃，应用无方，变化无常。如不能体悟初衷，则即便学会了或者也能创造出一些体式，但还是无济于事，因为终究还在拳脚锻炼或肌肉运动的范围打转。

禅门师者，重要的功夫不在于武功高强或神通变化，而是在以一颗如如不动的心应对世间万事、万物、万象、万境的无常变化时，能自性随缘起用。

对内，无论情绪如何变化，心不被情绪转；对外，举足下足，用之则行，舍之则藏，心不被境转。自性随缘起用时，师者能令到学人自觉习气深重，故不断心生忏悔，由大惭而至大愿，终能有一天顿契禅法，这才是师者最大的"神通"。

现代西方文化和中国传统文化是两种不同的思路，例如《论语·述而》："子曰：述而不作，信而好古，窃比于我老彭。"现代人认为孔子"述而不作，信而好古"的思想不值得提倡和学习，如果过于崇古，则失去创造力和进取心，认为我们可以学古，但要推陈出新，更上一层楼。

这种思想反映了东西方思想的区别，西方文明以亚里士多德为代表，是不断批判的"进化"过程,他们认为人是"进化"来的,故此,最终以达尔文的"优胜劣汰,适者生存"为根本生存法则,尊崇"强大",谁强大谁能占有资源,谁有话语权,亚里士多德就常批评自己的老师,而这种思想是和东方思想不同的。

"述而不作"是孔子整理"六经"的编纂原则,也是他一生治学特点的高度概括,这种治学精神是建立在尊重前辈、尊敬祖先基础上的。万物受天地养育之恩,学生受老师教化再造之恩,不会因为"青出于蓝而胜于蓝"而忽略"蓝"的作用,认为"青"比"蓝"更重要、更优秀、更了不起。

传统中国是没有专业课的,一切学问是师者言传身教的结果,谦逊是学人第一美德,敬畏心是师道尊严的传承基础,故此,"述而不作"是后学对前辈的补充、完善,这本身就是超越,但超越不是否定和批评。

"述"之意,《说文》解释为:"循也。"《中庸》中出现四次"述",表现了儒者遵循和尊重前人的思想而薪火相传之意。而"作"的本义是"起",即人站起身子来,引申为"兴起""振作"。《说文》段注:"上作,起也。下作,为也。"

《中庸》云:"虽有其位,苟无其德,不敢作礼乐焉。虽有其德,苟无其位,亦不敢作礼乐焉。"孔子谦逊,自认为自己无"作"的资格。《礼记·乐记》云:"知礼乐之情者能作,识礼乐之文者能述。作者之谓圣,述者之谓明;明圣者,述作之谓也。"这衬托出了现代人对先圣的恭敬心不够,既然"作者之谓圣,述者之谓明",那就说明能"述而不作"已经很了不起了,试想有几人能做到"述者之谓明"呢?如果认为自己看了几本书就明白先圣之意,甚至感觉先圣的经典也没什么了不起,那才是狂妄自大。

《碧岩录》中曾记载六祖惠能的法嗣南阳慧忠禅师一则公案:"忠国师问紫璘供奉:'闻说供奉欲解注《思益经》,是否?'奉云:'是!'师云:'凡当注经,须解佛意始得。'奉云:'若不会意,争敢言注经?'师遂令侍者将一碗水、七粒米、一支箸在碗上,送与供奉。问云:'是什么义?'奉云:'不会!'师云:'老僧意尚不会,更说甚佛意?'盖表示会佛经者,不一定会得佛意,须离相对之分别见解,始可称是会得佛意。"

紫璘供奉自觉了不起,被南阳禅师棒喝:老僧意尚不会,更说甚佛意?所谓"经师易得,人师难求"即是如此,字面意思容易理解,而真正的含义却在文字以外。

朱子在《论语集注》云:"作,则创始也。故作非圣人不能,而述则贤者可及。……孔子删《诗》《书》,定《礼》《乐》,赞《周易》,修《春秋》,皆传先王之旧,而未尝有所作也,故其自言如此。盖不惟不敢当作者之盛,而亦不敢显然自附于古之贤人。盖其德愈盛而心愈下,不自知其辞之谦也。"中国传统学人首德是谦虚,作文是取法高,而不是出辞低。这种建立在尊重先人基础上,能不断完善、补充、合时的智慧,才是中华传统的修养美德,拥有这种谦虚不自傲的美德,是师者对修习"禅画美学"修者最基本的要求。

庄子《山木》有云:"一之间,无敢设也。"这是讲北宫奢替卫灵公征集捐款铸造钟器,在外城门设下祭坛,他三个月就造好了钟并编组在上下两层钟架上。王子庆忌见了便向他问道:"你怎么这么快?用的是什么样的办法?"北宫奢说:"精诚专一而又顺其自然,不敢假设有其他什么好办法。我的方法是返璞归真、无知无识、忘却心智。"

所有儒家典集、佛道经书,说来说去就一个"悟"字,从何而悟?儒说:"存心养性。"道说:"炼心炼性。"佛说:"明心见性。"

明憨山禅师"文殊赞"中的一首诗云:"金色界里月,五台山上雪。云端狮子儿,空中霹雳舌。谁识饮牛翁,原是甘露灭。宴坐金刚窟,似踞猛虎穴。玻璃一盏茶,聊清烦恼热。借问窟中多少人,前后三三非浪说。"

说的是唐朝时文殊菩萨在金刚窟对无著禅师说法的经历。据明镇澄法师《清凉山志·无著入金刚窟传》的记载,无著禅师十二岁出家,诵大乘经典数万偈,聪明过人。二十一岁,往南京牛头山忠禅师处参叩禅门心要。忠禅师对他说:您的问题出在太聪明,若把聪明心放下,就能很快契入禅法。三世诸佛本无有一法可得,若除掉虚幻的瑕翳,虚空本来清净。

无著于言下顿悟。此后,不再四处奔波,而是一门深熏。大历二年夏,禅师到五台山朝礼,住华严寺,在藏经楼前结跏趺而坐,禅定三日。一日后夜,见白光自东北方向来,照头顶久久方隐去。禅师顿觉身心清凉,得大法喜。凌晨时,他根据白光照来的方向,朝东北行去。

到了楼观谷口(今碧山寺西门),趺坐休息。忽听到喝牛之声,看见一位老人,戴着破旧的头巾,穿着苎麻衣服,牵牛路过面前。禅师拜问道:老丈哪里来?

答曰:山里讨粮食去。

又问:老丈家住哪里?

答:就在这山谷里。

老人问禅师:您去哪里?

禅师答:想找金刚窟,却找不到门。

老人说:那请到我家喝杯茶歇息歇息吧。

无著禅师便跟着老人朝北走了五十步左右,到了门口。老人对内喊:"均提!"一童子应声开门,把牛牵过去,老人请无著进门。只见庭院平正,净琉璃色。屋室卧具,古朴淳厚,世所不见。

落坐后,老人问:您从哪里来?

答:南方。

又问:带了好念珠吗?

答:只有比较粗的念珠。

老人说:请拿给我看看。

无著禅师将自己的念珠递给老人,老人却说:把您自家的拿来。

禅师说:这是我的念珠啊!

老人说:若是自家的,怎么从南方来?

禅师听了,无言以对。这时,见童子端两个玻璃盏,盛满酥蜜,一杯给禅师,一杯给老人。老人举盏问:南方有这个么?

答:无。

老人说:无这个,拿什么吃茶?

无著又不知如何作答。

老人又问:南方的佛法,是怎么主持的?

答:末法时代的比丘,很少有尊奉戒律的。

老人又问:寺庙常住多少人?

答：一般有三百，也有五百。

无著接着问老人：这里的寺庙是怎么主持？

老人说：这里龙蛇混杂，凡圣交参。

无著又问：常住多少？

老人答：前三三与后三三。

无著第三次大惑不解。

老人又问：您平常修行如何用功？

答：每日般若熏心，但不得要领。

老人说：不得就是要领。

又问无著：您当初出家，为求得什么？

答：欲期证得佛果。

老人说：初心即得。

老人再问：您有没有随身带着衣钵之类？

答：自从受具足戒以来，时时都带着。

不料老人却不以为然地说：修行并无难事，应知能舍即舍，连衣钵都不舍，还修什么？我困了，请回吧。

无著道：天色将晚，请您留我一宿可以吗？

老人拒绝说：您有个伴，叫执著，所以不能住。

无著说：我没有伴，也没有贪恋执著啊。

老人说：您既无贪恋，何必要住这里呢？既有贪恋期求，难道不是执著吗？

无著禅师无奈,只好拜辞道:我心头有疑惑,敢请问大德,浊世众生,善根浅薄,如何修行才能解脱?

老人即说偈道:若人静坐一须臾,胜造恒沙七宝塔。宝塔毕竟化为尘,一念静心成正觉。

偈毕,令童子送无著禅师出门。出门后,无著问童子:刚才您家主人说"前三三与后三三"是多少啊?

童子答:"金刚背后的。"

无著愈发茫然无措,作揖辞别时,又问童子:金刚窟在哪里?

童子回手一指,说:这个是般若寺。

无著跟着手指回头看时,童子跟方才的房屋都不见了。只见山色苍苍,长林郁郁。无著感到悲怆恋慕,久久彷徨不能自解。忽然间,他头顶有祥云四布,上有圆光,如同高悬的宝镜,诸多菩萨的身影,隐约映射在圆光中,还有藻瓶、锡杖、莲花、狮子等形状。无著悲喜齐集,望空而拜,约一个时辰后,空中境象渐渐消失。

无著心中五味杂陈,感慨莫名,遂说一偈:"廓周沙界圣伽蓝,满目文殊接对谈。言下不知开何印,回头只见旧山峦。"

说完偈,寻路回到华严寺,和同修道友叙述这一经历。这以后,无著禅师日趋用功精进,最后立化在金刚窟前。后,雪窦禅师作偈赞叹此事道:"千峰盘曲色如蓝,谁谓文殊是对谈;堪笑清凉多少众,前三三与后三三。"

从这段经历我们可以看到,无著禅师修行勇猛精进,禅定已有小成,能背诵千万偈颂,然"我执""法执"皆未去,故见文殊菩萨时,句句惘然不

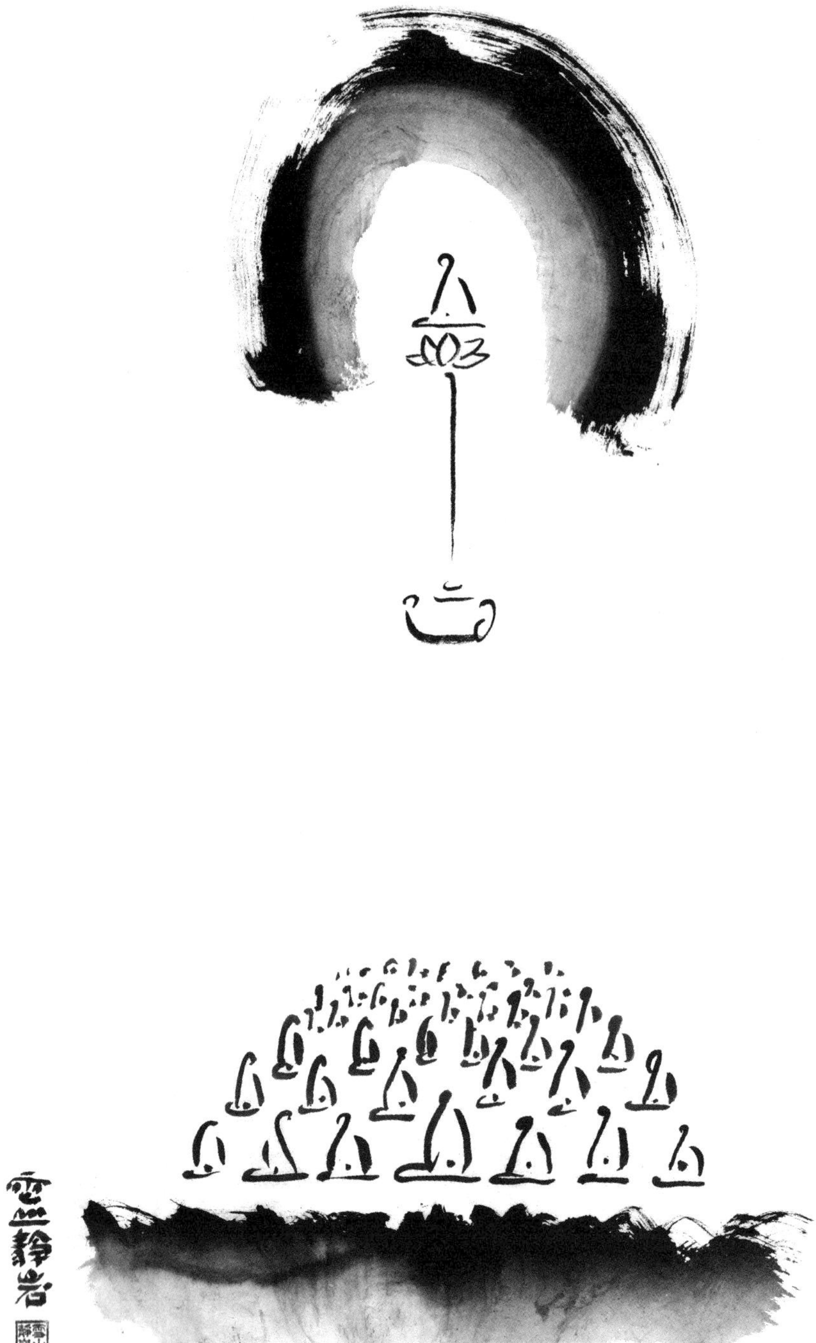

知应对。

老子《道德经》中说:"故常无欲以观其妙,常有欲以观其徼","多言数穷,不如守中。"这些话不仅是道理,其中"观徼""观妙""守中"等都是"道统心传""惟精惟一"的修法。

"观""守"皆是修"一"法。大道至简,轩辕黄帝说"守一";尧说"允执厥中";舜说"惟精惟一,允执厥中";儒家说"精一";道家说"抱一为天下式"等等,都是在讲治学务必精、一、通、达。

这个"心法"起源于尧舜时期,发明于黄帝时期,历经夏、商、周三代传承到达春秋战国时期,传了两千年,孕育形成诸子百家,形成了中华文明历史上思想最绚烂多姿的时期。

尧舜时期,君王以身作则,文明治世,教化万民,造就了尧天舜日、夜不闭户路不拾遗的太平盛世。《中庸》云:"舜其大知也与!舜好问而好察迩言,隐恶而扬善,执其两端,用其中于民……"这是孔子赞扬尧、舜能以仁德治国的大仁大义。

"仁义"是中华文明的原种子。尧天舜日之后,大禹的儿子夏启把中国从"公天下"变成"家天下",夏朝传承了471年,由此"华夏"成为中国的代名词。到了商朝,商汤传承了600年,形成了庞大的官僚统治机构和军队。再至周朝,传承了791年。

这三个朝代共1800多年(公元前2070—公元前256年)的历史,给早期中国带来了长时期的稳定发展和社会极大的进步,这和道传心法有着至关重要的关系。

周亡后,促使人们更多地转向对天下兴亡的思考,在"惟精惟一"思想的影响下,进而在如何统一天下、治理国家、教化民众等方面形成了各种不同的学派。这些学派的创立者被合称为"诸子",而学派有"百家"之多。

儒、墨虽为显学,然道家、法家、阴阳家、杂家、医家、农家、纵横家、兵家等各学派的人物也积极推行自己的政治主张,著书立说,人们的思想空前活跃,齐国稷下学社聚天下英才,思想百家争鸣,文明空前繁荣。其中儒家、法家、兵家、纵横家等偏向政治军事与伦理领域,墨家、道家、名家、医家和农家等偏向自然工艺与逻辑等领域,而杂家、艺术家等则偏向人文艺术等领域。

随着社会环境、政治环境的变化,春秋、战国时期的思想繁荣到了汉朝戛然而止,社会上世人对外界声、色、货、利的欲望追求不断加深,由此产生强烈的贪、嗔、痴、爱的情绪和意识,这些危害着人本来具备的至善本性,即"道心"。因为利益驱动,人心失去良知,昧着天良没有底线,身心落于愚痴无明之中无法自拔,人心中如乌云蔽日,暗淡无光,微妙的道心被蔽障,故而丧失真、善、美,所以说"人心惟危,道心惟微"。

什么是"人心"? 指人的大脑意识,也叫后天妄心、识神、禀性、习性(即社会属性),是人生下来后养成和制造的。思量善恶,躁动不安,分别是非,故寓为"心猿意马"。

什么是"惟危"?"惟"首先是指思想必须集中,守先天一性,即惟守道心。其次也指思维,玄奘法师翻译时,将"禅"译为"思维修",即以禅之法修正思维习性。最后,"惟"也有现代人所指的"思想"之意。

"危"有三层含义。

第一,"危"之小篆古体,上面是人,中间是山崖,下面是腿骨节形状,乃临高而危之意,这个高,便是名高、利高、位高、权高、胜心高、是非高、妒心高、贡高我慢等各种"高",佛言逢高必坠,高处不胜寒。

第二,"危"乃"危机"意,能有智慧化解之危是"机",无智慧化解之危是"险"。

第三,"危"有"危惧"意。谁"危惧"呢?世人皆"危惧"。何为"儒"者?从社会意义讲,是"从人之所需"的人,儒之言必优、必柔,必能安人之心,必能服人之意。为什么世人需要儒者呢?因为凡常之人免不了时刻处在临危和恐惧中!故此,智慧的儒者对外是安稳人心的教师,尽六艺以化民,学而不厌,诲人不倦;对内以教育为生,以教为衣食之端,博学知礼,合天道能濡自身。又,"儒"是自身时刻处于危地的人,这个"危"指的是儒者需时刻自律、自戒、自觉、自省,不能放纵,如履薄冰。

"危"即"需",《周易》中有"需卦",是"儒"意的内延。"需卦"为云上于天,密云不雨之象,有"需待"意。也就是说,对自己而言,人唯有时时置于"危地"才有紧迫感,不会放任自己的习性;对社会而言,有"危"时才会相"需"。故云"生于忧患而死于安乐"。"生"指生生不息的活力,对个人和社会、国家而言,没有忧患意识,实际上已是"死"了。随时"需",是"需待",儒者本意是指须能忍耐和待时,不急不躁,待时而动,厚积薄发,能刚健而不陷,故方处危地而无咎。

什么是"道心惟微"?"道心"也叫良知、元神、自性、佛性,是人的天赋本性。从人的角度讲,社会风气变化,曰"惟危"。从道的本质讲,道心是不增不减、先天而存、无形无相、清静无为、纯洁妙明、不易发现的,故曰"惟微"。

"道"乃指天地自然之道,天地之道当然是微妙的,《道德经》言:"道之为物,惟恍惟惚。惚兮恍兮,其中有象;恍兮惚兮,其中有物。窈兮冥兮,其中有精。其精甚真,其中有信。"

道玄妙,道心亦然,故以微妙言之。能通达"以心应心"妙用的君子,一念不生全体现,心能契合无声无臭、无形无体、天趣流盎、涣然晶莹、性如朗月的天地万物,而这行且微尘六合,瞬息千古之"道心",岂是区区语言文字可以尽言的?

什么是"惟精惟一,允执厥中"呢?这是《中庸》之纲领。所谓"天命之谓性,率性之谓道",君子率的必是天地自然之性,即"惟精惟一"。道心甚微,惟精以察之,惟一以守之。

《论语·里仁》中有这样一段记载:"子曰:'参乎!吾道一以贯之。'曾子曰:'唯。'子出。门人问:'何谓也?'曾子曰:'夫子之道,忠恕而已矣。'"

"忠"乃是君子对内以"中"为"心",不偏不倚,严以律己,"恕"乃君子对外待人如同本心,宽以待人,如同一心。《说文解字》中把"恕"注为"仁"。儒家的"精"乃指"中","一"乃指"仁"。

明清故宫,过了太和殿,就是中和殿了。"中和"之名便出自《中庸》,正殿上悬挂的是乾隆亲书的"允执厥中"四字。

"允执"是静心执守,时刻不离自性。"厥"是虚词,"厥中"就是其中。"中"是天性之居所的假名。《中庸》云:"莫见乎隐,莫显乎微。故君子慎其独也。""允执厥中"便是君子慎独。

明儒方孝儒在《夷齐》中云:"圣人之道,中而已矣,尧、舜、禹三圣人为万世法,一也。""一"是守性不移,止于至善,至诚慎独,中和大同。

为什么要守中、执中? 因为"中"是宇宙灵元,是一本散万殊的"一",人的小真空、小宇宙能通天彻地,能和万事、万物、万有感应、相应。

《易经》中描述周文王"君子黄中通理,正位居体,美在其中,而畅于四肢,发于事业,美之至也"。"黄中"便是人之天性,生于天地先,散居寰宇中,是人的生命元气,是一身之君。"黄中"能通天道,人能参悟宇宙自然育化天地万物、万物回归自然的原理,穷理尽性,穷神知化,天人合一。

"中庸"之名,非子思首创,乃集上古文化之成。本质上"中庸之道"就是"太极之道"。

《中庸》一书极富内涵,在儒家中属于最难理解的经典之一。近代人对"中庸"的含义大多不解。常人误以为"中庸"是当老好人,是和稀泥,是骑墙派。从"中"的角度来说,人们要么误解为人做事不彻底或者模棱两可;从"庸"的角度来说,则误解为庸碌、庸俗的人。而我们要知道做事不彻底、遇事模棱两可、俗而不堪的人,不但不是"中庸",恰恰是儒家所最痛恨的,称之为"乡愿"之类。

子曰:"乡愿,德之贼也。"便是痛斥这类爱和稀泥的老好人。曾有一位名叫孺悲的乡愿来找孔夫子,孔夫子最反感这些没有原则的好好先生,所以不想见他,对门人说有疾,不见。按说不见就不见了,真性情的孔夫子却做了一件让人忍俊不禁的事。门人走出门去,传话说先生不在家时,他竟然在屋里把瑟拿出来,一边弹奏,一边唱!故意让门口的孺悲听见:我不仅在家,而且并无疾,只是不想见你!

孟子曾说:"教亦多术矣。予不屑之教诲也者,是亦教诲之而已矣。"

孔夫子不见并故意让人知道,是刺激孺悲有羞愧之心。好好先生们自己做事情可能没什么大毛病,但行为没有原则,凡事以不得罪人为宗旨,什么都是好好好。

君子是有坚定立场的,这叫"择善固执",而好好先生则是言行不一、伪善盲从的人,不敢直面各种不仁、不义、不道、不德、不礼的人和事。

凡是对任何事情没主见,不敢反对,四处怕得罪人,说话行为圆滑世故,见识浅陋、胆小无能之人,儒家称为"愿人"。

为什么孔子这么讨厌"愿人"呢?因为这些人虽然本身不直接作恶,自己行为也很规矩,表面上看是他们没有违反道德,但各种和稀泥的行为损毁了真正的道德,使得社会风气沉沦,由于他们不敢得罪人,其实是变相保护了不仁不义的行为。使得恶人所向披靡,所以他们那里成了恶人、恶行的避风港。

"愿人"处在社会的"中间"位置,看上去两边不得罪,实际上是两边都不靠。身心悬在半空,是最不安心的一群人。君子内心坦荡荡,心中无所滞碍,有明确的价值观、人生观、是非观,内守仁义礼智信,笃行温良恭俭让,所以不忧、不惑、不惧,故,君子能发现美、创造美、享受美、成就美。

而小人呢?也有明确的价值观、人生观、是非观,奉行未达目的不择手段的人生信条,以成败论英雄,以利益论亲疏。所以,小人在"自我"价值体系中,同样快乐、发现、创造、享受、成就着自以为的"美",如同社会这个大酱缸里的蛆,以吃酱为美。

可"愿人"呢? 其价值观、人生观、是非观含混,常观人脸色,谨小慎微,步步惊心,这些人如同酱缸里的酱,只能被蛆一点点吃掉。

君子以秉持正义为快,以修身养性为乐,以安贫乐道为荣;小人以获利得名为快,以放纵色欲为乐,以穷奢极侈为荣。而价值观混淆的"愿人",无以为快。不过只要是人就需要宣泄,"愿人"们会在自娱、自乐中逃避,在饮食、美酒中麻醉沉迷,在娱乐节目中自嘲,当然现代新"愿人"还有更多的出路,例如去虚拟化的网络世界购物、游戏、发泄等。故此,我们可以从社会风气的潮流变化上发现一些端倪。

"新文化运动"以后,西学东渐,新文化人痛恨迂腐保守的传统,决意师夷效夷。而儒家在宋、明时期已越来越僵化保守,自然成了新文化人的众矢之的。受此影响,儒家深奥灵活的"中庸"精神也进一步被误读,大家似乎不齿"中庸",说这是中华民族的劣根性之一,是中华民族落后的精神痼疾。

其实被误读的岂止"中庸"? 例如"明哲保身"等耳熟能详的词语,均被误读。什么是真正的"明哲保身"呢?"明"不是明白,《易》曰:"日月相推,而明生焉。""明",是自然运化的推演,是阴阳二气变化的显现。

《尚书》曰:"知之曰明哲,明哲实作则。"也就是说君子必先明天下道法之精要,晓宇宙万物之运行,子曰:"君子不立于危墙之下。"能知"危"便需明哲之智。孟子更进一步发挥道:"尽其道而死者,正命也;桎梏死者,非正命也。"可见,"危"并非惜命,关键在于君子是否行正道,行正道时就不怕"危"。

反之,儒家认为凡附庸于权力而为非作歹者,必遭权力之羞辱;热衷于利者,必遭利之奴役:这些附庸权力、热衷于利的欲望、行为便属于"危"之心、行。能知"危"而不近"危",便需明哲之智。是故,"明哲"是君子之智,"保身"是君子之慧,以此知进退、保平安,这哪里有半点苟且之意?《中庸》曰:"是故居上不骄,为下不倍。国有道,其言足以兴;国无道,其默足以容。诗曰:'既明且哲,以保其身。'其此之谓与?"

那么何为儒家之"天命"呢？便是"中庸"。可以说君子行事合乎天地规律、能补天地不足、行为举止能不增加或减少众生共业者,是符合"中庸"的君子,而君子行为举止需要契合的天地运行的法则和规律,称"天命"。

注意,人能补天地之不足,不要误以为天地真有什么"不足"。所谓"不足",是天地无言,许多事物如果不解读,普罗大众不能理解天地的玄妙,故此,古人歌以咏志传达"天命",用舞、蹈歌颂天地之德……各种人类的经典文章都是人合于天地的承载,各种"人文"的表现是人作用于天地的方式,是补天地之不足的文明。

生命源于"天",天赋予的命是天生命,天生万物,人命亦属于万物之一,故人命亦由"天"化生。这里的"天"也不是特指天神、上帝,汉朝董仲舒解释为"天"是具有了德、诚、真性有意志的"天",天代表道德观念和原则的本原,人心中天赋地具有"天"的道德原则,此谓"天命之谓性"。

不违天命便能天人合一,这种合一乃是一种自然的、不自觉的状态。不过儒家"天"之本意,并不是董仲舒解释的那样,孔子并没有认为"天"是有意志的道德,而是认为"天"乃是无为自然规律中的核心能量。宋明理学称其为"理",可以说,"天""理"是包含了"太极"化生万物的全部宇宙能量。

但无论如何理解,儒家君子都是率"天命"而行"道"的,行道需用"教"。故云:"天命之谓性,率性之谓道,修道之谓教。""教"是君子能率性而为的方法。这是《中庸》开篇的三提句,也是整本《中庸》的核心旨要。

反过来说,只要是人为地违反天地运行规律者,便是"反中庸",是"小人无忌惮"。小人为什么会"无忌惮"？因为不解天命,不懂循天命率性而为的规律,不懂修身养性之教,故此才无忌惮,如不率性必然乱性。

由此可见,从社会意义上说,君子行事能符合和谐众生的社会规律,不以个人行为、意志、欲望、强权而增加众生共业的行为;从个人意义上说,能克己复礼、修身养性、仁者爱人是符合"中庸"的。

第二节 "中"之三义

为什么儒家诸经典中唯有《中庸》和"中国禅"修养关联最为密切？契合"中庸"对理解"禅画美学"有什么帮助？为什么儒家《四书》中，《中庸》最难懂？"中庸"的难点便在于这一个"中"字。

"中"既是动态的，又是固态的，同时具备了灵活和恒常的特性，较难被习惯于标准化、模式化的现代人理解接受。这不是沿着台阶登楼梯，只要不停地爬就必然能达到目的地。

孔子后期名气大，人们仰慕他通古博今的知识，不少国君派使者来向孔子请教。有一次，鲁定公、齐景公的使者同时抵达，先后向孔子问政，子贡均在场。可是，子贡越听越糊涂，两位使臣走后，他问老师："齐公请教老师为政的首要之务，老师说是节约财用，鲁公请教同样问题时，老师却答了解下臣。为什么一个问题有两个完全不同的答案呢？"

孔子说："因为两个国家的实际情况不同，齐国国君奢侈过度，所以我回答要节约财用。鲁国最大的问题是大臣争权夺利，企图架空鲁公，所以我答是了解臣下。"子贡听后豁然开朗。

《中庸》云："天下国家可均也，爵禄可辞也，白刃可蹈也，中庸不可能也。"也就是说君王可以把国土拿出来和有道之士分享，此为仁；大官随时可以为了道义辞掉爵禄，此为义；将军能视死如归，此为勇。这些行为难不难？难！但孔子认为，此三者之难都难不过君子之"中庸"，故言"中庸不可能也"。

为什么"中庸"这么难？因为凡人内心中充满二见，凡事容易执著，难以把握动态的、微妙的"中庸"之道。

"中庸"因其并无固定的形状，并非国家可均、爵禄可辞、白刃可蹈这样的"相"能代表，这是四两拨千斤，如何用一个杠杆撬动地球，这需要有智慧发现撬动地球的平衡点。此又和太极一般，拳脚套路之"相"不能代表真正的太极，太极本没有固定的方位、形状、行为，太极是"易"的动态智慧，是能于"易"中发现"不易"的静态智慧，是万事、万物、万有中的"窍门"。

还有一次，孔子领着学生们在野外进行御、射训练。中午，师生训练后都有些劳累，人聚在树荫下休息野炊时，先解马放青，让马儿去自由吃草。没想到，马跑到田里去吃了不少庄稼。农人们见了大怒，把马牵回家不放走了。子贡闻讯，马上找到农夫们，给他们作揖赔礼，说：对不起，我们的马吃了您的庄稼，是我们看管不严，请您原谅，我们愿意赔偿损失，请您将马还给我们。可是，农人置之不理。子贡再三请求无果，只好垂头丧气回到树下把经过讲给老师听。孔子说：你用过分谦恭文雅的言词向农人请求，好比用美妙的舞蹈演给盲人看，这是你的错，不能归罪农人。

说完，孔子让养马人去要马。养马人找到农人，大声说：我耕于东海将往西海,我们驾车到这里,快要饿死了,只好放马吃点庄稼。你快点将马还给我们,要不,就住到你家不走了,你要负责我们所有人、马的口粮,否则我们饿死在你家也不会走,你不怕官府拿你偿命?

农人听了,吓坏了,忙将马交还。养马人给了农人一些赔偿后便牵回了马,子贡见了,无地自容。他身为孔门言语科的学生代表,平时认为自己学得很出色,没想到遇到事情,谈判能力还不及一个没有学问的养马人。

因地制宜、因时制宜、因人制宜便是"中庸"智慧,但这种智慧难以把握,有没有什么方式在日常生活中表达这种智慧呢?有!中国传统中,将"中庸"发挥到各个层面的相就是"圆相"。普通中国人在装饰、装修、生产、书法、作画等生活的各方面,用超以象外的"圆相"来表现"中庸"。"圆"至大不可限,得其环中,理之圆足,混成无缺。这就是传统工匠们对生命智慧的诠释,工匠们虽不尽理解"圆相"的内在含义,但能运用圆门、圆窗、圆桌、圆扇等各种圆物来表现中国人圆通的审美观。万法归一,一即圆通。

而先师们则以"太极图"来诠释"圆相"。如禅门南阳慧忠传仰山禅师的九十六"圆相图"。"96"这个数字,正反看上去都一样,两头是圆,拉横了又是圆,连接起来表数字的无限大。

凡人的生活在浑浑噩噩中被形形色色的欲望带着游戏,很难理解什么是真实世界的"圆相"。如同《中庸》曰:"人莫不饮食也,鲜能知味也。"是啊!人天天都吃饭,但又有几人能知饭"味"呢?进一步说,修禅的人看上去不少,学佛的人成千上万,又有几人真正知佛明禅呢?再进一步说,人都会死,又有几人真正"活"过呢?

"圆"是万物生前的始动，"中"是始动未发的灵机，"相"是随缘而成的映现，"庸"是随显随用的智慧。

老子说："善行，无辙迹；善言，无瑕谪；善计，不用筹策；善闭，无关键而不可开；善结，无绳约而不可解。"真正的善行是没有轨迹的，真正的大秘密是没有门户的，是无在无不在的，不学会用心，您怎能体会到天地无处不在之"圆"呢？

"中庸"表现出来的行为是既不太过，又非不及，一切恰到好处。"中"不但不是遇事模棱两可、做事不彻底，反而是要把事做到极致。"止于至善"是"中庸"。凡人不理解什么是没有一个定处的"中"，认为既然可以执两端，就应该有一个固定的两端存在，两端不固定怎能确定"中"呢？西学更是反对各种不固定的灵活理论，反对玄妙，认为万事、万物、万有都应该能用科学解释得通才对，要能拆分、能固定、能推算才似乎有道理，结果在抽象的意义下，所有的科学皆为数学；在理性的世界里，所有的分析皆是统计……

有趣的是，唯物主义经过了这些年的发展，越来越解释不清"物"究竟是什么，现代科学也开始向玄妙靠近了，量子力学中的弦论、天文学中的引力波等等推翻了过去的许多定论，不过，这才仅仅是开始。

"中庸"之"中"包含了三层含义。

第一，灵活万变的"时中"。"时中"即"不执"，无过不及是"时中"。过、不及不是"中"，这中间的区别不是量的区别，而是质的区别。

"中"是无相对的，是绝对的，不在过与不及的任一端内，也不在过与不及的两端之间。

孔子被孟子誉为"圣之时者",就是因为他行事不拘泥,心中无成见,但即使是这样以"时"为重的圣人,偶尔也会出现失误。孔门弟子中有一位叫宰予的,能说会道利口善辩。孔子初始对他印象不错,但后来渐渐发现他既无仁德又十分懒惰,大白天不读书听讲,躺在床上睡大觉,孔子故而说他是"朽木不可雕"。而另一个弟子,叫澹台灭明,字子羽,体态和相貌十分不出众,但他诚恳地想要事奉孔子。孔子开始认为他形容猥琐,资质低下,不会成才,但碍于他的诚恳还是留了他下来学习。可是发现他从师学习后,马上能致力于实践,平时修身自律,处事光明正大,落落大方,如果不是为了民众,从不去因私请见公卿大夫。后来,子羽游历到长江,跟随他的弟子有三百人,声誉很高,各诸侯国都传诵他的名字。孔子自叹道:我只凭言辞能力而判断人的品质,宰予就给了我一个大教训;我以貌取人而轻易判断人的能力,结果对子羽的看法又错了。

可见,对人、对事、对物、对境都不能抱着一成不变的"成见",心无成见是"时中"。

第二,不偏不倚为"执中"。"执中"即"不时",不偏不倚为"执中"。

司马光说:"君子从学贵于博,求道贵于要,道之要在治方寸之地而已。《大禹谟》曰:'人心惟危,道心惟微,惟精惟一,允执厥中。'危则难安,微则难明,精之所以明其微也,一之所以安其危也,要在执中而已。"古人以"方寸"来形容心,道之要在治心。"惟精"是明其微,"惟一"是安其危,道心微而难明,能"惟精惟一"其要旨在"执"。"执"即"执其两端"的"执",也是"择善固执"的"执"。这两层"执"的含义有别,我们后文还会再详论。

《孟子·告子上》云:"生,亦我所欲也,义,亦我所欲也。二者不可得兼,舍生而取义者也。"

有一位学生向孔子请教:先生,您讲的仁义是极好的,如果人人相爱,都能以仁义待人,这当然是一种美德。仁义我很想做到,但能在世界上享受生活也是我的欲望。假如欲望和仁义发生了冲突,我该怎样处理呢?

孔子严肃地回答:这还有什么可犹豫的呢?凡真正的君子,都不会因贪生怕死而损害仁义,为了成全仁义,君子是可以不顾生命的。学生闻言恭敬地给孔子施礼,表示敬服。即:"志士仁人,无求生以害仁,有杀身以成仁。"

孔、孟两圣皆强调"择善固执"。孔子说"杀身成仁",这是从执善的结果而言;孟子说"舍生取义",这是从执善的过程而言。可见,"仁义"对君子是比生命还重要的。

子贡问:我们应怎样去培养仁义呢?孔子答:培养仁义需从小事做起,比如,对于工匠来说,做好他的活计,必须先有得心应手的工具;对于国家来说,需有贤者辅政;对自己来说,应该择仁者为友、智者为师。这样,就能逐渐开始培养仁义了。

对于现代人来说,"舍生取义"的人或许是"傻子",仿佛能苟且偷生才是聪明人所为,而对于真正儒家君子来说,没有什么比"仁义"更重要的,如果这个"执"不存在了,人非人也,实禽兽也。

春秋时期,这种仁人志士比比皆是。楚国伍奢遭费无忌陷害后,其子伍子胥为躲追杀逃出边境,一路马不停蹄奔向吴国,可在追兵将至的紧要关头,一条大江挡路,他唯有望吴兴叹。正当他愁眉不展之际,突然芦苇丛里飘出一叶扁舟,一位老渔丈摇橹过来,得知子胥遭遇后,渡其过河。临别前,子胥请求"渔丈人"千万不要泄露自己的去向,老人为消除其疑虑,便摇船回至江心,自沉而亡,子胥见状悔之不及,遥向江中痛哭祭拜。

又有,燕国剑客荆轲以刺杀秦始皇而闻名,当然,他闻名并不仅因他的刺客身份,更主要的是他身上那股舍生取义的燕赵侠风,否则刺杀秦皇者不少,人们为什么不记得博浪沙那位呢?荆轲不仅自己有侠义精神,他身边几位隐士也和他一样能舍生取义,田光便是其中之一。他本是燕太子丹的门客,推荐了荆轲给太子,太子见完荆轲后开始谋划刺杀行动,但当太子再次吩咐田光要严加保密时,田光为令太子放心而挥刀自刎。

再有义救孤儿的程婴与公孙杵臼,因记此事纪君祥的戏曲《赵氏孤儿》流传至今,不单因那精美的戏曲台词、跌宕起伏的故事情节,更主要的是剧里时时流淌出的"义"的光芒。尽管有时会被阴霾遮挡,但大风起时阴霾自散,这大风,便是"择善固执"不变的"执"。

第三,"无为不为",即"可执可时"。"无为"以对应"时中","为"以对应"执中","无为不为"是"中庸"的至境。

有一次,颜回拜见老师,请求老师同意他出远门。孔子问:你想到哪里去?颜回答:去卫国。

孔子问:去卫国做什么?颜回说:我听说卫国的国君年轻暴躁,办事专断,刚愎自用,看不到自己的过失,卫国已经死了许多人了,百姓很苦。老师一直教导我:凡是治理得好的国家可以离开它,而治理得不好的国家正是君子要去的地方，所以我希望能运用先生多年的教诲，帮助卫君治理国家，卫国或许还有救吧？

孔子闻言，说：嘻！你恐怕去到卫国连自己的命都保不住！推行大道是不宜掺杂的，心中杂乱了就会事绪繁多，事绪繁多就会心生扰乱，心生扰乱就会产生忧患，忧患多了当然自身难保，更何况拯救百姓？如今你自己的修养还没有什么大的建树，哪里有能力到暴君那里去推行大道？你懂得道德毁败和聪明表露的互相关系和作用吗？道德毁败在于追求名声，聪明表露在于争辩是非。名声有互相倾轧的作用，聪明是互相争斗的工具。二者都是凶器，不可将它推行于世。

一个君子虽德行纯厚、诚实笃守，但未必能和对方声气相通；一个君子虽然不争名声，但未必能得到广泛的理解。而勉强把仁义和规范之类的道理呈述于暴君，这就好比借别人的丑陋不堪来显示自己的仁义美德，这样的做法可以说是害人！害人者终被别人所害！假如卫君喜好贤能而讨厌恶人，哪里还用你去才改变？你果真要去卫国，也只能是先不向卫君进言，否则卫君一定会紧紧抓住你偶然说漏嘴的机会，马上开始反攻。而你只能疲于应付，虽然面色伴作平和，但终将被迫俯就，俯就后也就不得不依顺卫君的各种所为了。这样做就像是用火救火、用水救水，是错上加错。因为有了依顺他的开始，以后顺从他的旨意便会没完没了。而假如你未能取信卫君而急于进言，那么一定会死在暴君手里。从前，夏桀杀了直谏的关龙逢，商纣王杀了叔叔比干，这些贤臣都是有内涵的君子，也是善待百姓的仁者，但都违逆了国君之意，所以就遭到了国君的杀害，这是喜好名声的结果。当年帝尧征伐丛枝和胥敖,夏禹攻打有扈,三国的土地变成废墟,人民死尽,而国君自身也遭受杀戮,原因就是三国不停地使用武力,贪求别国的土地和人口。这些都是求名、求利的结果!你难道没有听说过吗?名声和利益,是圣人也不可能超越的门槛,何况你呢?不过,我虽然这样说,你心中必然不服气,那你就试着告诉我,你还有什么方法对付暴君吧!

颜回说:我外表端庄内心虚豁,勤奋努力终始如一,这样可以吗?

孔子说:唉,这怎么可以呢?卫君刚猛暴烈,盛气露于言表,而且喜怒无常,人们不敢有丝毫违背他的地方,他也借此压抑人们的真实感受和不同观点,以此满足自己的贪得无厌。可以说你就算每日用微细行为来感化都不会有成效,更何况用大道理来劝导?

颜回说:如此,那我就内心秉正诚直而外表俯就。内心秉正诚直,是与自然为同类;跟自然为同类,可知国君与自己都是上天养育的子女,我又何必把自己的言论宣之于外而希望得到赞同呢?外表俯就,是跟世人同类,手拿朝笏躬身下拜,是臣子应有的礼节,别人可以做,我难道不可以吗?这就是跟世人同类。不但如此,我还跟古人同类,他们的言论虽然很有教益,但如实公正面对世事才有实际意义,这样做可以了吗?

孔子说:唉,你糊涂啊!这怎么可以呢?还有太多的事情需要纠正,效法古人同样也会出现不当,古人的法已经过去了,你太执著于自己内心成见,不懂如何感化暴君。

颜回又说:我没有更好的办法了,请老师教我!

孔子说:你先去斋戒清心,我再告诉你!要知道怀着积极之心去行善,是不容易的!

颜回问:我家境贫穷,不饮酒浆、不吃荤食已经好几个月了,这算是斋戒吗?

孔子说:这是祭祀前的斋戒,我说的是"心斋"。

颜回问:什么是"心斋"?

孔子说:你能摒除杂念,专一心思,不用耳听而用心去领悟,不用意念而用寂虚的心去感应!耳的功用仅只在于聆听,而心的功用在于跟外界事物交合。寂虚的心境能应待宇宙万物,大道能和寂虚的心境感应。虚无空明的心意叫"心斋"。

颜回说:我未听闻老师讲"心斋"前,确实感觉有一个真实的"颜回"在,我接受了老师"心斋"的教诲后,顿时感到不曾有过真实的"颜回"在,这可以叫做虚无空明吗?

孔子答:你理解很透彻!假如你能够到追名逐利的环境中遨游而又不为名利所动,便是无可不可了。卫君能采纳你的观点,便说;不能采纳,便不说。到了卫国也不去寻找晋级仕途的门径,也不向卫国人提示可以索求的"标的",你能全无杂念,把自己寄托于无可不可的境域,那么就差不多合于"心斋"了。一个人不走路容易,走了路不在地上留下痕迹就很难,受世人的驱遣容易伪装,受自然的驱遣便很难作假。我听说过凭借翅膀才能飞翔,不曾听说过没有翅膀也能飞翔;听说过有智慧才能洞察真相,不曾听说过没有智慧也可以看清真相。你看一看头顶空旷的寰宇,空明的心境顿时独存精白,而什么也都不复存在,一切吉祥都止于大宁静,这就叫"形坐神驰"。倘若让耳目的感观向内通达而又排除心智于外,那么鬼神都会前来归附你,何况人呢? 这就是万物的变化规律,是禹和舜所传的秘要,也是伏羲、几蘧所遵循的真理,何况人呢?

我们看,孔子不厌其烦地传授颜回"无可不可"的秘法,他称为"心斋"。这是空灵纳万物的"中庸"至境,几同于"中国禅"的"中道"。

"庸"呢?"庸"当然不是平庸、庸俗、庸碌。《说文解字》云:"庸者,用也。"也就是说多高深的理论都要运用在实践上,千里之行,始于足下,知行需合一。子程子说:"不易之谓庸……庸者天下之定理。"朱子也说:"庸者,常也。""常"有不易、恒常、经常、时常之意,既是君子内在的道德本体,也是在每时每刻、岁岁年年中不断往前推进的过程。

"中"与"庸"合起来,指在人生的无常中,必有一恒常不易的"道"存在,必是无过不及、恰到好处的,此即"中庸"之道。君子在日常生活中应自然而然地、平平淡淡地以各种平凡的方式,体现出不平凡的"中庸"之道。

《中庸》云:"辟如行远必自迩,辟如登高必自卑。"君子的道德本是对自己的规范,必先从自身日常生活中规范自己的行为做起,在自律、自省中克己复礼,谦下体上,温文尔雅,此即君子之风,在日用寻常中无时无刻不实践和实行"中庸"之道。

"中庸"是"极高明"和"道中庸"的统一,"极高明"是形而上的智慧,表现出君子对终极价值的关切和追求;而"道中庸"是形而下的日用,体现出君子如何在日常生活实现这种终极价值。

可以说,《中庸》是儒家突出日用生活在价值创造中意义的经典,君子能于生活中，不离日用又超越日用，在天道与庸言庸行的一致性中，日用的人伦、生活关系及行为已被视为价值的现实源头，生命因此获得了现实意义的永恒。

不过这种能统一"极高明"和"道中庸"的"庸德之行"，是通过"诚"来完成和实现的。《中庸》和佛门的关系源远流长，早在梁朝时，崇尚佛法的梁武帝就曾亲自写过一篇《中庸》论著，并带动宫廷里的人积极参究《中庸》。至宋时，天台宗法慧智圆法师自号"中庸子""中庸大师"。

此外，笔者在《至宝坛经》一书中曾介绍过的契嵩禅师，他是禅门云门宗第五代传人，主张儒释一贯，有《原教论》《禅门定祖图》《传法正宗记》《辅教篇》等经典传世，并编辑整理了契嵩本《六祖法宝坛经》。他便曾著《中庸解》五篇，将中庸的重要性提到"立人道"的地步，对君子来讲，在日常饮食中格物、致知、诚意、正心、修身、齐家、治国、用明德平天下，这些都离不开"中庸"，他视"中庸"为礼的极致和仁义的根据，礼乐刑政与仁义智信都统一于"中庸"。

《中庸》是儒家心性论最为丰富的经典之一，中唐李翱《复性书》中也积极发挥了《中庸》思想。自此，《中庸》于宋时逐渐恢复了儒家经典的地位，朱子将其作为《四书》之一。

《中庸》是儒家经典中最短的一部，只有3544个字，朱子将文本分成三十三章，是现在我们所使用的版本，不过子思原著的《中庸》本有四十九章。子思为什么著《中庸》呢？

据《孔丛子》记载，子思十六岁时到宋国游历，遇到宋大夫乐朔，两人话不投机，乐朔便叫人去围攻子思，事情被宋国君知道后，亲自派人去搭救子思，子思由此感慨："文王困于羑里，作《周易》。祖君（孔子）屈于陈、蔡，作《春秋》。吾困于宋，可无作乎！于是，撰《中庸》之书四十九篇。"

周文王被囚七年，将伏羲八卦推演为六十四卦，便是《易经》；至于孔子绝粮陈、蔡的事迹，《论语》《庄子》中都有描述。

孔子在陈、蔡两国时，曾被贵族算计断绝了粮食供应，诸位学生几日未进食，饿得发晕，但孔子却在屋里抚琴歌唱。颜回在室外择仅有的几根野菜，子路和子贡道：先生两次被赶出鲁国，在卫国遭受铲削足迹的污辱，在宋国受到砍掉大树的羞辱，如今陷入如此困厄之境，居然有杀先生可以不治罪的法令，这还有公平可言吗？可是都这样了，先生怎么还弹琴吟唱？难道先生不知道对他的羞辱到了怎样的地步吗？

颜回听了没办法回答，进来告诉给孔子。孔子推开琴叹息说：子路和子贡，真是见识浅薄的人，叫他们进来，我和他们说。

子路和子贡进到屋里，子路对老师说：我们现在这样的处境可以说是走投无路了！孔子说：这是什么话？君子通达于道叫做一以贯通，不能通达于道才叫做走投无路！如今我信守仁义之道，而不过是遭逢乱世带来的祸患，怎么能说成走投无路？善于反省的君子不会不通达于道，面临危难时也不会丧失德行，正如严寒到来，霜雪降临大地，唯有松柏仍旧郁郁葱葱。现在的困厄对于我来说是一件幸事啊！

说完，孔子继续安详地抚琴，子路听后，勇猛地拿着盾牌跳起舞来。子贡惭愧地说：先生是如此高洁，而我却是那么地浅薄啊！

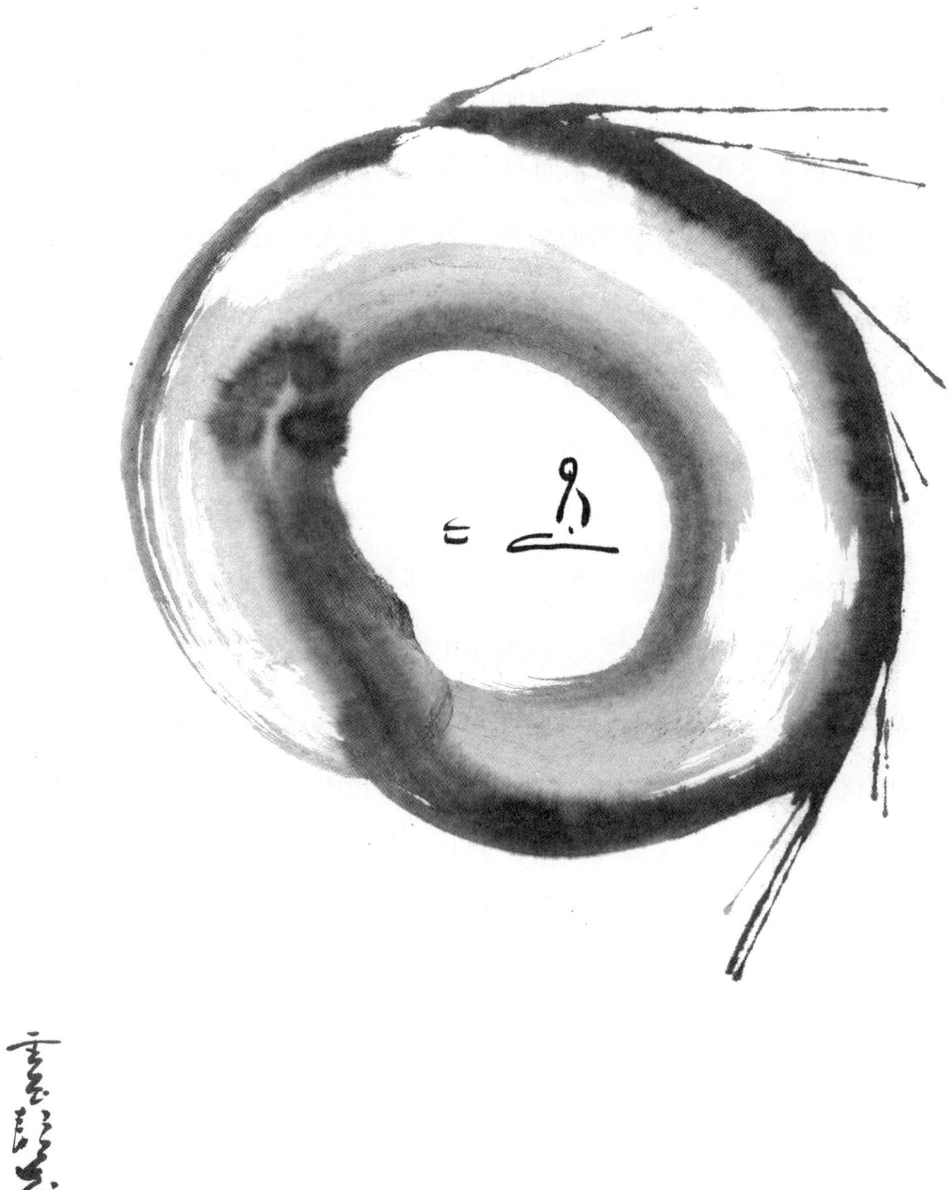

心境能自由的原因不在于是否遭遇困厄,兰草长在深山老林之中,并不会因为没有人赏识就不香了。君子修身养性,并不是以人前显贵为目的,而是能在不得志的时候不至于困窘,在碰到忧患的时候意志不至于衰退,懂得祸福死生的道理而心里不迷惑。困厄对于君子是一种锻炼,而处境不窘迫的人往往会迷在享乐里,没有志向且心胸不广大。小人怎么会理解君子坦荡从容,能在绝处依旧得意的心境呢?故此,小人一遭受困厄就会乱了阵脚。圣人之道,是无法用语言表达的,如果能够用语言表达,孔子当然会直接告诉其弟子,不会最后只能跟曾子"会心一笑",以心传心了。

"中庸"是孔门心法,程颐云:"此篇乃孔门传授心法。"君子离了"中",就会陷入邪道;离了"庸",就会陷入不安定、不安宁的状态。"中庸"是儒家代代递相传授的心法秘要。不过它是一部高度浓缩的经典,多用警句格言的形式出现,貌似简单,实则不然。《中庸》由许多并无直接关系的陈述组合而成,文句之间也没有什么系统的连贯性,其内在缺乏一种看似逻辑理性的关联,也非由一个线性条理性命题展开论证,对于受西方教育的现代学人来讲,参悟起来有很大困难。并且这种形式会令到读者常误以为自己懂了。

朱子在评论《中庸》时说:"善读者,玩索而有得焉,则终身用之,有不能尽者矣。"可见读书首先要善读。读者由于个人境界变化、阅读角度不同,理解深度就会随时有大差异。

什么是"玩索而有得焉"的"玩"?《易经》云:"观其象而玩其辞。""玩"是主动性掌握,能"玩"得转,而非被本来欲"玩"之物反"玩"。身心分离的人不会"玩",只能被反"玩",是没本事"玩"起来的。

什么是"玩索而有得焉"的"索"？是说在自然之道中,在圣贤留下来的静态文字中求索的动态智慧,屈原说"吾将上下而求索"。通过"玩"和"索",才能"有得",当然并不是真正有什么物质收获,而是得"悟"。

学道的人,须有"玩"的心态,才能真正修好,真正有所得而又不执著于其之所得,能"玩索"的人,人生的路途自然与众不同。"则终身用之,有不能尽者矣"。以此为基,大道无涯,终身合道,受用不尽。"道"本身不会因您用了而减少,不会因您常用而增加。

如果用习惯性西方逻辑思维解读《中庸》,则读者难免陷入人为混乱中。笔者在此尝试将《中庸》的要旨和大家展开讨论,并不是要将禅理格义成儒家文字,或用某种合乎理性的方法来解读《中庸》,否则势必增加读者的另一番误读。"中庸"之道既然是日用平常之行事标准,即"无过不及",那么日用平常事很多,"中庸"之道需从哪里开始呢？或者说,中庸的起点是什么呢？

另外,既然"过与不及"都不是"中庸",那么判别"过与不及"的标准是什么呢？日用中"中庸"的特点是什么呢？或者说"过与不及"和"中庸",在社会行为中有没有什么具体标准呢？

从人而言,可以说"人"之所以成为"人"而区别于"他人",即是此"人"具备了所以为"人"的本来"理"或"性"。例如人的欲望就是由"理""性"发出的,但欲望虽由此发出,结果却如脱缰野马,并不会遵循原发的"理""性"而行,几乎都会与本意冲突。故此,我们定义:能和原发的"理""性"不冲突者,假名为"善";冲突者,假名为"不善"或"恶"。

对社会而言,同一个被时代潮流精神影响的社会,也有这个社会之所以成为此种时代社会而区别于其他时代社会的"理"和"性"。符合原本"理"和"性"的,假名"和谐社会";和原本"理"和"性"冲突的,假名"乱世"。

对众生而言,社会是一个众生和合共构的环境,众生虽别业不同,但在同一个空间内不由自主分担一切当时、过时、延时、不时的共业。

作为时代社会的一分子,无论何等类状众生,其心中的欲望以及由欲望产生的一切行为,必须符合和遵守这个时代社会的基本规律。如果此欲望和行为并无增加时代社会的共业,能和社会的基本特征、规律不冲突,能为众生之类谋求共同福祉,便是"中庸";反之,无论何等众生,因为自己的欲望和欲望所引发的行为违背了众生共同的和谐环境、共存法则、自然规律,由此增加众生的共业,引发时代社会的退化、沉沦、动乱,便是反"中庸"。

东、西方思想在自然观方面的理解是有很大差异的。东方传统是对外遵循天地自然规律,对内遵循生命自然规律,而西方思想则以人定胜天论和人类中心论为主导,认为人是进化的结果,因此奉行弱肉强食的"丛林法则"。

这样一来,人可以名正言顺地征服自然、改造自然,动物则沦为人之附庸,为人所用、所奴、所食,天地变成人之资源用材,万物必须为人服务或由人统领才对,这就把人推向自然万物的对立面。

西方的"原子论"为人类"征服"自然创造了必要的理论条件,而现实却往另一方面发展,即人类在越来越违背自然运行规律的行为中,被自然在迅速"反征服"。

随着现代工业、网络科技进程的加快,人类越来越懒惰和退化,越来越缺乏独立思想和见解,生存条件建设与生态环境破坏同步,地球原生态遭破坏的程度达到各类生物陆续无法适生而灭绝。综观人类发展史,东方文明基于对内修行,西方文明则是向外探寻,当近代西方文明以工业、商业、资本统一世界文明时,大家都一致误以为唯有通过改造自然才能为人类的生存创造条件。故此,人类理直气壮地以人为方式"征服"自然,乱采伐,乱创造,乱开垦,乱发明,层出不穷。

但是,人类通过"征服"自然而到达自以为的高度物质文明后,发现不仅人类已经面临极度恶化的生态环境,生物陆续灭绝,即便在人体自身,抗体也在快速下降,生理功能缺陷加大,精神疾病日趋普遍化,人变得极端、胆小、钝化、紧张……究其因,无非是违背了自然法则和自然规律,现代社会,无论内因与外因均失衡,这便是自然以自然方式对人类"反征服"。

东、西方两大文化体系的差异随处可见,既有物质文化上的,也有精神文化上的,但究其根本是在思维模式上。

东方的思维模式本是灵活变化的、不固定的、综合模糊的,可以说是"合多为一";而西方则是一分为二,清晰可见,可分析推理、可还原细化、可解释清楚的,这种思维方式是"只见树木,不见森林"的局部思考,和东方的"既见树木,又见森林"的整体观念有绝大的不同。

这种差异性在人与自然的关系上表现尤为突出,西方基于征服自然的观点,飘飘然以为人类真的成了地球的造物主,这种心态导致了人类今天的困境。不过,这一期人类的灭亡不代表地球会灭亡,人类不过是地球的一期过客,在征服和反征服之间,人类的生灭过程只是地球的一段经历。故此,在今天以西方文明为主导的社会中,重新理解东方思想的智慧显得尤为重要。

科技确实推动了人类物质文明的进步,但如果缺乏了人文一面的补充,社会就会失去平衡。如何发挥科技发展与人文精神的互补作用,重返人与自然的和谐共存,这就必需人类重新认识到自身的局限了。

现代人对"幸福"的理解,似乎是吃好喝好,有钱有地位,有稳定的家庭,心里不烦恼,就是"幸福"了。有没有想过这种消极的幸福是真幸福吗?能可靠吗?消极的幸福是建立在本不可靠的基础上,建立在暂时的自我迷幻中,如沙上盖房子,一阵风来,便烟消云散。

西方人认为健康在于运动,但跑步、游泳、健身就能带来人类健康了吗?我们不妨做个比较:专业运动员(动态)和东方传统修行(静态)来比,前者是有规律的科学动态训练,后者是长时间不科学的静态逆作息、逆饮食、逆科学、逆规律、逆习俗、逆生理的修行。通过各种方面比较我们能很快发现,修行的人,其智慧、定力、心态会远远优于运动员。同时,通过数据可以看到,长时间大运动量动态运动的人未必长寿,甚至许多运动员寿命比普通人短,"生命在于运动"此语是值得商榷的。除此之外,运动也无法解决现代人身心分离的问题,无法陶冶情操,无法令人解决安心自在。身心的问题,皆因心起,因人心中有种种欲望和追求,因许多人自定了"成功"

的标准,这些心病皆非肌肉运动可以解决。

人不成熟的表现即在于自以为是,许多人以公司做大做强,融资上市成其人生意义;也有的人以有爱人疼爱、有孩子孝顺为其人生意义;当然还有人认为名誉荣耀高于一切,等等。这些建立在无常生灭中的所谓"意义",会逐境起伏,当有一天这些人发现了万事、万物、万有的真相时,或许会颠覆其原有价值观、人生观、世界观、爱情观,能洞察真相才是真正的成熟。

还有些人,并不以成功为人生目标,也不积极追寻人生意义,更不忙于赚钱,他们是处在另一个极端的人,奉行生活应及时行乐的原则。现实社会,此两类极端的人,前一类在忙于追求"成功"中找死,后一类在消磨沉迷中等死,殊途同归。

不少积极追求"成功"的人,虽然在不断追求更加"成功",但这些人似乎已经习惯了"成功",在某种光环下长期处在财富、名利增长的"成功"惯性中,留恋在各种名利场中,习惯了众星捧月般的感觉,就算明知奉承之语不实,却因为听着顺耳,感觉有面子,就住在这种"成功"的梦境里,这种只能顺不能逆的心态,已经成为其生命成长路上最大的阻碍。沉迷在谎言中的人,无法面对真实的"我",现实中,唯能意识到自己局限、重新审视自己的人,能在顺境中依然不断磨砺自己的人,才是自己真正的主人。

而另一类消极等死族呢?则似乎全世界都欠了他的,父母不如意,社会不公平,老板不识人,朋友不聪明……他们心安理得地抱怨着、拖延着,喜欢讲空话,喜欢找借口,就是不行动。这些人还常笑话别人傻,仿佛只有自己最聪明,生命的活力在各种等待、抱怨、悲观中消耗殆尽。当一个人等待和拖延的时间,大大高于其行动力时,他就会陷入越等待越不行动、越拖延越不自信的怪圈里,就像胖子越胖越不爱动,于是,等死模式开启。

人生究竟有没有意义呢?回答这个问题,先需要理解何谓"意义";或者说,您以何为意义。意义如果依附于金钱、地位、爱情、子女、名誉,这种意义必然是无常和不实在的,追求这种人生的意义必然会不断陷入新的不安和恐惧,在喜怒哀乐中沉浮,心境随外界各种因素的变化而变化,因为,最终您会发现,外界的一切都是您无法自主的。

《资治通鉴》云:"贤而多财,则损其志;愚而多财,则益其过。且夫富者众之怨也,吾既无以教化子孙,不欲益其过而生怨。"如果过分以追求身外之物为幸福的根基,一旦失去时,或者这些并不按照自己的意愿发展,那么,所谓的幸福基础就动摇和崩溃了。换言之,人的重心如果不在自身,是谈不上意义和幸福的。

"意义"是产生于自身的觉悟和认识,并将之体现在他人身上的一种"存在"。对自身而言,任何事物如果我们对它能够充分认知,认知度越高便越有意义,否则意义便不高或者说根本无意义。

何谓"自觉"?便是人能否清晰知道自己在做什么的"觉"力。

社会上大多数人做事,完全不知道自己在做什么,为什么做,这么做的后果是什么,会为自己和家庭、社会带来什么影响,做了以后自己会发生什么改变……注意,赚了多少钱、养家糊口等等,这些不能算结果,真正的结果是什么,绝大多数人是不知的,一切造因、事业、爱、情都是随波逐流的。

人生中,究竟什么是方向?是利吗?是美吗?是欲吗?如果生命根本的因、果都不清楚,那,请问您在忙什么呢?

落实到现实上来说,人生的意义发生于人们对自我人生中成长的自觉性与对自我、外界的认知度,人生的意义程度便取决于本人对自身所具有的自觉度和内、外的认知度。这是人所以为人而异于禽兽的临界点。

动物的人生是本能驱动,故此谈不上什么意义,人是唯一可以给自己定义"意义"的生物,也就是说没有高度自觉和清晰认知的人,无异于禽兽。

每个人的人生本应是自觉的。自觉包括了自理、自立、自利、自律、自知等一系列内涵,而认知力则是对外能洞察社会、万事、万物、万有的实相,对内能观照内心意识、情绪生灭起伏变化,人生的各种意义,由此产生。

那么为什么通常人容易找借口,自觉力差、认知不实呢?因"业"障故!有人说:业是什么呢?如何发现业?转化业?还有人问,业能消灭吗?如果做法事、放生、挂戴所谓开光法器等行为能消业,那么也就是说业可以用钱来买进和退货,佛、菩萨因为收了您的一点"好处",便要为您出力消业,那么佛、菩萨岂非变成可以贿赂的对象了?

笔者每次见朋友去购买一些开光之物,就忍不住提醒这些人,什么人会有能力为佛、菩萨开光呢?佛像、菩萨像是无需人来开光的,相反,塑造这些像的本意是经由这些像来开启观者本身的自性光。也就是说,是佛像开人的光,而非人能开佛像之光。

如见到观音菩萨像,人就会自然相应观音大慈大悲的菩萨心;见到地藏菩萨像,便相应大愿、慈孝之心;见到普贤菩萨像,相应的是大行之心;见到文殊菩萨像,要相应菩萨殊胜的智慧。佛、菩萨用像开启众生内在慧光,岂由人反开佛光?

在禅门,祖师们的"开光",本指"无相光",诸位祖师,立地数语,学子闻后如醍醐灌顶,顿契法要。故此,禅门师者无论棒喝还是狮吼,无非要直开学人金刚正眼,顿启内心潜伏光明,这是禅门的"开光"！哪有什么作势画点、洒水泼豆的形式呢?

又有人认为请师父摸头灌顶是"开光",殊不知,灌顶一意是"授权",一意是"气合一",其中又有如水灌顶、气灌顶、神灌顶等变化,内在的含义不仅是加持,也不仅是藏传佛教的专利,禅门亦有此助缘修法。

例如气灌顶时,师者力透掌心,以手掌劳宫触及学人头顶百会,学人即觉当下气流如注,气血翻滚,而现在又有几位师父自身通了气脉并能外施于人的? 那种随便摸摸头的行为,只能是一种象征而已。

又,《楞伽经》云:"最胜无边善根成熟,离自心现妄想虚伪,宴坐山林。下中上修,能见自心妄想流注,无量刹土诸佛灌顶,得自在力神通三昧。"也就是如果修者能见到自心妄想流注,了知自心的虚妄境界,那么一切诸佛随时都会为您灌顶,这才是无时不在的最殊胜灌顶。

凡常之人因"业"所障,不见实相,智慧不开,故此,修行是转化"业"的功夫。"业"并非看不见、摸不着,既然它也属于一种力,必然有其力"行"的轨迹和方向。例如,"业"有其作为"力"的物理性,即同性相斥、异性相吸;同类相吸,异类相斥。

掌握了业力法则,人就能逐渐看清自己的习性从何而来,喜欢的和需要的是两回事,能令自己成长的和令自己享受的,也通常不在一条路上……

故此虽然人与人外表雷同,但自觉度和认知度的巨大差异决定了每个人的人生具有完全不同的意义,此即所谓人生境界之不同。

修行便是用专门的方法帮助提升人的自觉能力和认知能力,使人能及时发现、纠正、改善自身之局限,自身局限越少的人,依附性便越低,如此自由度当然越高、能量越充沛、灵活性越强、精神越清晰、发挥越充分。

不过,禅者的人生"意义",和世间的"意义"又有所不同。禅门是空门,空门之中,并无所谓的"意义"存在。

空性之"空"不要理解为一无所有,空性和因果、意义、现象不是矛盾的关系,而是相辅相成的,《中论》云"以有空义故,一切法得成",禅说"毕竟空",是为了破除众生的妄想执著,而不是去否定因果法则。禅者内心执著已破,从人生的大梦中醒来,能超越梦中因果、业障、罪福,您说什么是有"意义"的梦、什么是无"意义"的梦呢?究竟是这一世本就在一个大梦中?还是梦连梦,衔接了这一世呢?

禅者入世,其中也有生死,也受因果,但能不昧因果,其在入世中主动领受的一切,和凡夫被动地茫然不知而造业受果,或者恐惧担心受业果是完全不同的。禅者利益众生却不是什么伟大的神,就像阳光普照大地,阳光不会自认为是施者。普照大地是本分事,本无意义可言,而万物根据自身需要而吸收光明,通过光合作用转化成其生命动能,这些被吸收的部分,对于个体生物来讲,叫有意义。进一步说,对于阳光、空气、水来说,能用来孕育生命的那部分，假名"意义"。对于禅者来说，能用禅法唤醒众生，才算意义。也就是说，意义是存在于对方身上的，是针对他人而实现的。

从世间来说，受益的人越多、受益的时间越长，这就是意义了。而对那些拒绝吸收，并不需要阳光、河水、禅、法、道的生物，一切都无意义可言。意义的大小，取决于受者本身的体量、心量、能量如何，弱水有三千，体量不够时只能取一瓢饮，而如果本身体量充分时，便如马祖谓庞居士，您能"一口饮尽西江水"时，还有什么"祖师西来意"不明的？

不过我们要理解，对这个生物无意义，并不代表对其他生物也无意义，对这个生物暂时的无意义，也不代表未来无意义。一切都会因时而变、因地而变、因人而变、因境而变、因事而变、因情而变、因心而变……

阳光、空气、流水、禅法、大道本无滋养万物之心，他们只是在法界中自然而然运行，而万物因受其滋养故能成万物、生万物，为感恩道法自然的始、育之恩，于是，才被赋予了无上的意义。

对于生命来说，是因为您需要，才显得有意义，故此，这个意义的关键点显示在他人的接受上。

公元382年，前秦王苻坚日思夜想，欲得西域圣僧鸠摩罗什辅国，他派骁骑将军吕光带兵十万攻打龟兹，誓要得到罗什。但没想到吕光发兵后，苻坚另出兵八十万攻东晋，败于谢安的八万人马，这是著名的"淝水之战"。前秦一战而灭。

灭了龟兹的吕光，打了胜仗却发现自己无国可归，于是只好在姑臧自立为王。被他囚禁的罗什法师，被不懂佛法的吕光带在身边，当个巫师、风水师来用。

为什么罗什法师能被吕光驱使当巫师、风水师用？我们来看看罗什法师的经历，法师出生于龟兹国，母亲是龟兹公主，他七岁随母出家，先学习小乘教法。第一个师父叫盘陀达多。

小罗什学法，一天能背千偈，我们估算一下，一首偈约三十六个字，千首偈颂就有三万六千个字！什么概念呢？一部《法华经》六万余言，他大约只需要两天就可以背完！

因为有过目不忘的本事，小罗什很快将小乘经典学完了，接着，他又学"五明"，即声明、因明、内明、医方明、工巧明。这些学问，在现代，精通哪一门都最少需要几十年，例如，医方明，包括了世间所有的医术：医、卜、星、相，其中光"医"就含有方药、医学、治疗、药性、施法，等等；"卜"是卜卦、数学；"星"是天文学；"相"是现象与心、境、相、事之间的关系，可以说几乎所有的世间知识，小罗什十一岁前都学尽了。

通达了小乘经教和各种知识后，罗什随母亲到印度游历参访。几年后，小罗什随母亲回龟兹国，他们母子归国途中，在沙勒国停了下来，也就是现在新疆疏勒县，他们在此遇到了莎车王子须利耶苏摩，在苏摩王子的引导下，罗什开始修学大乘佛法，他主要学了《中论》《百论》《十二门论》等龙树菩萨般若系经典。

小罗什善于辨析义理，应机领会，独具神解，在参学了大乘佛法后，他自叹道："我过去学小乘，好比是蠢人不识金子，错将黄铜当成宝贝。"大乘佛法是妙中之妙，不可思议的。

两年后,鸠摩罗什回到龟兹弘法。这一年,他刚满十五岁。十五岁的他不仅通达所有外道、三十六旁门、七十二左道,还全盘领会了大乘佛法。故此,年轻的罗什法师能在金狮子座上说法,王公贵族皆伏地叩拜,由罗什踩众王公之背升座讲法,这是当时最高的荣誉了。

当他名播四方时,他的小乘师父盘陀达多来龟兹找他,他很想知道大乘佛法究竟有什么精妙。于是罗什法师为师父讲《德女所问经》,经中讲述德女问大乘佛法的经历。

讲完,他师父问:"大乘教义讲空,既然什么都没有了,我们还学它做什么?"又说:"空本来就是空的,又何必学呢?"

罗什答:"这个'空'不是什么都没有,'空'里包含'有',所以称'真空生妙有'。大乘佛法是彻底究竟的佛法,而小乘虽然可以证得人无我,但终究还是有'法执',有执在,修人依旧会拘谨,得不到究竟的自在!"

他师父就说:"我有一个譬喻,一个狂人请了织丝绵的匠人来给他织丝绵。织了一匹布,他一看,说织得太粗了,叫匠人再往细里织。这个匠人又往细织,织了很多次,织得这个丝绵精细到极点了,可是,狂人还不满意,总说还是粗,手工不巧妙。于是,那个匠人用手指着虚空,对狂人说:'你说我这个粗,不是吗?这个最细的丝绵在虚空里!'狂人一看,说:'没有啊!'匠人说:'虚空里的丝绵,是最精细的;因为它太微细了,连我这个织丝绵的匠人,尚不能以眼看见,你不会织,当然看不见啦!'狂人一听有道理,于是就赏给他很多钱来酬谢。你讲大乘说空,但是你看不见!和这个比喻是一样的。"

罗什法师说："这比喻不全面，空虽然不见，但可通过修行证得。"

如此这般，师徒俩辩论了一个多月，盘陀达多终于心服口服，真正明白和理解了"真空妙有"并非虚言，之后，他说："现在我要拜你做师父了！"罗什法师说："这不可以！"盘陀达多说："我是你的小乘师父，你是我的大乘师父！"他这么一讲，罗什法师也就没话说了，于是盘陀达多拜伏在罗什门下受教。

古人心中没有我相；没有我相，就不会认为师父相是不会变的，境界不如人时真正心服口服，这就是以法为师。

罗什法师不单在龟兹各处弘扬佛法，也到周围的国家去讲经说法，他每到一个国家，都受到最隆重的恭敬和丰厚的供养。为什么大家爱听他说法呢？因为他讲法平实、自然、简明、扼要，不掉书袋，所以他是西域的至宝，大名远播，苻坚闻名后，仰慕不已，誓要请回国来。

罗什法师如果真不愿意来，即使吕光发兵灭了龟兹，法师也有地方避祸。这里有个缘故，他母亲修行有了成就时，曾观察因缘，知道儿子的因缘在中国，就告诉他说：你的因缘是未来去东震旦（中国）度众生，可是你去弘法必有一番曲折，对自身非常不利。罗什法师说：只要能把佛法传到震旦去，就是粉身碎骨，又算什么呢？

因为有了这个愿力，在吕光领兵破龟兹时，罗什法师没有出去避难，也自愿被吕光俘虏。不过罗什法师曾对龟兹国王说：前秦王出兵来征伐我们，你不要和他对敌，他的目的不是想占领我们国家，他的要求，你同意吧。殊不知，国王不听法师建议，吕光一到，便开战打起来。

吕光一战即灭了龟兹，不过他想到自己的任务是请个出家人回去，心里就不服气。他见罗什法师年纪不大，就想：我们皇帝一定是听信了谗言，这么劳师动众，耗费国帑，抢个和尚回去干什么？

由于心里不服气，他就不断给罗什法师制造麻烦，先把法师灌醉了和表妹关在黑屋里逼他破戒，再到行军路上给他骑野马，各种刁难数不胜数。

一次，在半路上到了一个山谷，大军准备扎营下寨，法师一看这个山谷地势洼下，又观天文、风向，知道晚间会下大雨发山洪，就对吕光说：这地方很危险！不要在这里扎营！今晚会有大水来，我们会被淹！吕光根本就不信罗什法师，果然到半夜的时候，山洪暴发，吕光的军队被淹死了五六千人。

吕光这才相信苻坚颇费周折请罗什法师回去是有道理的，不过他的认识还仅仅停留在神通上，认为法师是能掐会算的神人，虽不敢再轻慢，但也仅仅在风水、预测和治病方面，会来请教。

罗什法师忍气吞声，寄人篱下，于姑臧韬光养晦十六年，等到后秦王姚兴再次派兵，迎请法师入长安后，他平生抱负方才得以施展。在姚兴的支持下，汇聚全国之力，将国内最顶级的精英三千余人组成史上最庞大的翻译团，中国大乘佛法由此方兴！

我们看同样一个人，前后的"意义"，可谓有天地之别：

罗什法师翻译的《金刚经》对禅门有极其重要的影响，五祖弘忍将此经奉为禅门每日必修的功课，六祖惠能大师借此悟道。

《维摩诘经》中的不二中道思想对后世，特别是"中国禅"的出生，提供了法本。

《中论》《百论》《十二门论》三论，由弟子僧肇弘扬于南方，经僧朗、僧诠、法朗，至隋代吉藏法师而集大成，形成"三论宗"。

《法华经》成为天台宗立教的根本。

《成实论》为成实宗的根本所依。

《阿弥陀经》《十住毗婆沙论》为净土宗的根本所依。

《弥勒成佛经》促成了中国弥勒信仰的发展。

《坐禅三昧经》促进菩萨禅的盛行。

《梵网经》使中国能广传大乘戒法，是律宗的根本经典之一。

《十诵律》是律学的重要典籍。

……

可以说，大乘佛法能在中国开枝散叶和鸠摩罗什三藏法师的到来有最直接的关联。

法师经过近四十年的努力，放下了自己著书立论流传后世的荣耀，将真实准确的大乘佛法带进中国，经千年而不朽。可见，同样一个人，因受者的体量局限，而产生完全不同的意义。受体的"量"局限了对方的价值和意义。对于一个自私自利、体量有限的人来说，想要契合、理解大乘之法精妙的真理、微妙的实相是不可想象的。

许多人不理解，大乘佛法精妙绝伦，为什么有人勇猛精进地学了几十年，自我感觉其不过是沧海一粟，而罗什法师却能那么小小年纪而通达无碍呢？法师带着唯一的弟子僧肇来长安时，随身并无携带一卷经书，一切妙法了然于胸,之后的译经也是同样,得意忘言,得意忘相,出口成章,全无滞碍。经过了一千多年的沉淀,目前中国大乘佛法流传的经书,绝大多数还是采用罗什法师译本。为什么法师能有这种不可思议的成就?那么请想一想,一字不识的六祖惠能为什么可以一闻经语、心即开悟呢?如果说罗什法师七岁出家就开始接触佛法,惠能大师却是从未看过任何一本经书,为什么都能够顿至佛地呢?您又为什么轻易给自己下定义不能呢?

庄子《天道》中有一段文字:

> 世之所贵道者,书也。书不过语,语有贵也。语之所贵者,意也,意有所随。意之所随者,不可以言传也,而世因贵言传书。世虽贵之,我犹不足贵也,为其贵非其贵也。故视而可见者,形与色也;听而可闻者,名与声也。悲夫!世人以形色名声为足以得彼之情。夫形色名声,果不足以得彼之情,则知者不言,言者不知,而世岂识之哉!

这就是说"书不尽言,言不尽意,意不尽理",一部书上能写出来的,永远是作者心中的一小部分。比如说,一个人头痛,"头"是一个概念,"痛"是一个概念,"头痛"是一个概念,或者说:头是一个器官,痛是一种感觉,头痛是一个现象。现象是什么?是感觉自己在疼痛中,这是无法探究的,头痛其实不仅仅只是头痛,"痛"的大小范围、持续时间、发作深度、对人产生的影响以及后续情况,都是极其复杂和难以描述的,故此,不是"头痛"两个字就可以说清楚的。

文字不能尽意的困难便在于此,读者即使能认识全部书上每个字、每句话,却未必能明白作者的含义,不仅是含义不清,"弦外音,味外味"的文字以外的精神实质,就更加无法知其意了。

　　司马迁曰:"好学深思之士,心知其意。""意"是离不开语言文字,但又是独立于语言文字之外的。语言文字是"知其意"的拐杖,在人与人的关系中,要恪守仁义,不能过河拆桥,而在读书的过程中,必须要过河拆桥,知其意后,还拿着拐杖做什么?

　　罗什法师就是不需要拐杖的无碍者,他的译文是根据自己的修行境界和证悟,紧密结合了中国传统思想的再创作,也就是说,他不仅需要通达了佛法的精要,也需要完全领会中国传统的秘要,最终使之圆融无碍而成就出全新的作品。

　　庄子说:世人觉得书籍贵重,可我觉得那些并不足贵重,因为世人在本末倒置。您以为从形状、色彩、名称、声音这些现象中能获得大道的本质,可实际上形状、色彩、名称、声音这些现象实不足以表达大道。人往往对他们知识范围内所能认识的东西很在意,却不知道靠自己已有的知识去认识未知,这是根本无法完成的。

　　认识未知不能停留在经验、知识范围,靠的是觉力,觉力从哪里产生?从自心中来,不从外来,不过庄子提醒说"知者不言,言者不知",这里的"知"不是知识,而是知觉,通常一个人说话时就停止了知觉,而知觉时也无法说话,大道是靠觉后起悟的,和"言"无关。那么"知"和"觉"既然是矛盾关系,它们能否统一呢? 当然可以,不能统一叫什么圆融呢?

古德云：我注六经，非六经注我。自己明白了一些客观道理，这时候，"知"和"言"是不统一的，这叫"六经注我"，这是在语言文字上推敲分析，生搬硬套，而罗什法师是在"我注六经"的状态下，解决各种对立矛盾，知和言、行、事、境之间无碍，八万四千法门随取随用，随用随弃，一切不留，无可记忆，此时读书、行事、生活、悟道便不会矛盾，开启一番新天地。

真正的"学"，是学不能学的东西；真正的行，是行其所不能行；真正的知，是知其所不能知。达不到这样，就是死读书，做的全是死学问。为了更好地劝导人不要"死于句下"，我们接着来看庄子讲的齐桓公读书的经历：

"桓公读书于堂上，轮扁斫轮于堂下，释椎凿而上，问桓公曰：'敢问公之所读者，何言邪？'公曰：'圣人之言也。'曰：'圣人在乎？'公曰：'已死矣。'曰：'然则君之所读者，古人之糟粕矣！'桓公曰：'寡人读书，轮人安得议乎！有说则可，无说则死！'"

短短几句让人读来心惊，一个小小做轮扁斫轮的匠人，居然敢对大王说出"君之所读者，古人之糟粕矣"这样惊世骇俗的话，果然齐桓公怒道：你居然敢跑到这里来乱说，今天你能解释得通便罢了，解释不通立即赐死。

这位吃了豹子胆的工匠说："臣也以臣之事观之。斫轮，徐则甘而不固，疾则苦而不入，不徐不疾，得之于手而应于心，口不能言，有数存焉于其间。臣不能以喻臣之子，臣之子亦不能受之于臣，是以行年七十而老斫轮。古之人与其不可传也死矣，然则君之所读者，古人之糟粕已夫！"

轮扁是个在堂下砍削木材制作车轮的工匠，此时他对齐桓公说的完全是发自内心的感悟，他说从我自己做的事情可以看出来，简单的砍削木材的手艺,也只可意会,不可言传,制作轮子不简单,轮孔宽舒则滑脱不坚固,轮孔紧缩则轮辐滞涩难入,只有不宽不紧才是最好的车轮,这里面的窍门记忆在我的手上,手上的感觉存在心里,所以我在制作中能把握好"度",但这种心得体会,我砍削时的寸劲儿怎么也无法传给我儿子。所以我儿子至今没有从我这里得到做轮子的方法,我今年虽然已经七十岁了,还在独自做车轮。古人和他们所不能言传的东西都一起故去了,大王您现在读的书里,不会有那些无法用语言传授的窍门。

故此,一个老师的课堂里,老师通过语言文字传递的信息量有"显"和"隐"两种的,"显"是公开法则,"隐"则需要受者心心相印时方能传递,而此时因受者自己心量、体量的不同,接受程度也不同。

能受的人说"难者不会,会者不难",不能受的人就以为多么神秘,以为有什么"密法",这种心态就容易被心怀叵测者利用,堕入迷信的深渊。

作为学人,我们需要寻找的是心怀正法、得足正见、自身无碍的老师,学无先后,达者为师,师对了,路对了,剩下就是时间问题。不断提高自己境界后,再读书、听课,理解和收获会完全不同。故此,再有价值、能量的法,在心量、体量微小的人那里,就会褪变成养身、运动、看病、占卜等外道,在这些人的价值观里,修行没什么特别价值。

悟道的禅师、大德身上本有着取之不尽用之不竭的能量,和天地万物齐,而能否发现、善用这些无限的能量,就取决于受者、观者、听者、学人自身的境界了,"随众生心,现所知量,循业发现"是受者自身提高的过程,而非光、气、水、道、禅、法自有增减的过程。

所谓道法自然，其本身的存在是无增减、无分别、无刻意、无意义的，因"无"才能生妙有，才能运化万物，才有无限可能。就像梦境会有增减、好坏、是非、善恶、意义、价值吗？

禅者因其无限、无量、无边的禅心而无世俗所谓的"意义"。禅者的生命如同阳光和河水一样，流经哪里就孕育和滋养哪里的生命，每个生命随其自己的根性、器量、愿力、起行、功德、业力、悟性而各得其不同的"意义"。

您得不到价值、利益，完全是自身的局限所致，故，受者需勇猛精进，增进自身的愿力、行力，争取早日能契机、契法、契道、契师，真正契合的那一时，原来所谓的"意义"便随之消解，因"悟"生，而意谢、义谢、信谢，悟生后的禅心是"心若不异，万法一如"的。

《中庸》表述了儒家开始内求、内化的趋势和方向，此乃儒家性情学之端。孔子发端，曾子孕育，子思继承，最后由孟子集大成。"道中庸"首次被提到了与"极高明"同样的地位，君子通过庸言、庸行有了实现理想价值的平凡入手点，这在儒家是极为重要的变化。如果只一味强调"极高明"，势必限制了源于生活而终需回归生活的"道中庸"，这难免显示出儒家在现实生活上不入凡俗的弱点。不改变这一点，儒学就是士大夫之学、庙堂之学，难以惠及大众，而《中庸》正是尝试将这种形而上思想与形而下行为融合的开端。

至孟子，以"四端"论情性，言"恻隐、羞耻、恭敬、是非"四端之心，是人的仁义之性，同时也是良知之心，更是人之所以为"人"的基础。

君子心、性、情合一时，是完成情性自我内化的过程，成之称为"内圣"，

"内圣"功夫圆满了,可以齐家、治国、平天下,这是"外王"。注意,"齐"的含义不是整齐、平齐。"齐"古象形是禾麦吐穗上平,意为地有高下,禾麦随地之高下而高下,向上是"见贤思齐",向下是"谦下平等",故有似不齐而实齐之内涵,并无分别参差之意。

因为各种原因,孟子的民权精神在后世隐而不彰。正如明儒刘蕺山云:"自喜怒哀乐之说不明于后世,而性学晦矣。"又说:"孔氏之言道也,约其旨曰:'中庸'。"

"中庸"是孔子"吾道一以贯之"的"道","一"是"仁义""至诚",故,"中庸"是君子至德,德既是德行,也是德性,而"喜怒哀乐之说"则是性学的关键点。

《论语》中,子张问政。子曰:"'尊五美,屏四恶,斯可以从政矣。'子张曰:'何谓五美?'子曰:'君子惠而不费,劳而不怨,欲而不贪,泰而不骄,威而不猛。'子张曰:'何谓惠而不费?'子曰:'因民之所利而利之,斯不亦惠而不费乎?择可劳而劳之,又谁怨?欲仁而得仁,又焉贪?君子无众寡,无小大,无敢慢,斯不亦泰而不骄乎?君子正其衣冠,尊其瞻视,俨然人望而畏之,斯不亦威而不猛乎?'"

由此可见,儒家对"美"的评判标准集中在精神、心境、仁义的行为上,"禅画美学"的"大美"亦如是,《中庸》是修习"禅画美学"之基础,如不通人道,何以修禅法?

从科学的角度讲,我们生活的地球是宇宙的一粒微尘,而每个人呢?也只是地球的一粒微尘。故此,谈及"宇宙"这个概念时,人的肉体就如同不断生灭的微尘一般渺小。而从修行的角度讲，我们处在无边无际、无限无涯的法界中，唯有人的心可以和虚空法界一样无量无寿，禅是佛心，能和"心"契合是禅者的根本，也是"禅画美学"修养的归处。

如果我们仅仅从科学一方面着眼，那么人的肉体、寿命都只能是微不足道的，故此有些人知识越多越悲观，既然人这么渺小，何必去放眼宇宙？何必去探索未来？何必去乐善好施？及时行乐便可，自私自利便可，人类灭绝、生态危机于我何干？我这么渺小能做什么？能影响什么？……

又有些人属于不考虑当下，不在意社会，只关心未来往生何处，下一世能否解脱……

还有些人则因为修行出了些许虚幻境界，便感觉自己如同神仙一般的存在，仿佛无所不知，无所不能，病垢他人，藐视众生，贡高我慢，愚顽痴迷……

诸如此类的人，其实都是在各种偏执的幻想中生活，由于视野的局限，妄想执著，不得明辨实相。我们如果仅从宇宙一个角度看，人当然只是一粒微尘，但我们不能忘了，唯有人能通过修行契合法界暗能，能与天地合一，能心包太虚，芥子纳须弥，所谓其大无外，其小无内，人的自性是虚空一样的，不时显现而非具体存在，此即摩诃无尽，实相是什么？即整体大于其各部分之和！

修者如需逐渐脱离妄想，需要和"中庸"中的"执中"智慧契合，择善而固执；如需脱离妄想执著，需和"时中"智慧契合，因时而变，二者皆通时，便能逍遥于滚滚红尘。

万人如海一身藏,《庄子·秋水》云:"宁其生而曳尾于涂中乎?"修者曳尾涂中,陆沉于世时如亦可得其所哉,将清风明月、激流险滩皆作道场,保其天真,成其自然,而人生之百千滋味、酸甜苦辣可当书读、可作戏看,能于其中不出不入、不喜不悲,潜心一志,慧命灯明,这就是修习"禅画美学"修养而欲通达之"无为不为"境界了。

第三节 天地人合一

孔子于《易经》中强调，天、地、人"三才"并立，而人在天、地中处于中间位置。

天之道在于"始万物"，地之道在于"生万物"，而人之道中本包括了"成万物"的作用。成万物是以人的智慧将天地万物无法表述的部分，用人文的形式表达、完善，使之和谐共存。"成万物"不仅是生成，而是以人文完善、完美、补充发挥作用。也就是说，符合"人道"精神的人，是真正能解读、完善、丰富天地之道而为人所用的万物之灵。

天、地、人之道具体表现是什么呢？天道曰阴阳，显现出高明之相，高明所以能覆物；地道曰柔刚，显现出博厚之相，博厚所以能载物；人道曰仁义，显现出悠远之相，悠远是眼光长远、思虑长远，能计千秋万代之福祉，所以能成物。悠远就必然要具备仁义，此是人独具的人道精神，反过来说，唯有仁义的作用才能悠远，失去了仁义精神，急功近利、胡作非为的人，是迷失了人性的假人，这些假人终会被天地万物所弃。

故此，天、地、人三才虽各有其道，却有着不可分割的对应和联系，彼此之间不仅是同与应的关系,更是内在的辅成关系和可实现的互补作用。

天、地之道属生成原则,人道属补充和实现原则,三者不可或缺,缺之则乱象生。

人如何才能具足"仁义"而和天地同道呢?怎样才可以成就人的"仁义"精神呢?或者说"仁义"的人在什么样的境界下才有机会"成万物"呢?儒家开出的药方是"修身为本"。君子有了修身的基础,才能具足内在的"仁"心,在充分理解天地万物的基础上发出"义"行,发挥出齐家、治国、平天下的作用。

天地与我、与物本是生成关系,从来没有界限。物、我、天地既然是同一的,从根本上说应该人人都能成天地之道,能成万物,能和天地合一才对,为什么做不到?因为自私,产生了各种分别和比较的念头,凡利于自己和自己家庭,再进一步自己团体的都是要牢牢抓取,而和自己无关的他人、他事、他物则漠然处之。因为能够利自己,人于此产生存在感和快感。例如,我比你有钱、我比你年轻漂亮、我比你健康、我家比你有背景、我比你聪明乃至我孩子比你孩子优秀等观念,这些是凡人的所谓成功和意义,是其存在感的虚幻落脚点。人是万物中唯一能自赋予所谓"意义"的生物。

人习惯通过比较自定义,人为拉开自他、物我、物物、人事之间距离和差别。针对这种心理现象,庄子言:"天下莫大于秋毫之末,而大山为小;莫寿于殇子,而彭祖为夭。天地与我并生,万物与我为一。既已为一矣,且得有言乎?既已谓之一矣,且得无言乎?"

也就是说天下的事物没有比毫毛尖更大的,也没有比泰山更小的,事物本无大小,也没有比童子更长寿、没有比八百岁的彭祖更短命的,寿命是没有差别的,这些是有条件相对存在的"相"。

事物的大小、多少、高低、寿夭等差别只在人的特定比较关系中才能被人为确立,凡人在相对参照和比较中产生愉悦感、成就感、存在感,背后是精神世界空虚产生的虚荣心、名誉心、贪痴心在作用,通过比较从而形成社会上虚幻的"成功""价值""意义"。

庄子又说:"自其异者视之,肝胆楚越也;自其同者视之,万物皆一也。"

万物之相虽多而有别,但最终复归于一。天地万物本来是自是、自成、自化、自用、自然而然的循环过程,有着"不变"和"时变"的变化规律,不以人的有限意志为转移,天地是真正的逍遥自在、无拘无束、随圆就方、因地成形,因无"我"之心,乃能应缘无碍,始生万物。

人本来也是这样逍遥的,但因为心态出问题了,自以为有个"我"和"我所有",以主观臆断沉陷在有限的时、空和社会环境里,为了显示自己的正确性,人会运用自己的"聪明才智"站在自己的立场为维护自己利益争论,这就是"以天下之美尽在己",这就再也无法逍遥了。

主观臆断会造成人对事物认识和判断产生片面性,因为一旦产生了判断,人就会断章取义地去不自觉地传播自己的片面判断。有影响力的人推而广之的能力就更强,更有效地影响了社会风气变化,产生了所谓的"差别"和各种"矛盾",阶级、好坏、善恶、正邪、是非等现象皆由此产生。

其实宇宙中万事、万物、万有的一切交融、差别、矛盾现象虽异,但它们之间既是相关的,也是相等的。也就是,从千差万别的现象入手是无法解决对立矛盾的,要想真正解决问题,唯有回到原点。

由于人对万事、万物、万有根据个人境界不同,形成了不同的见解和臆断,并依自己的臆断作为判断事物是非的标准,这样就会引起因人而异的多重标准之争,即"夫随其成心而师之,谁独且无师乎"。

庄子在《秋水》中云:"以道观之,物无贵贱;以物观之,自贵而相贱;以俗观之,贵贱不在己。以差观之,因其所大而大之,则万物莫不大;因其所小而小之,则万物莫不小","以功观之,因其所有而有之,则万物莫不有;因其所无而无之,则万物莫不无","以趣观之,因其所然而然之,则万物莫不然;因其所非而非之,则万物莫不非"……

事物从不同角度而言好像有种种差异,这是由于人在观察、受用的主体位置、时间、用处、对象不同,而对同一事物得出截然不同的判断,非事物本身真有什么差异。所有的观察、描述、刻意为之或无意产生的所谓区别,只能让人的认识停留在肤浅的表象上,不能清晰地产生全面的、本质的、综合的、多面的深刻理解。

现代人常谈"文化",却不明白现代文化早已背离了文化的本源,文化本来是帮助人平稳情绪、控制欲望的,现代文化却是区别人不同等次阶级的一个标志。有些人自诩是书香门第,博学多识,便是"文化人",而那些没什么学历也不懂什么的人,则被不屑地斥为"没文化"。真是这样吗?某些不死于俗而丧之于雅,带着一身精致习气去拣择分别、浮花浪蕊的人,真算是"文化人"吗?

不搞清楚中国传统的"文化"究竟是什么含义,何谈有没有文化?"文化"

一词出自《周易》，文王著《易经》，孔子著《易传》，合称《周易》。《易》中贲卦的象辞云："刚柔交错，天文也；文明以止，人文也。观乎天文以察时变，观乎人文以化成天下。"

"贲"卦由两个卦象组成，下卦是代表火的"离"卦，上卦是代表山的"艮"卦。火性动而山性静、火性变而山性恒、火性柔而山性刚，故说"刚柔交错，天文也"，天之文是表无常性、变易性，故人能"观乎天文以察时变"，人可以通过观察刚柔交错的天文来洞察天时、地利、四时、风气等的变化性。

又说"文明以止，人文也"。"人文"可以说和天文不同，是以"止"为核心精神的，"观乎人文以化成天下"。"文"是文以载道，以文明道。"明"是明达、通晓之意，日月相推而明，"明"是动态的，"明以止"即"明而止"，"以"是并列连词。这是说：人文的意蕴是以文载道，洞察时机，明达时机而知止，圣人之"文"是化解人性之贪的，知止是文化之用。

"文"包含了些什么呢？乃诗、书、礼、乐！这就是"人文"，"人文"是柔软的、温情的、唯美的，其作用在于化戾气、止贪欲而平天下。故"人文"两个字中包罗万象，气度恢弘，以柔软之力致化成天下之大用，老子云"弱者道之用"是也。

孔子晚年编著了《春秋》，自曰："后世知丘者以《春秋》，而罪丘者亦以《春秋》。"《春秋》是微言大义，后人见微知著，孔子把那些小人的行径毫不留情记入青史。孟子说：孔子作《春秋》，而乱臣贼子惧。

为什么乱臣贼子惧？因为春秋时期，诸侯挟持天子，大夫放逐诸侯，家臣反叛大夫，所有人都在疯狂追逐权力、财富、名誉，都在各种追逐的过程中丧失了人性。《春秋》中记载，弑君三十六，亡国五十二，诸侯奔走不得保其社稷者不可胜数。可谓礼崩乐坏，周朝的文明由此戛然而止，进入了尔虞我诈的非人状态。

孔子说这叫文明退位，是"伪文明"得道的时代，人心中原始的动物本能获得解放，大家一起披着"文明"的外衣，齐刷刷地将人类召回文明创辟之前的黑暗世界。孔子由此而编《春秋》，寓理于文，以文载道，将褒善贬恶真诚著世，告诉世人还有"春秋大义"在，曾有无数"微言大义"论者，更有众多成仁取义志士在，而历代"乱臣贼子"却为之胆寒，这就是"人文"的震慑力、警示力，这才是文化的力量、文明的力量，也是"止"的力量。

诗、书、礼、乐皆非强力，是"随风潜入夜，润物细无声"的力量。中国传统一直是强调"和"的，非是以强、以大、以暴者为上的，恃强凌弱的精神向来为中国文明所不齿。我们看，即使"武"字的本意也是"止戈"。孙子云："不战而屈人之兵，善之善者也。"又说："故上兵伐谋，其次伐交。"两军相交，不得已才动武。

儒家推行的仁政便是以"人文"的方式感召天下，化干戈为玉帛。"人文"能化成天下主要显现在人、事两方面，这在东、西方文化中各有侧重点。中国传统的人文始终侧重以"人"为本的人道、人性为中心，"人"是历史、文化的主体。而西方则侧重在"事"上，以事件、时间、地点为历史、文化的主体。

何为"止"？我们后文还会详细讨论，这里指自律、界限、法度。我们参学文化传统，就应该引发各种思考，例如《易传》是怎么从"贲"卦能悟出"明以止"这个道理？为什么要用"文明以止"来阐释人文的意蕴？这才使我们能参悟到真正中国"人文"精神所在。

贲卦的下卦是离卦,"离"代表火,比喻人的自然本能,"食、色"等欲望像火一样熊熊燃烧,无法消除也不可能消除,因而人文首先肯定人的正常欲望,用以疏导欲望、情感、价值和利益追求的。孔子说"饮食男女,人之大欲存焉",可见孔子是尊重人自然本能的,只是到了宋、明理学才开始变得愈发保守,最后竟然发展到连剪头发也属于不孝行为的偏激言论出现。

"止"属贲卦的上卦,即艮卦。

"艮"代表山,对外来说是纲纪伦常,对内是慎独克己,山是戒律,能保障人性中欲望之火不会肆无忌惮、泛滥成灾,人类群体因为有了各种法律制度、道德信条,规范个人及群体行为,才能保证社会稳定有序。制度规范、自我戒律就是压在火上的山,制约着人的动物本能的无限扩展。

制约分为外制约和内制约,社会的法律规定是外制,以外制为主是法家的特色,而儒、释、道等修养门派更强调的是内制。

儒家的修身、道家的修炼、禅门的修行都在用各种方法帮助个人提高修养境界,形成内制的自觉性,让欲望之火在界限内转化。这种自觉的约束是人文的力量。

子曰"发乎情,止乎礼义",就是对"明以止"义理的阐发。"发乎情"是指本能那团火,会自燃;"止乎礼义"是指通过礼、义的行为,把本能之火控制在界限内。

可见,"人文"本是从"人道"的仁义性与社会性的和谐性来把握其本质的,一切"人文",包括人的容貌服饰、言谈举止、世俗风气、政事语言、艺术作品、典章制度等,都应本着"明"与"止"的统一。

　　社会的人文现象、世人的人文素养、个人的人文体验标准都是"文明以止",合者则为善,违者则不善。在今天功利主义甚嚣尘上的社会环境中,"文化"失去了原意,变成刺激、挑逗、引诱、资本、价值、符号等,商业用文化包装,庸人以文化自诩,战争用文化入侵……故此,首先弄清"人文"的本来面目,显得尤为重要。

　　在贲卦的基础上,上卦艮不变,而将下卦的立火变成震雷时,就是颐卦,表雷出山中,正是春暖之际,天地养育万物之时。《易》由此表圣人对外教化众生,对内养德润身,所以名"颐"。《尔雅》云:"颐,养也。"养是调养、调和、修养、中和之意。中国传统极其重视"养",君子需养浩然之气,养并非增加意,《彖》曰:"颐,贞吉",也就是养正则吉也。天地养万物,君子以德润身为养。

　　颐卦是指春雷发动时,需养正养育,慎言节食,观察务实,自知审慎。天暖之时人心中雷动,雷生于地,震动万物,萌发生长,此时欲望、贪念随着雷动而出,故需受制于山。可见,颐养还是"知止",天地造化养育万物,需各得其宜,亦正而已。圣人曰:观一个人平日颐养之道,则可知其人未来之吉凶。如平时能节制欲望,在显微著隐处慎独,此人必有后福,相反,不知慎言慎食、不知节制欲望者,则必有祸端。

　　中国传统文化皆以"止""养""慎"等自我节制法为本,以"文"提醒人时刻警惕欲望膨胀,这点和以扩张为主的西方文化不同。

　　苏轼《赤壁赋》云:"且夫天地之间,物各有主。苟非吾之所有,虽一毫而莫取。惟江上之清风,与山间之明月,耳得之而为声,目遇之而成色。取之无禁,用之不竭。是造物者之无尽藏也,而吾与子之所共适。"这里所体现的精神境界才是真正的"文化人"所应该契合的人生境界。

每个能行"人文"之事的人,能成人之美的人,都是"文化人",这和学历、高雅、家庭、知识、背景、工作、收入均无关,而只和本人内在的觉醒程度有关。

每个人虽都有和天、地合一的可能,如佛言"人人皆有佛性",并说"众生平等",但这并不等于说"众生相等"。

所有众生在究竟意义上是平等的,但在缘起、事相、境界、体量、心胸、愿力、起行、功德、精进、悟性、业力、能量上的差别也是不可泯灭的,这就是究竟意义平等但事相不相等。

有些人不解深意,妄言人人皆可合一、人人皆可成佛、无分别便成佛……这就把究竟的智慧、修行的悟境,全曲解成了一团无明。众生平等、无所分别、天人合一如果那么简单,那么狗无分别心,吃大便和骨头一样香,是不是狗已成佛呢?

能和自己佛性相应的人,佛门称觉者;能自性起用的人,禅门称禅师;能和天地合一的人,道家称真人;能有合于人道,具足仁义精神的君子,儒门称大人。《易》曰:"夫大人者,与天地合其德,与日月合其明,与四时合其序,与鬼神合其吉凶。先天而天弗违,后天而奉天时。天且弗违,而况于人乎?况于鬼神乎?"这些人的德性不仅要能与天地的功德相契合;还能心中自生日月,不假外力心中常见光明;并能自成春、夏、秋、冬四时,每时每刻以自修为春种,利他为夏发,慈悲为秋收,自律为冬藏,时刻能与时序相契合;还要有本事与鬼神的吉凶相契合,既能入佛,还能入魔,与佛、魔共凶吉……

这样的人才能不违背天道的自然规律，顺应天地之道的变化而变化，这叫"奉天承运"。

天如果有实"体"，其中一部分会是一个巨大的电磁二元体。从磁的角度说，天轴南北两极是南北磁极，地球居天体之间，是一小磁体。南北两极的磁极，分别与天体两大磁极发生磁感应，所以天、地的轴心倾向才能保持相同线，是天地感应的来源。

《黄帝内经》中提到五运六气的种种感应之道，从物质上来说，是建立在这个电、磁、波、粒的感应性上的，"气"也属于一种物质，因为各种感应性或电力、磁力，属于变化无常、无形无相的能，假名为"气"。

"气"之所以能在天、地、人之间发生交感，是因为天、地、人同源，本源一气，根本的源头一致，故能互换、互通、互应、互感。

对内来说，"气"是身心灵能合一的桥梁，对外来说，则是天地人能合一的通道，所谓内、外合一，实际上是合于"气"。也就是说，合一其实是一种"气感"和"气交"。

"气交"出于《黄帝内经·素问》："言天者求之本，言地者求之位，言人者求之气交。曰：何谓气交？曰：上下之位，气交之中，人之居也。"求之本、求之位、求之气交皆指求气之本。

天、地、人三才是一气流经不同时、空的变化现象，掌握了源头就可以认知和掌握变化的规律。我们常说的"采气""运气""纳气""炼气""养气"等功夫，皆是通过修炼的方法来有意识引导"气"的变化。也就是说，这种"气功"属于"有为法"，是如梦亦如幻的，有生灭的，但一切修行法都从"有为法"始。

而真正大修行者,能感天动地,他们"气"的运行是无为而为、自然而然的,此时之"气功"便属于"无为法",能忘气才能进入真正的合一中。

人与万物,生于天地阴阳二气的交转变换,人气从之则生长变壮老,万物从之则生长化收藏。人虽有自身特殊的运动方式,但其运动的基本形式,即升降出入、阖辟往来,是与天地万物相同、相通的。故云:"天枢之上,天气主之;天枢之下,地气主之;气交之分,人气从之,万物由之。"

由此我们可以进一步理解,儒学的目的在于培养人人能率天地之性而为,成为仁义君子,君子的责任便在于本人修身成就后,以此教化他人,《中庸》开篇"天命之谓性,率性之谓道,修道之谓教"便是。

君子为什么要修身和修道?因为仁义需在修中提高、检测、保持、呼应,才可时刻与天命相应;与天命越相应,率性的能量便愈增长;这种能量愈增长,便愈能提高感化他人的能量,"修"与"养"是彼此助长的过程。

一个能和天地"气交神往"的君子,他的人生境界是能跳出小我的,跳出主客二分的,能以审美的眼光和心胸去看天地、看众生、看自己,能体验无限的意味和情趣,从而更加珍惜当下,享受淡泊从容人生的。

一个人有什么样的境界,便有什么样的人生态度和价值取向,能与天地合一的君子,内心"真",行为"善",观物"美"。反过来说,一个能在生活实践中达到内心"真"、行为"善"、观物"美"的人,是在平时有意识地不断强化自己、不断追求的人。君子能以享受真、善、美的心态在本是荆棘密布的现实社会生活,以具足真、善、美的心、行入世,将生活艺化、美化,于是这荆棘密布变成了无时不在的满怀诗意,时刻遍布爱意的人生就由此豁然显现了。

当然,"行"不仅指行为,更多的是指德行、品行。这样的人能知晓万物同源,荆棘密布和满怀诗意其中并无间隔。

如果习惯于用主客对立的眼光看万物、万事、万有,那么万事、万物、万有不过是其利用和使用的工具,是认识和比较的对象,这样的世界只能是被使用的世界,而不会是生命的归属和家园。只顾着取资源为我用,那么自他、自我之间必然会产生间隔,功利和逻辑分析会遮蔽世界本来的样子,灵性世界的息息相通与功利主义者毫无关联。

功利主义者体会不到什么是并无间隔的世界,也感受不到何为情趣人生,这种人不会知道朝霞和晚霞之间有什么不同,不会知道四季的风有什么意味,这种人的心里只有利益,除了利益之外,其他一切都无用。

可惜这套价值观经不起推敲,失去了感知美的心,失去了感恩天地的心,失去了仁义慈爱的心,失去了天地万物的护佑,就算能得到利益又有什么用?能维持多久?疾病面前、无常面前、灾难面前、生死面前……统统都是平等的,人人在究竟意义上平等。

失"心"的人是无趣的、实际的、忙碌的、生硬的、僵化的,似乎唯有忙碌才有趣,如果您和他沟通早晨的露珠多么晶莹透亮,好像水晶一样迷人时,他会觉得您精神最近是不是受什么刺激了;如果您和他讲人需要每天花时间参禅悟道,他更感觉您是吃饱了撑的没事情干了。为什么去想这些无用的事?去读不能帮助自己赚钱的书?那么,功利主义者真的喜欢钱吗?其实这些人喜欢的是,拥有钱后的虚荣、面子、地位,喜欢成就的感觉,喜欢被别人羡慕的感觉,殊不知,那些东西最脆弱不堪。

正是这种自欺的心态,使得功利主义者长期活在自我狭隘的意识里,用有限的、充满了衡量得失的心去评判一切,用物质的丰厚来评价成功,用回报率来计算投入,将本来无限的、生生不息的生命活力,将创造力、洞见力、关爱力、实现力等一切不可衡量的生命力用物质来量化、同化、等化,这种为利所驱的人即使竭尽全力,也不可能走出生命的迷宫。简单地说,您买得到一千万尊重、两千万健康、三千万爱情、四千万关心、五千万智慧……吗?

利益是有生灭起伏的,十年河东十年河西,而生命一旦陷入围绕"利"在原地奔跑,就意味着停止了成长,这时候,您的一切努力不过是在用尽力气原地冲刺,俗语叫"折腾"。

生命的高度不会因"利"而变,利的得失改变不了生命的气象,拓宽不了人的格局和胸襟,丰富不了匮乏的人生。人生如棋,棋局下的是棋手心中的格局,您找不到生命迷宫的出入口,就只能被迷宫所困,利益得失不过是一场春梦,没有智慧的人无论如何家财万贯,也只是个落入尘网无法自拔的梦中人。

远古人因无法解释各种自然现象,如星陨日食、地震海啸、打雷闪电、刮风下雨、日食月食等,由此对天、地产生了畏惧的心理,认为有个主宰一切的"天"在指挥着天地自然。

"天"有着无比的威力,由于"天"不能见,如此需要委托代理人在人间行事,这些人从"巫"逐渐变成"天子",天子代表天意统治人间,是得"天命"的人,一切都掌握在天子的手里,例如古代时间不属于共有,而是天授予天子的一种特权,故古代天文、地理这些"格物"的研究是皇权的标志,天子可以

"观象授时",即根据需要赐予人民时间。

但天子和天之间也无法直接沟通,代理人和天之间需要越来越失去地位的"巫"。

"巫"字上一横顶天,下一横立地,中间一竖直通天地,本意是通天彻地的人。

"巫"的权力涉及范围极广,在和"天"的沟通中,手动称"舞";腿动称"蹈";语言叫"咒";治病叫"医";祈祷叫"祝";占卜叫"术"……人在绝对服从于天子的同时,必须依赖于"巫"的神通之力。

随着时间推移,人类首先对天子和巫师合作传达的"天意"产生了怀疑,伴随着对真相的深入了解,先圣率先质疑神天的存在,儒家先师曰:"天行有常,不为桀存,不为纣亡。"荀子提出"天人相分说",天、人各行其道,人能够把握自己的命运。

但"天人相分"之后,君王们缺少了天的约束,他们中不少人妄自尊大,任性胡为,将国家人民拖入了极大的苦难。这种情况下,汉儒以董仲舒为代表,推出了"天人感应说",用"气"的方式牵制王权,天虽不是神,但人间的灾象是天意警示,帝王不能没有约束,故此申天意以约君权,列纲常以尊君位。

可以说汉儒充分发挥了星象政治学。星象政治学本起源于孔子,如《论语·为政》云:"为政以德,譬如北辰,居其所而众星拱之。"北辰运于中央,临制四海,统诸众星,众星拱之。孔子是主张"不学诗无以言"的人,他用诗之比兴,以"北辰"比喻君德,其意不言而喻。不只孔子曾以北辰论政,荀子论礼亦归本于"太一"。儒家以北辰为体、北斗为用。北辰为君,北斗为相。北斗是协助北辰,以秩定天象的,故北斗为天纲,为布政施教之星。

除此之外,北辰代表的君王,不是只居其所由众星拱之即可的,还必须施以北斗之用,即以政布教,故此,汉儒把星象和政治紧密连接,形成了中国特有的"北斗信仰",北斗地位日趋重要,是儒家在强调君王施政的主动性。

北斗七星之斗柄在冬至时指向正北,随季节旋转巡游八方,斗柄即象征着君王的权柄。故此,儒家用天来约束君权,若只强调君权"居其所而众星拱之"时,它便失去君权主动作用力,故,汉儒的星象政治是北辰和北斗互为体用。

"天人感应说"打破了唯有天子、巫师合作和天沟通消息、息息相关的特权,可以说一切具备了君子精神的人都可以和天地感而遂通,这就把主动权拿回到君子手里了。但许多人心存疑惑,天人究竟有无感应?究竟怎么感应?试想,天人若无感应,为何有人能预知天时、天行、天象运行规律?这种能预知、感知的基础是什么呢?《中庸》说得好,基础在"至诚","至诚如神"。一个至诚的人能感天动地,心诚则灵。

为什么能预知刚柔变化的天道?因,"天道"终有其常!天若无常为何日月星辰俨然有序,四季交替恒然如故?天地契机,原是一刻不停的,因有"常"在,故不先不后,不急不缓,不偏不倚,虽有千变万化而"常"恒定。若不识"常",则万物只是气之决堤奔放,如何不乱?如何不忙?

天之"常"是什么呢?各家各派众说纷纭,儒、道两家认为欲知天之"常",必先得其"枢",所谓"枢始得其环中,可以应乎无穷"。儒、道均以北辰、太一为"天枢"。辰极居中而列曜贞观,"北辰"的重要性在日月之上,整个天体，是以北辰为"枢"而形成的一套秩序。

天本无象，对天象的描述，是描述者自己观念的反射，所以东、西方星象观，儒家、道家虽"天枢"相同，但其星象观是有区别的。儒家的世界观是以北辰为中枢，形成二十八宿、十二宫以及庞大之天官体系。

所谓的世界观，人人不同，区别在于人的境界，境界越大，胸怀越大，则世界越大。"世界"一词本源于佛经。佛法里所说的世界，是由时间和空间组成。"世"为迁流义，属时间范畴；"界"为限定方位义，属空间范畴。佛法认为，时间像流水一样，处于不断迁流延续中，从过去延续到现在，再到未来，时间的存在形式为三世，即过去世、现在世、未来世，但这种存在形式是虚幻不实的，就像一条河中过去的水、现在的水和未来的水，其实是不尽相同的。

宇宙的空间，佛经有六方和十方之说。六方指东、西、南、北、上、下；十方指东、西、南、北、东南、西南、东北、西北、上、下。

在佛法中，世界以"须弥山"为"天枢"，周围环绕四大洲及八山八海，称为"一小世界"；一千个小世界合成一个"小千世界"；一千个"小千世界"合成一个"中千世界"；一千个"中千世界"合成一个"大千世界"。"大千世界"是一个佛所教化的领域，称"一佛国"，即一个佛负责教化一个"大千世界"。"须弥山"在佛经中称为"曼陀罗""妙高山"，它是世界的中心，这是佛家的宇宙观。

无论儒家、道家、佛家，对"天""天枢""世界""宇宙"的理解角度如何不同，但都认为天能感应，人和天能发生感应的地方在"心"，对应则生象，而"天"能常行，是天在恒动。

西方哲学也认为"天"在恒动，不过他们的认识和东方有别，如亚里士多德在《论哲学》一书中说道:若有人坐在靠近特尔雅城的意纳山上,看见希腊军队以良好的秩序与整齐的步伐向平原前进,必定会联想到士兵们是服从在一位英明军官的指挥下。……同样地,人们观察天空,欣赏太阳从日出到日落,顺着不变的轨道运转,及星星井然有序的移动,就必须寻找一位制造这种良好秩序的设计师。由于这种秩序绝非偶然,而是更高层次及永恒者的杰作,这就是西方文明的"神"。

同时,亚里士多德在《物性学》中又提及了另一种论证法,谓"潜能"与"实现"不同,凡能动者要实现其动,须有一动力因,须被他物所动。故动者,均为他物所动。如太阳在动,是因为有东西在推动它,推动它的东西又被其他东西所推动,如此不断推论下去,最后那个不被动的首动者就是"神"。这些观点为西方神学的启端。

而儒家、佛家之说,乃是取譬或取象。佛法中,须弥山不是神,是比喻世界的中心,非有形也非无形,这一点,我们在后文再详细讨论。

儒家谓北辰为皇天大帝,但不是说北辰是神,也不是说日月为北辰所推动,或宇宙间有一位造物主,儒家只是比喻北辰为一、为乾元、为君主,这是在强调其天人合一的气化论。天、地、人均是一气成化,这和西方的"神"绝然不同。日月之动,非北辰动之,乃是日月自动。所谓"北辰"居其所而众星拱之,众星既非北辰所出,也非为北辰所动,天运有常,亦非"北辰"运而动之。

因此儒家讲"北辰"是太一,只是形而上的意义,就如同天地生万物,并非天地真的生下来万物,母生子,母子是一类,天地生万物,天地、万物各有其类,这种"生"也是形而上的"生",非是用逻辑表示的先后关系。

儒家以"太一"为礼之本,以北辰为天地之元始,不过,其目的不在证此"一",或说明此"一"之作用,而是需要以此确定一个原则。什么原则?就是天人交相胜,这是儒家之"社会道"的根本原则。

一切物都是自己作用的核心,天、地、人也一样,有其各自的作用。如天、地不能制定礼仪,人不能更改四季,故此,天、地、人互不相预,却又彼此互补。故,天地之道和人道是相辅相成的关系,"人道"是"损不足,奉有余","天道"是"损有余,奉不足"。在自然运行方面,天、地优于人,而在人文方面,人胜于天,这就是"天人交相胜"。

我们前文已经讨论了什么是"人文",因为"明以止",故天地能被人调和,人是以"止"而调和万物的。注意,"交相胜"之意,不是人来治理、管理之意,而是顺应天地万物相生、相胜的本性,而补充调和,"止"化生育。

因此,天人关系除了交相胜的一面,也有交相用的一面。

这样,天与人的关系既相互区别,又相互平等,还相互补充,彼即是此,此即是彼,密不可分。天地和人,在"明以止"的人文前提下,究竟成为共生共荣、不可分割的一体。

《易·乾·象辞》云:"天行健,君子以自强不息。"也就是说天是不依赖外物,自强不息的,儒家君子的品德也要像天一样,自立而立人,自达而达人。"天行"是指"天"的流动不息、行之不已之性,天之行者,是指岁月之运行。也就是"流行""不已""周流",孔子在川上,曰"逝者如斯夫,不舍昼夜",便是说天行的规则,天道的"易"理。

我们要讨论儒家，就避不开《易经》，它被儒家尊为"五经"之首。但由于《易经》是以一套符号系统来描述状态的变易，不容易被现代人理解，但它的影响涉及中国的哲学、宗教、医学、天文、数学、物理、文学、音乐、艺术、军事等各方面，故此，读者需要对此有个基础的理解，《易》的中心思想是以阴阳两种元素的对立统一，去描述和理解世间万物的变化。

"易"本有多种含义。古代的象形字中"易"字是由上边的"日"和下方的"月"组成，故第一意便是表日月往复、周流循环之恒常"不易"；其二，"易"表简易，至道无难，真理是在生活中显而易见的；其三，"易"是变易，万事、万物、万有皆是"交臂之际，新新非故"的，人、事、物、境川流不息，时刻变化。

不仅儒家，"中国禅"和《易》之间也有紧密联系。早在南北朝期间，支遁、法称、法通等法师就常用《易》来解释佛法。唐朝一行法师曾写过一本《大衍历》，用《易》的大衍之数来讲历法，华严宗的一些法师讲《华严经》，也常会用到《易》。

六祖创始"中国禅"后，祖师们用《易》来释禅也较为常见，如圭峰宗密禅师是荷泽四祖，他就曾用《易》来讲禅，他在《十重图》中讲修炼过程中的净染之象，与《易》的月体纳甲颇为相似。纳甲主要讲象数，讲修行的火候，火候有进火、退火之用。如何进火、退火呢？就如同月亮的变化，一天的十二个时辰，和一个月的朔、望是一套进火、退火的阴阳变化体系。

沩仰宗以"圆相"独步天下，用圆和缺圆，一方面显禅修之法，一方面表道之起伏，所谓"万物并作，吾以观复"，"作"是形容词，表山川大地、万物万事无不在永无止境地方生方死，方死方生，即生即死，即死即生。

"复"是"来复""往复"之意。《易》中有"复卦",又名"地雷复",上面是坤卦,表地,下面是震卦,表雷。雷是电能,是启动生命的能源,生命由此发生,"地"是生长之地、生发之所。

这种"能动"的作用,老子称为"反者,道之动","复"又名"不生",也就是禅门说的"本来面目"。发现了"本来面目"叫"明心",契合了"本来面目"叫"见性"。

此时修者的生命如同接上了源源不断的电源,点、线、面、立体、多体、显隐、明暗、本迹的变化无穷无尽,明此理、契此道者无往不利。故此,禅门的"圆相图"实将《易》的变化发挥到了极致。

有的禅师以画表禅,有的禅师则以文字显"圆相",如石头希迁禅师的《参同契》,直接以"回互"说融合了《楞严》和《易》的秘要,用纳甲炼气显参禅之法,也就是说,暗中有明,明中有暗,明暗像月之圆缺一样,循环往复。

曹洞宗洞山良价禅师,亦有《宝境三昧歌》传世,其中"重离六爻,偏正回互,叠而为三,变尽成五"十六字偈就是源于《易》的卦象,而洞山禅师的法嗣曹山本寂,更是进一步提出了"五位君臣"说。这些我们在后文中还有详细讨论。

至宋,大儒张载继承和发扬了"气化论",弘扬宇宙的本体是气的说法,天地和人都是气的聚散变化而成。天人为什么能合一?因为同源于气,所以就有合一的条件和可能,"一"就是"气"。张载说:"客感客形与无感无形,唯尽性者一之。""气"动时,就有"象",谓之"气象万千";"气"静时,没有形体,也无法感觉,这就是"太虚"。"天"所以叫"无感无形"。人和物接触产生感

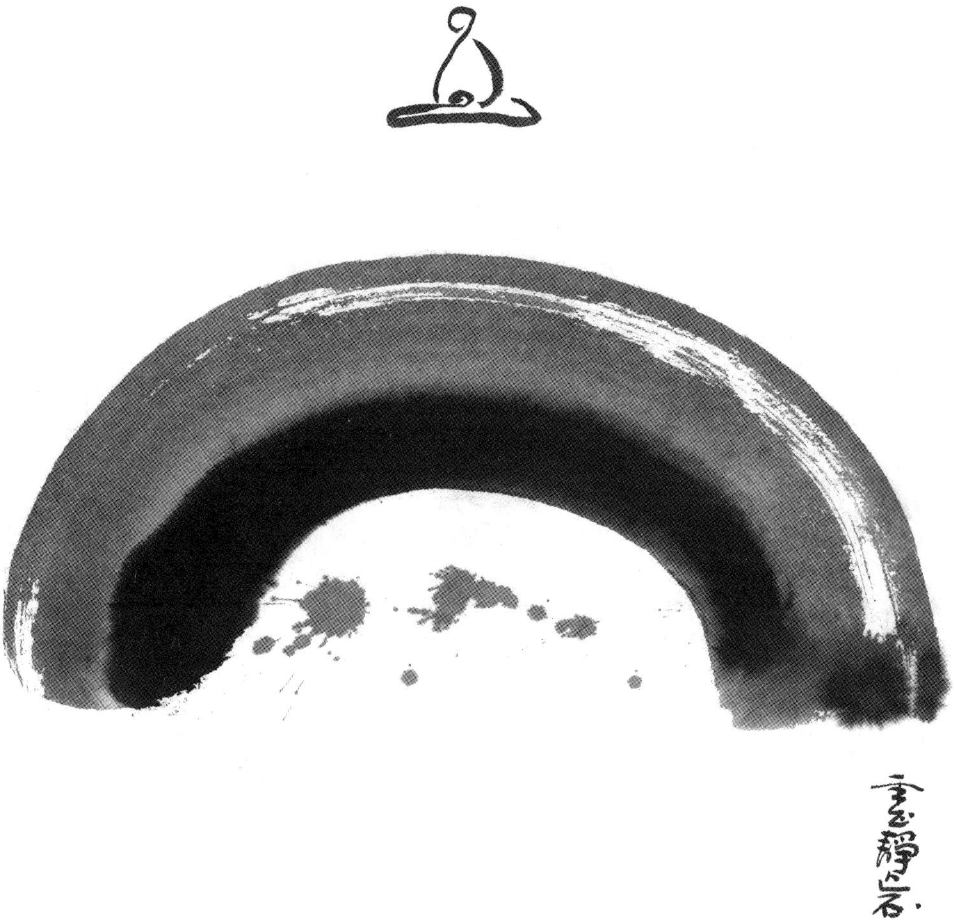

觉,物为客形,对物的感觉为客感。天是太虚,是无法感觉的,而世界万物包括人,都是气聚而成的客形,是可以感觉的。所谓"尽性者",指的是透彻事物本质的人。

《中庸》云:"能尽人之性,则能尽物之性,能尽物之性,则可以赞天地之化育。可以赞天地之化育,则可以与天地参矣。"这就是尽性。

先尽人性,人性是无感无形的,唯有"仁义"产生的浩然正气能与天地合一。人性昭昭,可知天命,率其性而为,便可尽物之性。物性是无形转有形后的产物,故人性尽后,自然可通物性,因为万事、万物虽现象有差,但事物的本性一致,这便是天下大同。

程颢说:"人与天地,一物也。"又:"天人本无二,不必言合。"可见,所谓"合一"也是假名,就像我们常说人要"身心灵合一","身心灵"本一体,有什么合不合一的?为什么没人说嘴唇、舌头、牙齿合一?本一体而分化的有形、无形之"物",在不同"态"中"形"不同,本就是"一",如水的冰、气、液三态,谈不上"合一"。

只是因为人有妄想、执著,本一体的身、心、灵人为分离了,所以当妄想执著没了,合一是自然而然的现象,不需要专门而至。故此,"天地人合一"是假名,当人具足的人道精神,回溯到本源,这个大圆相便是"合一"。

在"禅画美学"体系中,修者进入合一禅境,必须要具备三种心。

第一,天心。

孟子说的"浩然正气"便是修者的"天心",这种气为什么能"直养而无害,则塞于天地之间"呢?因为天、地、人能合一的根本就在于"气"。人之

"气"如非"浩然",则不过是狭小的呼吸之"气","天心"中产生的浩然正气,如同文天祥《正气歌》所言"天地有正气,杂然赋流形","杂"是来源于《易》,《易》认为宇宙中万物、万事、万有的关系是错综交杂的。但这不是指混乱,而是指条理严谨、层层交叠、形而下的万物、万事、万有是形而上的本体之投影,这投影之"气"便是"正气"。

《易》之卦象由两种符号组成:"—"和"--",表阳气和阴气,"天尊地卑,乾坤定矣"。由阴、阳二气的变化,形成了我们可见、可思的物理世界。气之重浊为阴,下凝为形而下的物理世界,从而形成地球中万有的不同形态;而气之轻清者属阳,伸展为天空、日月、星辰、神灵等万象。而对天地万物而言,无论阴阳,共名"正气"。对人而言,便名"浩然正气"。

具足了"浩然正气"的人,能运用人道精神来弥补天地的缺陷,辅相天地,参赞化育。往往天所赋有的特点,不是地所具备的功能,而地所赋有的特点,又不是天所具备的功能。仁义之人能运用智慧调和天地,所以人可以辅成万物。

"浩然正气"在人的生命中和在宇宙法界中一样,必是遵循二元一体的原理,分为两部分的。一部分属于是物理、生理的,另一部分是精神的、心灵的。宇宙法界中的一切有形无形生命,都能与"正气"同体,都能为"正气"所化。君子舍生取义,义所当为,生死能置之度外,"是气所磅礴,凛冽万古存",君子踽踽,天地苍苍,法界玄宗,万气本根,这就是"天心"。

第二,地心。

这属于修者的"平衡心"。所谓"平衡"不是指站立平衡,而是对外指万事、万物、万有之间的均衡，对内指生命体内地水火风、阴阳五行的内在平衡。

一切的平衡都是动态的平衡，天地之间的平衡是自然而然的，如非人为破坏、断裂，则会自然持续，生命体内亦是。

《黄帝内经》云："风善行而数变。""风"在生命中，从形而上的角度说是思想、灵感、智慧，从形而下的角度讲是情绪、念头、意识、气血。由于各个修行门派对生命理解不同，则说"风"不同。我们的躯体，道家分为上下两截气机，称阴阳；印度瑜伽又有上行气、下行气、中行气、左行气、右行气五种行气；而中国则相当为五行，阴阳家分前朱雀、后玄武、左青龙、右白虎、中央滕蛇勾陈，这些无非都是人体气机流行的五个平衡道路。

上行气向上走，是自然的，不会到下行来。假设上行气到下行来就是病，上下行之气路线轨道不同。左右阴阳四气外，奇经八脉中腰围一圈的中行气是"带脉"，这里不通的话，生理生命就不平衡。

从人体生命的角度讲，人身气机乃自然流通，如江河之水有其相应水路，每一水路各自形成一轨道。故此，一切平衡均为自然平衡，而如试将人为法刻意加入时，必然打破其本来平衡。

例如经络、气脉等，禅定功夫有所成的人自能"观"到，不必用意念去驾御气机，气机是自然流行的。只有在不知不觉间，气机自己动静功能均衡变化，不是人为所能控制的。但凡人为地想修至平衡，其实只有变得更加不平衡。

现代人爱吃保健品便是一例，可谓越吃越不健康，越吃越拆东墙补西墙,变得不平衡,这是"地心"能量的缺失。

第三,人心。

人心即是"和谐心"。禅门曰"不二皆同,无不包容",便是指"人心"的和谐作用。

和谐是大海一般,能将下游最污浊的水、不同质地的水、不同成分的水纳入怀中,这才是和谐,因其广大故能容,因其能容故伟大!

人与人也一样,人和人之间由于思想、境界的差异,可以说虽然都是"人",但其中有天地之别,因为这些差别,故而产生矛盾、误解、冲突、纠纷。这些差别是现实中不可能消除的,故此,生活中有矛盾、误解、冲突、纠纷才是"常"!所谓"性相近,习相远",人与人的习惯、习气、习性是千差万别的,也是无法统一的。因此,"不同"是社会的常态,"同"是非常态。

正因为有了"不同",社会、国家、民族、文化等方面才有各自的特色,因为不同,故更加需要包容与和谐!这才是真正的"人文"!

第四节 何为君子

上文提到，天地人本同源，既然本体一致，故从究竟意义上说，人在身心清净、具足人道精神的状态下能与天地合一，也就是"合气"。为什么多数人无法体会"合一"的状态呢？儒家认为是缺乏至诚之心。

儒家是培养人人都能成为至诚君子的学派，能按照儒学大纲，实修儒道，落实到"知行合一"的人便是生活中的君子了，"知行合一"是从"用"的角度来讲的，而"天地人合一"是从"体"的角度而言的。这与秉承"自性戒"修道，在生活中，行、住、坐、卧皆能自性起用的人，便是与"禅者"同义。从"用"的角度讲，禅者"本分事接人"；从体的角度讲，是"平常心是道"。

《中庸》开篇便说"率性之谓道"，我们也反复提到君子是率性而为的，那么究竟如何才能率性而为呢？

庄子《达生》中有一则记载，孔子带着弟子在宋国吕梁游览，看见一个大瀑布有几十丈高，流水的泡沫溅出三十里，鼋鼍鱼鳖在如此急流下也不能游动。突然，孔子发现水里有个人在顺水起伏，他以为是有人失足落水了，于是叫弟子赶快去想办法救人。谁知弟子们刚赶过去，这个人就自己从水里出来了,披着头发坐在岸边唱歌。

孔子赶上去,问道:吕梁瀑布水流那么急,可是您却能在水里游戏,请问有什么蹈水之道可以教我吗?

那人却说:我没有什么道。我在这里出生,从小就能够知道水性,顺着水势而为,所以我能与漩涡一起进入水流的中心,与涌出的水柱一起浮出水面,我顺从水的流动方向而不另设己见,顺着水性起伏而起伏,所以在水里,不知不觉就忘了水。即"善游者数能,忘水也"。

鱼儿在水里是忘水的,鸟儿在天空翱翔是忘天的,"忘"是率性而为的大秘密。能超越现实环境,超越知识和技术的束缚,习而成性,无所顾忌,自由挥洒才是"忘"。

这个人能在急流中畅游无碍,是因为他已与水浑为一体,不分彼此,水已成为生命的一部分,生命也成了水的一部分,这就是"合一"。

这个人呢,出生于此地是"本然",顺水而为是"自然",能逍遥游则是最后的自然而然,也是"必然"。庄子说:"始乎故,长乎性,成乎命。"

当然,这里的急流漩涡不仅仅指"水",社会中不断变化的环境、人事会是更大的急流。君子做事率性而为,因势利导,得益于一个"忘"字,忘了自己在激流中,忘了自己的身份,无所用心而又无不用心,专注而又忘形,畅达生命的源头,而不被身内、外的利害得失所牵制,这是"入水而忘水"的逍遥游。

许多人都认为成为一个君子似乎很难,其实不然。您从当下发愿修习,开始发愿修行,您就是君子。我们千万不要自我设限,先幻想一件事情的难度,然后分析、比较,最后给自己找个借口"知难而退"。

《论语》云:"季文子三思而后行。子闻之曰:'再,斯可矣'。"季文子认为凡事得从你、我、他以及天时、地利、人和等多角度考虑清楚成败得失,可孔子却说:"再,斯可矣。"也就是一件事如果计划太多,分析过于周全,往往就做不成了。孔子认为只要不是鲁莽为之就可以了,行动才是关键!失败也好、成功也罢都是过程,试想,孔子如果仔细分析周游列国的难度,玄奘法师如果计划西行取经的危险系数,还能成行吗?

现实生活中,许多人常在做计划,在分析各种可行性,结果呢?实施时畏首畏尾、顾虑重重,得失心重的人在儒家不算有抱负和胆识的君子。无论哪个学派的先师、大德都普遍认为,做成一件事情,最重要的首先是信念和信心!禅门叫愿力和愿心,其次便是行动力,行动力和方法有关,而初心是愿力使然。

孔、孟二圣做事是什么精神?孔子说:"知者不惑,仁者不忧,勇者不惧。"他们都是明知山有虎,偏向虎山行,是大智、大勇、大仁、大义的圣人,从理智角度分析,他们都属于不理智的人。孔子说:"可与言而不与之言,失人;不可与言而与之言,失言。知者不失人,亦不失言。"圣人们度化众生靠的是心中"知其不可为而为之"的愿力,和"不失人亦不失言"悲天悯人的情怀。

君子是不以成败论英雄的!孔、孟二圣从世俗的眼光看,都不是所谓的成功人士,孔子绝粮于陈、蔡,几乎饿死,奔走各国时被形容为"惶惶如丧家之犬",孟子呢?也好不到哪里去。

不仅儒家先师,道家也同样。庄子生前物质生活窘迫。一次,他身穿粗布补丁的衣服,脚上穿了双破鞋,去见魏王。魏王惊讶地说:先生怎能如此穷困潦倒？庄子答：我穷困，但不潦倒！

又说：没有梦想是潦倒，衣破鞋烂只是穷困，我之所以穷困，因为生不逢时啊！大王，你没见过那腾跃的猿猴吗？当它穿梭于高大的楠木、樟树上时，攀附着树枝往来上下何等逍遥？即使善射的后羿和蓬蒙再世也奈何不了它。可是，猿猴要是落在荆棘多刺的树丛中，就只能内心战栗、危行侧视，怵惧而过了。这并非它筋骨不灵活，而是在不利的环境下，难以施展技能！现在我处在昏庸乱为的时代，像是落入多刺树丛的猿猴一样无法施展啊！以前纣王将比干丞相剖心，不正是昏君不纳忠言的例证吗？

君子本应安贫乐道，"贫"是现实造成的物质问题，所以无论贫富，其心灵却因和大道契合而充实丰富，这是君子之乐。如果他也有苦闷，那是忧国忧民的苦闷，是眼见社会不公而无计可施的苦闷，这些苦闷非因自起，乃"先天下之忧而忧"，故此和凡人精神的空虚产生的"潦倒"心态是完全不同的，潦倒和贫富无关。

"知其不可为而为"的君子当然不是莽夫，不会用鲁莽的"勇气"来证明自己是英雄，他们是具足能屈能伸智慧的，能屈能伸才有足够的自由度，如韩信能受胯下之辱。孔、孟二圣为了劝说君王实行仁政，又曾受过多少辱呢？他们为天下苍生所受的辱，是潦倒吗？当时并不"成功"的孔、孟，成功得令两千年后的学人还在学习他们的思想、尊敬他们的行为、不忘他们的教诲、朗读他们的经典，这如果不算成功，还有什么比这个更成功的人和事吗？

曾子说："自天子以至于庶人，壹是皆以修身为本。"要想成为一名君子，就要从"自修身"开始。如果不修身，是不可能有意志力坚持到底的，缺乏意志力,一切言行都是口号。什么是意志力？就是"择善固执"的能力,身处乱世而不为所乱的能力,不为境转、不为事迷、不为利熏、不为难怯、不惧暴行、不畏人言的能力,是泰山崩于顶而坦然自若的淡然和从容。但如果缺乏平时的积极磨砺,那么这一切就只是名词解释。不具备意志力的人,也不可能得到别人真正的尊重。

能保持坚强意志力的人必须心地光明,如何能心地光明？就是平时能不被名、利、财、权、色等各种欲望所牵制,内心坦荡荡无所牵挂,半夜不怕鬼敲门。人一旦被物质上的欲望牵制,那么百炼成刚也会变成绕指柔,再难具足正气。

孟子说:"浩然之气,至大至刚。行有不慊于心,则馁矣。"又说:"自反而不缩,虽褐宽博,吾不惴焉;自反而缩,虽千万人,吾往矣。"也就是说,君子如果意识到自己犯了错误,那么就算对方是比自己地位低下的老百姓,也会日夜寝食难安,要想办法补救。而如果是利益苍生的事,即使危及自己的生命,无论事情多难,也义无反顾,勇往直前。这是君子的胸怀、气魄、境界、品格、德行,而这个大堤一旦被欲望的洪水冲出一个漏洞,那么由刚强变薄弱则是一瞬间的事情,而由薄弱返刚强则势比登天。意志一旦做了欲望的奴隶,这便万劫沉沦,永无恢复精神自由的余地。

意志之大堤一旦塌陷,这个人就瞬间变成懦夫,再也谈不上人格、品德、正义、勇气、大心、智慧,即便一肚子学问,也和君子没什么关系。为什么凡人会普遍尊敬有"意志力"的君子呢？因为自己做不到,都知道这是极难的。

一个内心深藏恐惧的人,遇困难是脆弱的,要么逃避责任,要么依附权

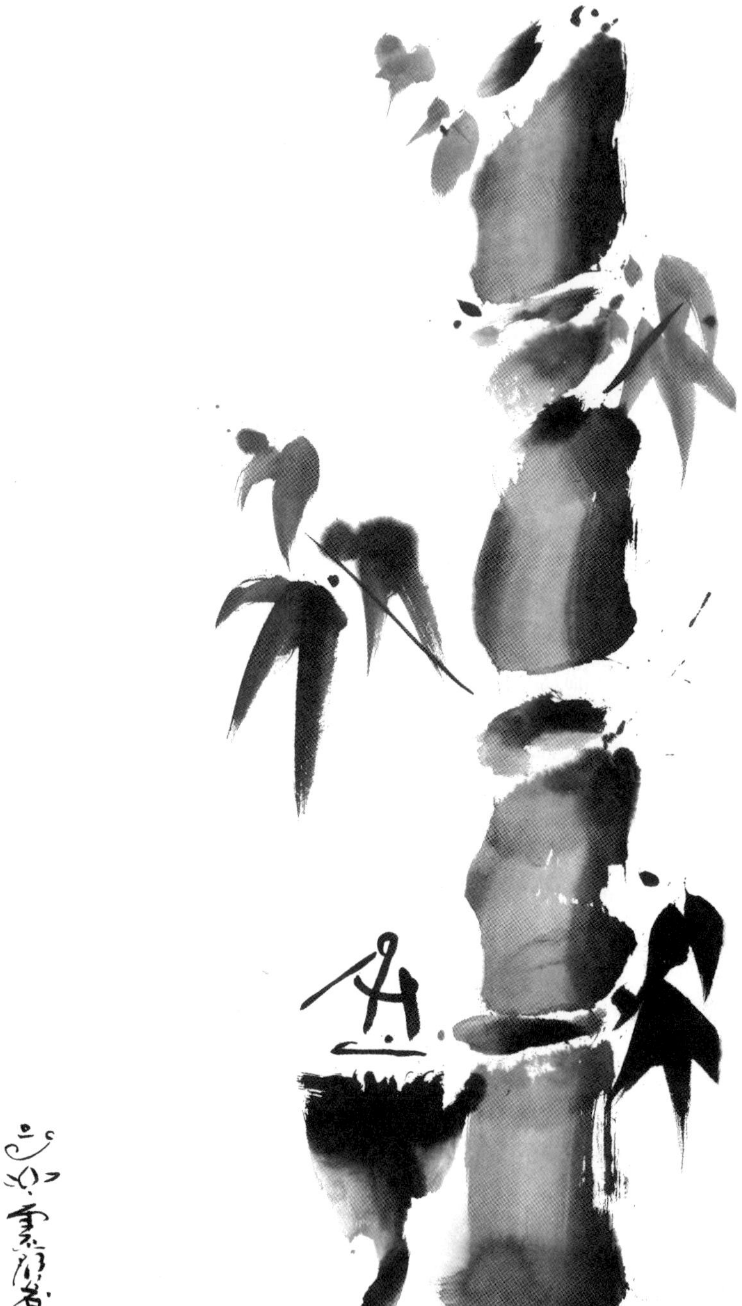

贵,失去了自由的精神、独立的思想、坚强的意志,这个人就只能处在自我的牢笼中自慰了。

有恐惧是因为怕死,意志力薄弱是因为自己做不起自己的主,如果自己都无法带动自己,请问还有什么着急的事您可以做?能够做?必须做?

《中庸》曰:"和而不流,强哉矫;中立而不倚,强哉矫。国有道,不变塞焉,强哉矫;国无道,至死不变,强哉矫。"不做到如此,能叫君子吗?

读者不要误以为君子是成天板起面孔,之乎者也,成天说教的或者成天提着剑除暴安良的,那是脸谱化的君子。子夏形容孔子曰"望之俨然,即之也温",这是何等的亲切和威严啊!颜回说老师"仰之弥高",看起来像山一样巍峨,又说"循循然善诱人",和蔼可亲得很。孟子也是这个样子,亲切而又幽默,这些都是平常人。

孟子在《离娄下》里为齐宣王、梁惠王等王侯们讲了个故事,婉转表达了我孟轲绝不会为了讨君王的喜欢而出卖自己的尊严,他要做个不随俗沉浮的君子。他说:齐国某君,与一妻一妾共同生活,他每天从外面回来时,都喝得醉醺醺的,肚子也撑得溜圆,每天还能包些酒肉回来给妻妾享用。太太觉得奇怪,就问,你为什么可以有这么多好东西吃?此君就说他豪门朋友多,今天将军请,明天司徒请,反正天天都是达官贵人请他吃饭。太太听了动了疑心,悄悄对姨太太说:他有什么本事能让贵人们天天请他吃饭?不但自己吃饱喝足,还能带东西回来给我们?贵人们既然和他这么亲近,为什么从来就没有一人上过咱们家的门?明天,我暗地跟着他看看。

于是,第二天,太太便跟在丈夫后面,悄悄看丈夫去哪里。跟踪了半天,走了许多地方,发现根本没人跟他打招呼。最后,发现他到了东门外的坟场去了。他在那里看见人家上坟,就把人家祭过死人预备丢掉的鸡鸭鱼肉等祭品,施礼向人讨来,包好放在袋中。如果一个坟地讨得还不够,就到别的坟上去讨。

太太看到真相后,悲从中来,回家告诉姨太太说:我们想不到嫁了一个这样的人!他居然当叫花子向人乞讨祭奠死人的东西来养活我们。当叫花子也可以,可他还骗人,以后这些带回来的东西,我们该怎么办?于是两个女人抱头痛哭。正哭着,此君大摇大摆回了家,神气活现地说:你们看今天某大人又给了我这么多好吃的。

故事说到这里戛然而止,孟子的结语是:"由君子观之,则人之所以求富贵利达者,其妻妾不羞也而不相泣者,几希矣!"

为什么汉朝开始孟子一脉式微呢?我们可以看到孟子损伪君子算是损到家了,表面风光,神气活现,可实际是到"墓"中去乞讨鬼吃剩的食物回来炫耀,这个"墓地"指的是这个死气沉沉的社会,这个顽固保守的封建制度,故此,孟子说自己"我惭车迹有王侯"。读者们可以想象齐宣王、梁惠王等王侯听他讲这种故事时候的表情吗?

《中庸》曰:"修道之谓教。""教"是修道的方法,"教"的根本在于"师","师"不应是清高古板的人,阳春白雪不离下里巴人。王侯将相是社会的引领者,师者可先转化他们,再由他们再引领风气转化。

王侯也是人,没有固定不变的心和形象,君子不能自我设限,某某阶级就一定是恶人。

不过,万事开头难,君子刚开始时,从个人角度讲,由于修行不够,光有一腔热血,但念力弱、功力浅、意志薄;从大众角度讲,对外界事物、外界变化的定力不够,容易被外界影响;从认识角度讲,自己识见不深,所言往往不及重点,啰嗦重复,不自信,并难入他人心,故此能感化的人少;从境界角度讲,人的自觉能力有限,往往会本末倒置,不理解应以何为本,故此,感觉做什么都很难。但只要不改初心,具足正见,坚持不懈,必然会越来越专注,意志越来越坚定,最后每个人会找出自己"教"的方法,成为一名"师"者而无往不利。

《庄子·达生》中讲道:一次孔子到楚国去,在一座树林中看见一个驼背老人用竹竿粘蝉,伸手必中。孔子十分惊异地问:您粘蝉技术如此高明,有什么奥秘吗?老人答:我练此技数年了,刚开始半年,我练到能够在竿头摞两粒弹丸而不掉落,这时捕蝉的失误就已经很少了。其后,能在竿头摞三粒弹丸而不掉落,捕蝉的失误仅有十分之一。当在竿头摞五粒弹丸而不掉落时,捕蝉如同囊中取物,百发百中。即使这样,我每次捕蝉时仍然全神贯注,将身躯安定如树木般不动,而手臂亦如枯枝般也不动。这时虽天地之大,万物之多,但我却只知道"蝉翼"之所在,不因任何事物而干扰我的专注,这样的心,怎么会捕不到蝉呢?孔子听后,转身对弟子曰:"用志不分,乃凝于神,其佝偻丈人之谓乎!"这就是制心一处、无事不办。

对于真正的君子,《中庸》用了《诗经》来结尾。先说"德輶如毛","輶"是"轻",是说君子的"德",要像羽毛一样轻盈,凡接触者几乎都从这个人身上感觉不到压力。不是板起脸孔天天教训人,摆出一副有修养、有德行的样子,其实是"无德"。君子有德,是不费力气,不给任何人压力的。

那是不是这样就行了?《中庸》继续说:"毛犹有伦",也就是君子的德行像羽毛一样轻还不够,因为还有羽毛在,还有一个图样形状！光会凝神和专注也是不够的,真君子,要再进一步,到"上天之载,无声无臭"的地步！行事如上天的运行,广大高明却毫无声息,毫无痕迹,不求功德,不贪名声,到此境界,才算是君子至境,才算"至矣"!《中庸》到此结尾,留下了诸多未尽意,令人掩卷慨叹,回味无穷！

可见,君子要达到圣贤的境界,儒家是给出了层次进展的步骤,就好像佛门中渐修的次第有三十七道品,菩萨果位有初地、二地到十地,还有等觉、妙觉及声闻、缘觉等许多阶位,只不过儒家没那么详细。从一个凡夫到"无声无臭",是通过"至诚"之心一步步修道而成的。

注意,《中庸》君子的"至矣"是"无声无臭",这四个字中有两个"无"！"声""臭"是借代修辞,但"无"是无借代的,"无"即君子的超越,是高明中庸。

儒、释、道三家殊途同归,归到高明中庸境界,便是大道。大道是相通的！不能圆融的学人,无论参学什么,往往同途殊归,越学越偏激、狭隘。

凡超越是同样的超越,不会有不同的超越存在。

禅者颂

道场

龙潭虎穴是吾床,
犬齿狼牙淡梳妆。
仰天长啸来去如,
滚滚红尘是道场。

延伸阅读：

虚云和尚年谱之：初七圆满日（正月十五日）开示

恭喜诸位，七天功德，今日圆满。证悟过来了的，照规矩应该升堂。如朝中考试，今天正是揭榜的一天，应该要庆贺。但是常住很慈悲，明天继续打七，使我们可以加功进步。诸位老参师傅都知道，这种因缘殊胜，不会空过光阴。各位初发心的人，要知人身难得，生死事大，我们得了一人身；更要知道佛法难闻，善知识不易值遇。今天诸位亲到宝山，要借此良机努力用功，不要空手而归。

宗门下一法，我已讲过，是世尊拈花示众，一代一代的从根本上传流下来的。所以阿难尊者，虽是佛的弟弟，又随侍佛出家，而他在世尊前未能大彻大悟。待佛灭后，诸大师兄弟不准他参加集会。迦叶尊者曰："你未得世尊心印，请倒却门前刹竿著。"阿难当下大悟。迦叶尊者乃将如来心印付之吗，是为西天第二祖，历代相承。至马鸣龙树尊者后，天台北齐老人，观其中观论,发明心地,而有天台宗。这时宗门下特别大兴。后来天台衰落,至韶国师由高丽翻译归来,再行兴起。达摩祖师是西天二十八祖,传来东土,是为第一祖。自此传至五祖,大开心灯。六祖下开悟四十三人,再由思师让祖至马祖,出善知识八十三人,正法大兴,国王大臣莫不尊敬。是以如来说法虽多,尤以宗下独胜,如念佛一法,亦由马鸣龙树之所赞扬。自远公之后,永明寿禅师为莲宗六祖,以后多由宗门下的人所弘扬。密宗一法,经一行禅师发扬之后传入日本,我国即无相继之人。慈恩宗是玄奘法师兴起,不久亦绝,独以宗门下源远流长,天神归依,龙虎归降。

八仙会上的吕洞宾,别号纯阳,京川人。唐末三举不第,无心归家,偶于长安酒肆遇钟离权,授以延命之术。洞宾依法修行,后来乃飞腾自在,云游天下。一日至庐山海会寺,在钟楼壁上书四句偈云:"一日清闲自在身,六神和合报平安。丹田有宝休问道,对境无心莫问禅。"未几道经黄龙山,睹紫云成盖,疑有异人,乃入谒。值黄龙系鼓升座,吕遂随众入堂听法。黄龙曰:"今日有人窃法。老僧不说。"洞宾出而礼拜。问曰:"请问和尚,如何是一粒粟中藏世界、半升铛内煮山川。"黄龙骂曰:"这守尸鬼。"洞宾曰:"争奈囊中自有长生不死药。"黄龙曰:"饶经八万劫,未免落空亡。"洞宾忘了对境无心莫问禅的功夫,大发嗔心,飞剑斩黄龙。黄龙以手一指,其剑落地,不能取得。洞宾礼拜悔过,请问佛法。黄龙曰:"半升铛内煮山川,即不问。如何是一粒粟中藏世界。"洞宾于言下顿契玄旨,乃述偈忏曰:"弃却瓢囊系碎琴,从今不恋汞中金。自从一见黄龙后,始觉当年错用心。"此是仙人皈依三宝,求入伽蓝为护法的一例。

道教在洞宾之手亦大兴起来,为北五祖。紫阳真人又是阅祖英集而明心地的南五祖。故此道教亦是为佛教宗门所续启。

孔子之道传至孟子失传,直至宋朝周濂溪先生从宗门发明心地。程子张子朱子等皆从事佛法,故宗门有助儒道一切之机。

现在很多人把宗门这一法轻视,甚至加以毁谤,这真是造无间业。你我今天有此良缘,遇期胜因,要生大欢喜,发大誓愿,人人做到龙天皈依,使正法永昌,切莫视为儿戏,好好精进用功。

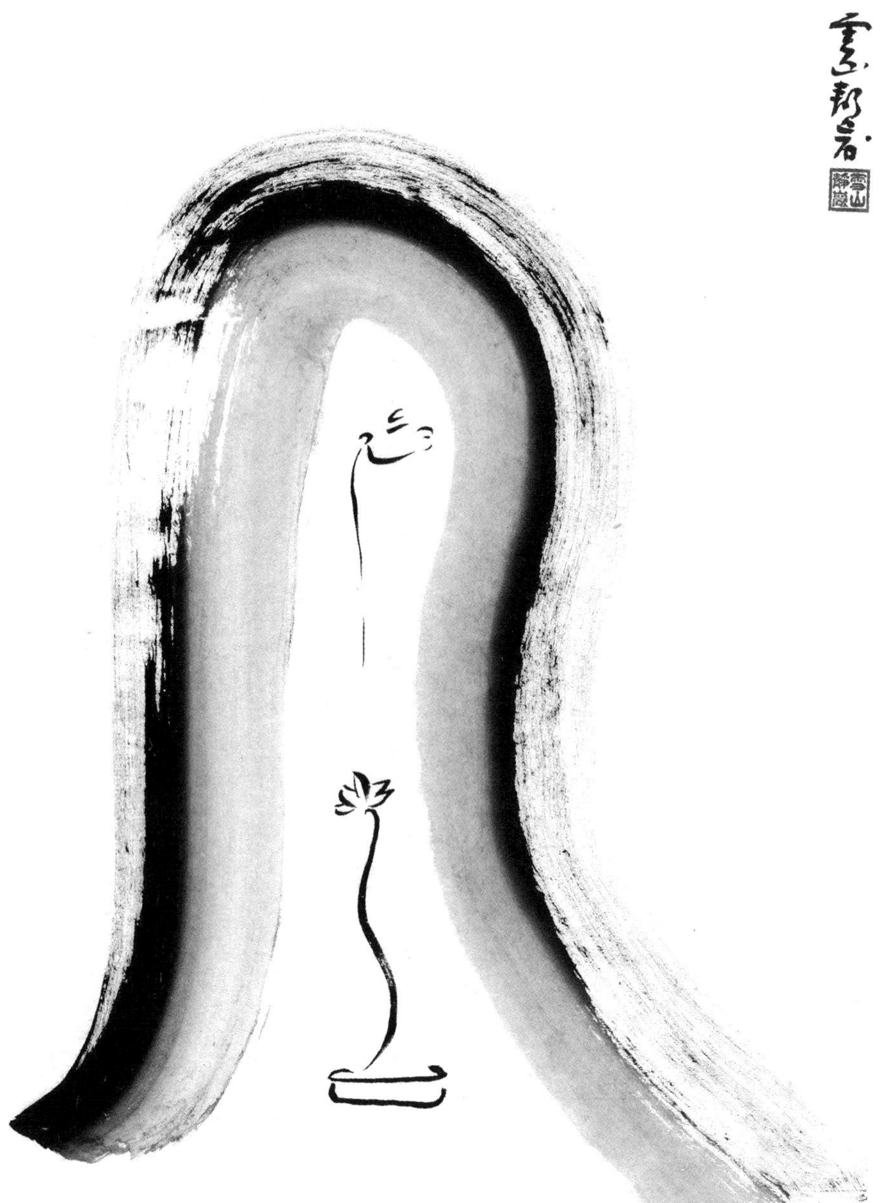

第二章 天地万物致中和

第一节 中和之道

《吕氏春秋》中对孔子的记载不多,其中有两则记录很有代表性。

春秋时代,鲁国曾订下这样一条法规:凡鲁国人到其他国家去,如果看到有鲁国人沦为奴隶,可以自己先垫钱把奴隶赎回,待回国后可以凭着收据去官府领取补偿金。鲁国国库会支付赎金。此令出来后,大大推动了鲁国人在各国救赎奴隶的行动。

子贡是孔门的经商高手,时常在各国行走,于是就常会碰到鲁国流落在外的奴隶。法令颁布后,子贡掏钱赎出了一些奴隶。不过,子贡觉得自己应该比别人做得高尚一些,于是他把那些救赎奴隶的"发票"全部撕毁了,自己承担所有的费用,不给国家增加负担。子贡也没声张这个善行,可是那些奴隶回国后,把情况讲给大众听,于是民间一片赞扬声,认为子贡仗义疏财,人品高尚,一时间,街头巷尾都在谈论这件事。

孔子知道了这件事后却特别生气,不仅没表扬子贡,还对周围弟子说,如果子贡回来,不许他进来见我!果然,等子贡兴冲冲地回到师门,被拦在门外时,大惑不解,感到很憋屈,不知自己究竟做错了什么惹老师生气。于是他硬闯进房间，孔子见他进来，便毫不留情地对他严厉批评，责怪他犯了一个有违大道的错误，只为自己的小义而致使善法失效。

子贡为什么看上去明明是在行善，却被老师痛斥？孔子说，由于你不去官府报销赎金而被人们称赞，人人都说你品格高尚，那么以后其他人在国外看到鲁国奴隶，就会对是否垫钱把他赎出来产生犹豫。因为垫钱把他赎出来再去官府报销，会被人们说成不仗义、不高尚。而如果不去官府报销，自己就会损失，这个损失谁来补？于是，人们自然就会觉得多一事不如少一事，只好假装没看见算了，这就是人性！也就是说，你的这种高尚善行妨碍了奴隶被解救回来的结果，因为你，这个法令以后也会失效，以后再也没人会去救赎奴隶了，你自己当了英雄，却害了许多人。子贡听后大惭，由于自己缺乏智慧，欲行善，却没想到实际在作恶。

做"对"的事，不是自己主观认为的"高尚""善良""好"，也不是社会上客观评判的"高尚""善良""好"，真正的"对""善"，在于最后引发的结果和行善的初心是否吻合。

还有一个故事。

有一人掉进水里，他的亲人在岸上呼喊：凡能救人的就送一头牛以作报酬。子路正好路过，听到呼喊后，马上跳下水去救起那个人，并高兴地接受了一头牛作为报酬。子路高高兴兴牵着牛回来见老师后，师兄弟们都觉得子路贪小利：救人是君子本分，义不容辞的事，岂能拿人家报酬？可孔子却意外地表扬了子路。

孔子说：你为大家做了一个榜样，今后再有人遇险，就会有人奋不顾身去救人,并心安理得地得到回报。这会使社会上形成一种风气,大家愿意去救人,就会有许多人因此得救。权利与义务是对等的,既然行善,就没有必要故作清高,获得相应的回报何愧之有?

《吕氏春秋》记载的这两则经历就是儒门"时为大"的应用智慧,以俗眼观之,子贡人格高尚,不受金为优,子路贪图小利,受牛为劣。然而孔子知人知事,不论现行而论流弊,不论一时而论久远,不论一身而论天下。如果贪图善名,其流行发生之果足以害人,则似善而实害。又子路现行虽图小利,而其流行发生足以济人,则其小利实众生之利。

《论语》记录,子贡问师:"何如斯可谓之士矣?"子曰:"行己有耻,使于四方,不辱君命,可谓上矣。"曰:"敢问其次。"曰:"宗族称孝焉,乡党称弟焉。"曰:"敢问其次。"曰:"言必信,行必果,硁硁然小人哉!抑亦可以为次矣。"

子贡问:怎样的人才可以称得上是君子士人?孔子回答:做事有羞耻之心,出使外国能很好地完成国君的使命,就可以称得上"士"了。子贡再问:次一等的"士"是怎样的?孔子答:宗族称赞他孝顺父母,乡亲们称赞他尊敬兄长。子贡继续问道:再次一等的如何?孔子答:说话一定守信,做事一定要有结果,这是浅薄固执的小人啊!或许也勉强算是再次一等的"士"吧!

我们现代人对儒家的误读由来已久,许多人把"言必信,行必果"当作人生信条,根本不知道孔子用"硁硁然小人哉"来说这种人属于不问是非、又拗又犟、固执己见的小人。可见,做到"言必信,行必果"不但不会被孔子称赞,反而受到如此的否定。我们体会儒家智慧,一定要理解孔子的不迂腐、不固执、深明事理!这才是名副其实的时之圣人!

孟子再一次补充曰："大人者，言不必信，行不必果，惟义所在。"孟子说通达的人说话不一定句句守信，做事不一定非有结果，但必须发乎真心、合乎道义。道义才是君子的大信！而所谓"言必信，行必果"则是小信，有智慧的君子是遵循道义，而深明"信"之通权达变的，不会拘泥固执于"信"而不知权变，能不惜背上骂名，行事"惟义所在"的，才是真正的君子、大人！

前文我们集中提到《中庸》通过开篇的三提句，论述了"中庸"核心思想。通常认为，儒家以君子率天命为体，是儒家天地人合一的世界观；以率性为道，是君子立足入世、济世的人生观；以修道之教为用，唯用教的方式弘扬儒学，而使得人人皆能为君子，行中庸之事，君子"不以物喜，不以己悲"，超然物外，是儒家的价值观。

但对这些话的理解一定不能局限在理论上，否则例如子贡的救赎行为，也是率性而为的善行，但实际上对社会风气产生了什么样的潜移默化作用呢？这绝对是他始料未及的。

有些人解读《中庸》开篇三提句时，会用体、性、用来解释，这么解释也对，但应加以进一步认识。毕竟，体、性、用之说源自西方哲学，儒家传统修养中，"中"是用来描述性之体的状态，如我们常用方圆来描述天地的状态一样，但这并不代表天地就是方圆，形状和形体本身有别，因此，仅仅用体、性、用之说来理解三提句不够全面。"中"和"性"之间是不能完全画等号的。

"中庸"本是动态的智慧，不能固执为一种学术理论。现代人受西方科学影响，很难理解古人的灵活智慧，我们在讲述"中庸"时，学人首先要能不断清楚"照见"头脑中的"成见"，要深刻认识眼见不为实，耳听也是虚，记忆本是幻,唯有空其心,方能脱开理论,契入真正的"中庸"大道。

《吕氏春秋》和《孔子家语》都曾记录过这样一件事,孔子于陈、蔡绝粮时,七天没饭吃。一日中午,颜回总算讨来了一点米,于是他生火煮饭。但当孔子出门时,居然看见一个人煮饭的颜回偷偷用手在锅中抓饭吃。要知道颜回是孔子最疼爱的学生,在孔子心中他的人品是排在第一位的!怎么能在大家都饥饿的情况下,独自偷吃呢?孔子大惊之下,只好装作没看见,闷闷地独自回到了房间。

过了一会,颜回进来请孔子吃饭,孔子假装若有所思地说:我刚才梦到祖先来找我,我想把干净还没人吃过的米饭,先拿来祭祖吧!颜回顿时慌张起来,说:不可以,这锅饭我已先吃了一口,无法祭祖了。

孔子问:啊?你为什么先吃一口?

颜回涨红脸,嗫嗫地说:刚才煮饭时,不小心掉了染灰在锅里,染了灰的几粒饭丢了太可惜,我就抓起来吃了。

孔子听后恍然大悟,对自己先前的不信任而深深愧疚。于是他召集众弟子说这件事,抱歉地自责道:我平常最信任颜回,但遇到事情仍会只相信自己的眼睛,不相信自己的心,故而产生怀疑,可见内心是最难确定和稳定的,我们的心多么脆弱啊!大家一定要以我为教训,我们想真正了解一个人,就不能被眼、耳迷惑啊!

注意,孔子这里说的产生怀疑的"心",实际上指的是"大脑意识",最善变、不稳定的便是人的大脑意识,故,禅门说"思量即不中用"。知人难,相知相惜更难。能在关键时不疑,靠的绝对不能是大脑意识,而是一颗真心。平时我们修身养性便是在修炼这颗"心",通过内心的修炼,化解和消除我们大脑意识中的分别心。否则平时不修炼,则一遇事情,就被事情转,听到谣言,看到什么所谓真相,就会产生疑心。其实,一切真相往往只是真相的千万分之一,没有经过严格训练的心,会被外境戏耍,轻易分别和产生主动、被动的误判,一旦产生判断,又会执著在自己的判断里固执己见,反复找各种证明来证实自己的判断正确,从而必然引起各种烦恼。

大多数的人习惯轻易下评语,如果伴随着利益冲突,就更容易被自己或他人误导。又有几人,能如孔子一般,当下运用智慧消除疑心呢?因为我们已被所谓的"亲眼所见""亲耳所闻"所禁锢,导致各种误解。可悲的是,许多人到死都在执著,想证明自己是对的。孔子之所以被称为"圣之时者",并非他从不犯错,而在于他能及时反观自己,从中汲取教训,及时脱开眼、耳、鼻、舌、身、意的误导,脱开自己的定义和判断,不受情绪控制,不顾什么面子,敢于公开反省自责,这才是拥有"中庸"智慧的大人和君子!

《中庸》曰:"喜、怒、哀、乐之未发,谓之中。发而皆中节,谓之和。中也者,天下之大本也。和也者,天下之达道也。"这段话虽字数不多,但不太容易理解。什么是"未发"?即没有形成判别意识前的本来面目,而一旦形成了喜怒哀乐的情绪,能否"中节"是关键。我们展开一下讨论。

这段话可分三组来理解:一为"未发""发";二为"中""和";三为"大本""达道"。

儒家自中唐开始,尤其是宋明理学,关于"喜怒哀乐""未发"和"发"的关系、性质的争论持续了几百年。朱子一派认为:"未发是性,已发为情。"但我

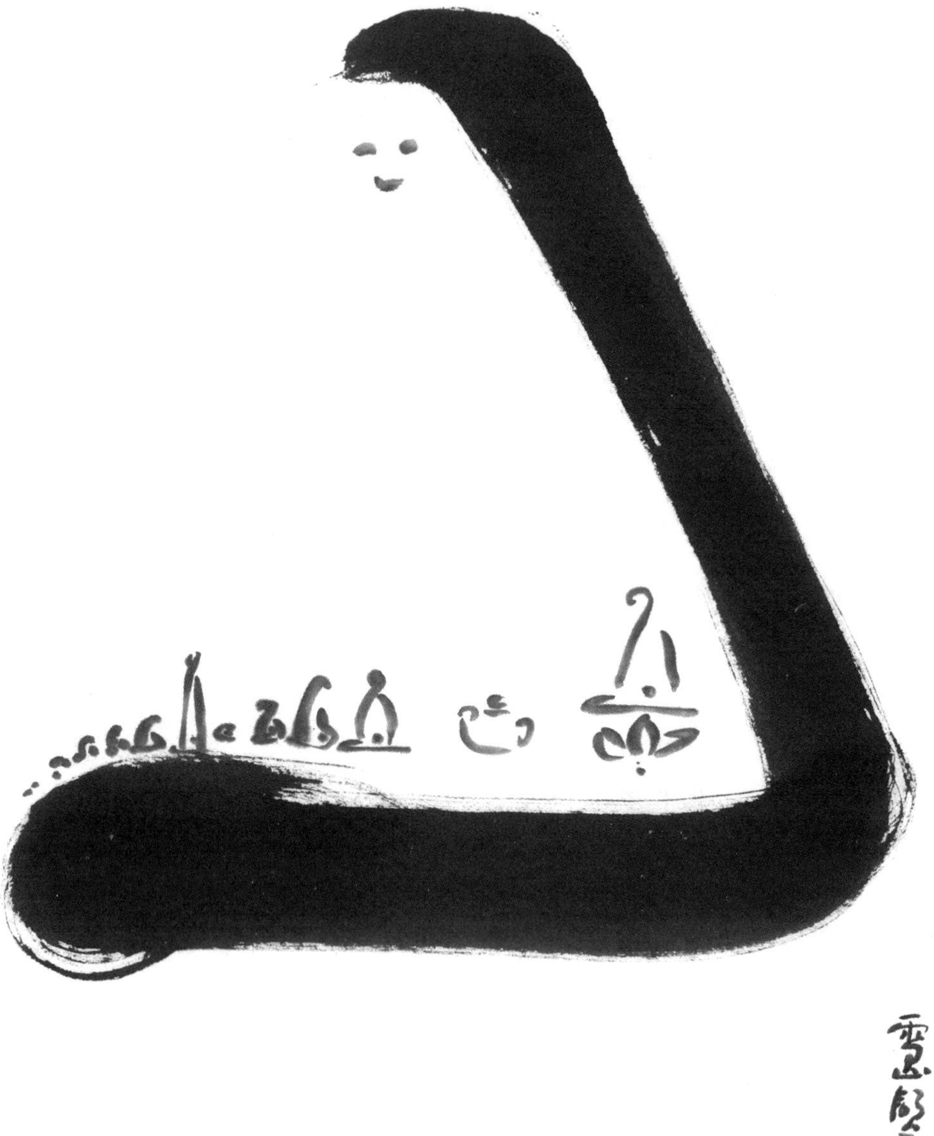

们如果认真参究一下《中庸》,"未发""已发"其实都蕴含了"情"。性、情是不可二分的,"性"中本具"情","情"中蕴含"性",如果割裂二者,则非正道。

什么是"中"?"喜、怒、哀、乐之未发"是"中",也就是说喜、怒、哀、乐是"中"的必要因素,这些既属于"性"也包含"情"。

所谓"人",必是有情的生命体,如果无情,就不算是"活"人。

是"人",喜、怒、哀、乐就一样不会少,只是在"未发"时叫"中","发"后,能和"中"保持相等的"皆中节"状态,叫"和"。注意"中节"的"中"读四声,是个动词。而"未发"之"中"读一声,是个名词。

"中"是"情"的源头,可以说"未发"与"发",是"性"和"情"的转化点。未发时为"中","发"了就变成另一些状态。

另一些什么状态呢?曰:"发而皆中节,谓之和。"

也就是唯有"皆中节"才叫"和"。从个人角度讲,"和"是生命体身、心、灵和谐,大脑意识和五脏六腑和谐、气血通畅、组织细胞和情绪意识都能处在动态平衡的稳定状态;从社会角度讲是与"万物并育而不相害"相关联的"道并行而不相悖"状态,由"万物并育而不相害"引申出"道并行而不相悖",这是不同的人生理想、文化取向、价值观念,这些个人的、阶层的差异能被社会无不包容,这是儒家"社会道"的思想核心。

谈到这里,问题来了,既然发而皆中节才谓之和,那么"发"后肯定就不止"皆中节"一个状态,或者说"皆中节"是非常态,正常情况下,情"发"后应该几乎都是"皆不中节"和"不皆中节"的常态。也就是说"和"的状态是极其稀有的,"不和"状态才是正常的,为什么会"不和"?对外可以说因为"私欲",对内可以说因为"私意","情"有"私",必然难以"中节"。

"中节"是恰好,能在恰好的时间,把握恰好的度,君子能所行不温不火、不急不缓,以致水火相济、盐梅相成,这源于无求、无欲的公心。而私心一起,则不是欲火难耐、五阴炽盛而用力过猛,即"太过";就是关心则乱、投鼠忌器而火候不到,即"不及"。

"太过"和"不及",或者用力方向不对,全因愚痴障目,不解人、事、物、境、语、言、文、字等实相,不解变中之不变、不变中之变的规律,如此,自然"皆不中节"。

"过"与"不及"虽然都不是"和",但孔子批"过"远远大于批"不及"。

《论语》中,孔子屡屡批"过",而"不及"之害,显然不如"过"患。如:"子贡问曰:师与商也孰贤乎?子曰:师也过,商也不及。曰:然则师愈与?子曰:过犹不及也。"

这是子贡在问:子张和子夏两位,谁更贤能?孔子答:子张常过分,子夏常不及。子贡接着问:那是不是子张比子夏更强?孔子说:过之害犹甚于不及。

为什么孔子会认为"过"患更甚呢?因为唯有才高意广、自以为是的聪明人才会做事过分,也就是,自以为聪明的人方会"过",愚者,常不及。

子夏属于谨小慎微、心胸狭隘的人,故做事常不及。有位学生在理解这个问题时,说:这是不是就像煮饭?"不及"时还可以再添火,但如果过头了就糊了,不能吃了。

是的,不及犹可补,过便毁之。

有读者问,咦？前文提到孔子编著《春秋》,不是弟子子夏起到了重要作用吗？怎么子夏居然是谨小慎微、智慧不够的人呢？是的,孔子作《春秋》本来就是为了引导人们提高对人文的理解,恢复礼乐诗书的教化功能。他编著《春秋》时,除了文字记录外,还一边编著一边给身边的弟子讲解内涵,子夏是其中受益者之一。

因为弟子们每人境界不同,故此理解能力不同,后世传授渠道也不同。至汉,讲述《春秋》大义的共有四家,分别是《公羊传》《谷梁传》《邹氏传》和《夹氏传》。

《公羊传》是由子夏的弟子公羊高传出,由他的后人公羊寿与胡母生著于竹帛上。从那时起,《公羊传》才从口口相传的模式,变成了有正式文字记录。

《谷梁传》是由子夏的弟子谷梁赤传出,到西汉时才有文字记录。

《夹氏传》和《邹氏传》现在已经失传了。

子夏一脉,传承了《谷梁传》和《公羊传》两部关于《春秋》的论述,这两本书不同于其他《春秋》类书籍,可以说是一定掌握了孔子微言大义的精要。比如同样对《春秋》第一章的解读,《公羊传》详细介绍了"元年春,王正月"和该章为什么没有记载鲁隐公即位的原因。

一般情况下,所谓"元年"是指国君即位的第一年,但为什么《春秋》只写了"元年",而不写清楚是鲁隐公即位元年呢？《公羊传》详细记录了从礼法的角度讲,鲁隐公为什么不应该即位和鲁隐公自己不得不即位的原因。"春"指季节。"王"指周文王,而"王"之所以放在正月的前面,是因为正月是王的正月,整个天下是周的天下。

由于《春秋》的文字极其简略,有了《公羊传》的补充,阐发出孔门的价值导向和各种礼法要义,使得后世对春秋的微言大义和特殊笔法得以进一步理解。可以说《公羊传》与《谷梁传》中,能对《春秋》章句进行详细解读,这是子夏的功劳。

不过此二书的解读又有许多不同。例如,我们从宋襄公"泓水之战"中可以略观一二。

鲁僖公二十二年(公元前638年),宋国和楚国在泓水打了一仗,史称"泓水之战"。这一事件,《春秋》记载如下:"冬十有一月己巳朔,宋公及楚人战于泓,宋师败绩。"只有寥寥数语,后人自然不知其详,其实整个事件是这样的:

宋襄公跟卫国、藤国、许国一起攻打郑国。

楚国是郑国的盟国,为了救援郑国,楚王便出兵攻打宋国,后来兵法上常用此"围魏救赵"法。

看到楚国出兵,宋国的大司马主张停止攻打郑国,与楚国讲和,不要跟楚国对敌,但是宋襄公不听。

这一年的十一月初一,宋军与楚军在泓水相遇,准备决战。宋军已经先于楚军排好了阵势,楚军匆忙后到,正准备渡泓水。

宋大司马对宋襄公说:敌众我寡,半渡而击正是我们的好机会,大王,我们进攻吧!

宋襄公却说:君子不攻击受伤的人,不擒拿长白发的人,不依靠有利地形占别人的便宜。我虽然是亡国（宋是殷商后裔）之后，却不能没有道义，怎么能向还没有摆好阵势的敌人进攻呢？

此时，子鱼说他：大王，您不懂得战争，敌强我弱时，敌人因为河流阻挡还没有排好阵势，这是上天在助我们。击鼓进攻有什么错？我们杀敌取胜让人们懂得什么是耻辱，教会人们作战、保卫国家才是目的。现在正在渡河的全是敌人，如果因为他们没准备好而不进攻，还不如开始就不攻击，如果打仗时还顾忌花白头发的人不能杀，我们干脆投降算了。

宋襄公依然不听劝告，结果可想而知。

《公羊传》对宋襄公的评价是："故君子大其不鼓不成列，临大事不忘大礼，有君而无臣。以为虽文王之战，亦不过此也。"也就是说周文王如果在世，遇到这种情况也会这样处理，宋襄公做的是君子之事，虽败犹荣。

宋襄公在泓水之战中受了伤，在第二年五月，因伤而死。而宋襄公死，按照惯例，《春秋》应该有他殡葬的记载，但《春秋》没提此事。

而《谷梁传》对此的评价则是："兹父（宋襄公的名字）之不葬（意为宋襄公死不书葬），何也？失民也。其失民何也？以其不教民战，则是弃其师也。为人君而弃其师，其民孰以为君哉！"也就是说：作为国君，不懂得国君的职责是什么，他死了活该！宋襄公的这种所谓"君子"之风，便是不合"中庸"之道的"过"患，一个国君为了个人名节而忘记了自己的责任，这就是失职！国君的责任首先是保卫国家，让自己的人民不受侵犯。

故此，喜《公羊传》的人，基本属于慷慨激昂的正人君子，力主大义凛然。而爱《谷梁传》的人，则基本偏向脚踏实地，重视仁德。《公羊传》和《谷梁传》代表了后世儒生在仁义、礼乐、政事、人文等方面的不同见解。

"过"患之害,在于有时能说起来很动听,看起来很积极、很进取、很激情,听起来很有"正"能量……例如现代公司里什么做大做强的"大思维""大构想""大蓝图""大手笔""大文章",再例如"宁左勿右""矫枉必须过正"等思想,都属于"过"患。

孔子之所以极度批评"过"患,是因为只有"过"才真正意味着"极端",也就是说"过"才叫"极端",而"不及"只是不及。"极端"意识和行为是产生社会矛盾、不稳定的源头。

现代社会,西方文明以刺激为主导,刺激消费,增加购买力,这种方式最容易激发人的极端意识和行为,最后,什么都"过"了。过度物质消费、过度暴饮暴食、过度娱乐沉迷、过度往来走动、过度工作劳累、过度开发建设、过度形式主义、过度精神紧张……我们常见的浮夸、浮躁也都属于"过"患,盖楼要世界最高的,建广场要世界最大的,买东西非名牌不要,请客吃饭要摆满一桌,这些虚荣浮夸、好大喜功、穷奢极欲的恶风皆属"过"患,可惜我们历经劫难而不知悔改,这都是"过胜不及"的意识在作怪。

要深度理解"过"和"不及",我们就必须回到生活中,"过""不及"两面既可以从生活实际意义方面理解,也可以从生活价值取向方面理解。前者不涉及社会道德问题,后者则不然。

例如,您一个人时,是否睡觉、吃饭,或者和恋人亲热,这属于您的隐私,而一旦和众人一起生活时,这些个人隐私就转成了公众问题,涉及了社会性。这个时候如果自己难以把握"过"和"不及"的度,就会妨碍他人。对他人造成影响时，就不存在什么个人隐私问题，一切都会成为公众问题。

孔子忧虑社会失序而礼崩乐坏，凡"过犹不及"或"过无不及"的行为，都不属于"中庸"。孔子的忧虑意识中包含了其更深层对生命的关怀。社会秩序是否稳定、风气是否极端、生活是否美满这些因素和每个家庭、每个人息息相关，唯有和谐稳定的社会环境才能令人心灵平和，人人乐善好施，国家稳健安泰。

儒家为民心是否畅适顺达，人能否成为一个身心健全、有胆有识的"人"，开出的药方是保持中和之道，以"中庸"抑制人性中欲望的过度膨胀，人的成长便在于是否能及时发现自我局限。人类的一切发现和成长，皆来自观察者自身视野的变化，视野是人对外的格局，格局是人对内的视野。

"中节"是理想的"和"之境界，虽然稀有，但任何事情不能一概而论。可能一人、一事、一物的各种变化状态中，偶尔为之、误打误撞也会达到部分"中节"，但这些不可持续的，或者说无关大局的"中节"，从整体上来看，属于未能全得。故部分中节者，称为"不皆中节"。

也就是说，"和"本应是一种始终如一的境界，偶尔的"中节"、在一时一事上的"中节"，都称不上是"和"。

"皆不中节"和"不皆中节"都不是"和"，都是走偏了，这两种情况是社会不稳定、不和谐的根源。凡人、事若能达到恰到好处的程度，自他之间便不产生冲突，并不受内、外界不必要的压制和束缚。态度行为、处理方式既无太过亦无不及，这才是"和谐"。

如果人各方面生理、心理的要求，社会的、个人的、公众的、物质的、精神

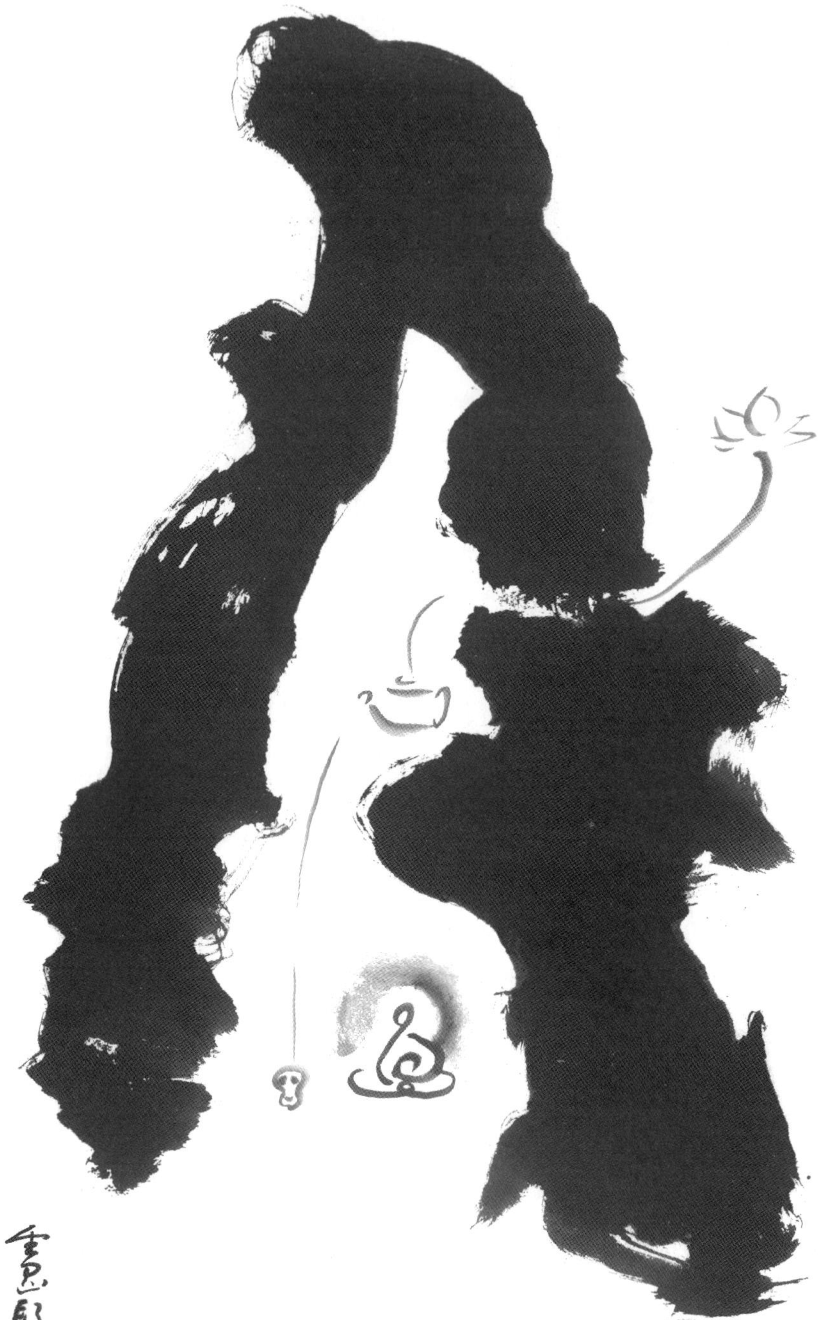

的各种欲望,都能保持恰好的"中节"状态,互相之间能调和所缺,这种状态谓之"和",这种社会即"和谐社会"。我们"禅画美学"首先强调的是"成人之美""美人所美""美美与共""和和美美",这是"禅画美学"中"人美不二"的"和"之美。

人的各种欲望也只有保持在无过不及的"中和"状态时,才能保持健全的身体与人格,才谈得上幸福人生、智慧人生。也唯有多数人的精神、身体是健全的,社会才能保持一直稳定发展的趋势和生长繁荣。这时,对于人来说是丰富多彩的人生境界,对于社会来说,便是理想的大同世界。儒家"社会道"修养便旨在达到这样的内、外"中和"境界。

"和"是君子能将各种个人、社会的不同欲望,调和在无过不及的"中庸"状态。儒家的社会观念中,个人欲望的中不中节或过无不及、过与不及状态,均与社会道德上的善恶相应:中节为"善",皆不中节或不皆中节便为"不善"。

《论语·子罕》云:"子绝四:毋意,毋必,毋固,毋我。""毋意"是不随意猜测;"毋必"是不主观武断;"毋固"是不拘泥固执;"毋我"是不自以为是。颜回是孔子最喜爱的弟子,孔门虽弟子三千,而以德行著称的只有三人,颜回排第一,其余两位是闵子骞和冉伯牛,颜回被后世称为"复圣"。但为什么颜回却无所建树呢?可以说颜回"毋我"这一点达到了"中庸",而"克己复礼"却"克"得太过,因此失去了灵活性、时变性、独立性,以致没有达于"中和"之境。"苗而不秀,秀而不实",自克太过以致于英年早逝,留下千古遗憾。

从个人角度讲,人生的各种现实欲望,本是自然而然的事情,是很难界定中节、皆不中节或不皆中节的。道德只能是对自己而言,不能成为对他人的评价标准,否则会变成以"道德之名行不道德之事"。

人欲就其本身,从个人角度看,皆是无所谓善或不善、道德或不道德的。食、色是人的本能,从个人角度讲,食、色有善、不善之分吗?无食的人会饿死,人若无色哪有后代?"克"得太过,便如道学夫子一般,视欲望为洪水猛兽,男女授受不亲,极度压抑人性,过分克制了本属正常的性情,这便失去"中庸"本意。儒学本来发乎自然的学风,后世变得越来越僵化、保守、迂腐、小气。

道德本有两个层面,一是个体生命的层面,肯定个人的本能以及对合理利益的追求,但必须遵守社会公共规则,不可妨碍他人。另一个是在灵性层面,人要有精神追求,在这个高度上能看淡一切利益,发挥人性之真善美。故此,道德的规范本有两个作用,其一是用合理正当的手段追求利益,其二是超脱利益。儒家相对强调社会稳定性层面的道德规范,而在个体生命灵性方面,则需要更加灵活,方有生命力。

通常对于善或不善的评价,只能针对社会性而言,即个人的欲望和行为有没有对他人形成伤害和妨碍,对他人形成伤害和妨碍了,便是"不善"。如果连夫妇闺房之乐、丧夫改嫁、守孝尽孝也绑缚上"道德"外衣,动辄以"轻贱""不守妇道""不孝子"等污水泼身,这些强加于人的"道德"就是人性的监狱,这就和孔孟之本意背道而驰了。

一切的"不善",都是对他人产生的伤害和妨碍,这也分两种:一种是可见的、可分别的,这种还好纠正;而另一种则是隐藏的,不容易分别的,后一种,往往由于无知而造成。在亲人方面,往往是以爱之名,过度"爱""护""关心""管教""包办""纵容",己所欲强加于人,过分的关心和爱护同属"过"患;而在社会方面,则表现出伪善的行为,己所不欲强施于人,明明自己做不到,却对他人评头论足,家长里短,搬弄是非。

有的人言孝顺,买了诸多保健品,用大吃大喝"孝顺"父母,父母一生病就用最好的进口药,随时显示其孝心,这种行为常常是害老人短命;有人则溺爱子女,胡吃海喝地一通乱喂,养成个小胖子、小霸王、小无赖。再或者父母一味和别人孩子比学习成绩,不尊重子女的个人爱好,不懂得智慧引导生命发展的方向和规律,这叫拔苗助长……而此等"不善",皆由"爱"生,由"无知"生,"过"患之害,害人匪浅啊!

孩子有孩子的天性,平时顺应天性任其自在欢腾,保持其独立成长性又有何妨?为何偏要其学这学那,不输在起跑线上?碌碌疲于陷落在各种无用知识上就能培养出一个灵性聪慧的好孩子吗?学这些无非是为了满足父母自己的虚荣心!好对外炫耀自己的孩子在哪个名牌大学学习,去了哪家大公司工作,赚了多少钱……真正的"爱"是如何强健其体魄,文明其精神,顺应其天性,善导其学习,转化其习性,好孩子能独立自主,遇难时方寸不乱,遇事时毫无做作,内心纤尘不染,气质风骨峭拔,行为落落大方。这些能力和年龄无关,父母的责任便是培养孩子人生的健康、智慧,而非把孩子培养成自己对外炫耀的谈资。

自古英雄出少年。一次,孔子在游历的时候,碰见三个小孩,有两个正在嬉闹玩耍,另一个孩子却站在旁边。孔子觉得奇怪,就问站着的孩子为什么不和他们一起玩。小孩答:激烈的打闹能害人性命,拉拉扯扯也会伤人身体,再退一步说,撕破了衣服对谁都没好处。所以我不愿和他们玩,这有什么奇怪的呢?

过了一会,这小孩用泥土堆成一座城堡,自己坐在里面不出来,也不准备给孔子的车队让路。孔子又问:你坐在里面,为什么不避让车子?

小孩答:我只听说车要绕城走,没听说过城会自己避车子!

孔子听后非常惊讶,觉得这么小的孩子,竟会如此说话,实在是了不起,于是赞叹说:你小小年纪,懂得的事理真不少呀!

小孩却答:我听人说,鱼生下来就会游泳,马生下来就可跟着母马行走,这些是自然的事,有什么大小可言呢?

孔子由衷道:我现在才知道少年人实在了不起呀!

我们现代人总以为孩子没有思想,年纪还小。许多年轻人在父母老母鸡般的关心照顾下,变成了一朵温室里的花,在家横行霸道,出门却胆小怕事,毫无主见。故此,修习儒家的人道精神,成为一个真正的"人",是从培养孩子独立思想开始的。

"中节"既可以从社会的道德性方面来说,也可以从生命内、外利害性方面来说,但无论从哪方面说,"中节"都是仅仅针对某种事情、某种情形来说的。而社会、环境中的事情千头万绪、千变万化,不同时代、不同社会中人们之欲望会随着当时、当世的情形变化而变化。所以,不同情形下的"中节"在另一种情形下可能就不是"中节",一个时代社会中的"中节"在另一个时代社会可能就不是"中节",这就是"中节"的变化性、多面性、繁杂性,人需要有应时、应机、应用的智慧,通晓"中节"之"动"性。

孔子说"智者乐水",以"水"寓"动"和"变",也就是说,儒家用"动"寓智,中庸难得,时中难成,智者是知时、知变之外"智"。

《论语》记录,有一次子路问老师:我听到什么有意义的事情应该马上行动吗?孔子说:有父亲和兄长在世,怎么能听到什么就马上行动呢?

过了几天,冉求问:我如果听到什么有意义的事情应该马上行动吗?孔子说:是,听到什么就应该立即付诸行动。

一直在孔子身边的公西华感到大惑不解,问老师:为什么同样的问题,您给子路和冉求的回答完全不同呢?

孔子说:冉求平时做事缩手缩脚,所以我鼓励他勇进;而子路平时好勇,所以我让他慎重。

这就是孔子因人而异的"乐水"智慧,但同时,他又说"仁者乐山",即在同一种情况下、同一种境界下、同一个社会中、同一个体系内,"中节"有其固定性、唯一性的一面,有不变之定理。

孔子曾跟师襄学琴,一天,师襄教给他一首曲子,让他自己练习,孔子足足练了十来天,仍然没有停下来的意思。师襄忍不住了,说:你可以换个曲子练练了。孔子答:我虽然已熟悉了曲调,但还没有摸到它的规律。

过了一段时间,师襄又说:你已摸到规律了,可以换个曲子练了。不料孔子答:我还没有领悟到它的内涵。如此又过了一段时间,师襄发现孔子神情庄重,四体通泰,好似变了一个样子。这次不待师襄发问,孔子就先说:我已经体会到此曲的内涵了,它的作者一定是黑黝黝的,且个子高高,目光深远,似有王者气概,此人非周文王莫属也。

师襄听罢,大吃一惊,此曲名叫《文王操》,而他事先从未对孔子讲过。"山"是静守而专一的,仁者的品格便如山一般,深邃久远,守一不移。

有变化的"中节"属于"时中",是相对的。而不变的"中节"属于"执中",是绝对的。

"中庸",首先讲"时中",谓世事纷杂,君子需先觉察时变,洞悉人心,明白时务,这是君子立足于世的洞察力,顺时乘势,于乱世中安身立命,进而闻达天下,行事无过不及,故此,初涉"中庸"的君子重在"明势"。

其次,君子须进入"无适无莫""义之与比"的第二层境界,这是"执中执一"。"无适无莫"是从否定的角度讲,即君子须不执著于人欲、利益、名誉、虚荣、爱憎、私心:"适"通"敌","无适"就是没有对立面,不憎恨,不怨天尤人,也作"专注"讲;"莫"通"慕","无莫"就是不羡慕,不攀比、不嫉妒,也作"无所牵制"说。故,"无适无莫"可理解为禅门的"无心而行";"义之与比"则是禅门的"随缘起用"。这是从君子内在心态讲的。

"义之与比"则是从肯定的角度而言,即君子须如山一般行事,全神贯注、守一不移于内在的仁义。这是从君子内在原则、内在根据,即外在行为准则角度讲的。

前文提到,"中庸"既然是灵活变化的、过犹不及的、不偏不倚的,可这些很难把握,必须有能落实到日常生活的标准,这标准是什么呢?便是"礼"!"礼"是君子是否秉承"中庸"的外在评判依据。

为什么是"礼"呢?齐国晏婴云:"人之所以贵于禽兽者,以有礼也。"

"礼"是人道的特别表达，动物便不知"礼"。

"礼"有什么特性呢？首先是"礼以时大"，有时变、空变的特点。会根据时代、区域、信仰、位置变化而变化，能否应时而合礼，是君子是否"中庸"的外在标准。

儒家认为"礼"的来源是"天"，儒家用"礼"作为君主治国的工具，用以判断是非，洞察明微，敬事天地，考校制度，确立名位。因此"礼"是合乎理性的行为准则，用丧、祭、射、御、冠、婚等礼仪，代表"天道"和"人道"的伦常，使得社会有序平稳。而人类最古老的"礼"是从饮食开始的。儒门又名"礼教"，就是要用"礼"调和七情六欲，人的本能之情，便是"人情"。何为"人义"呢？父要慈、子要孝、兄要友爱、弟要敬兄、夫要义、妻要贤、长者要体恤下情、年幼者要顺从、皇帝要仁政、臣子要忠诚，这十种叫做"人义"。此外，彼此有诚信，和谐共存，这是"人利"。故此，儒家以"礼"制"法"，以达到这些目标。以"礼"敬"天"，以"仁"应"天"；以"法"制于"地"，以"义"合"地"。合礼法便是时正，乃顺天命，"礼法"能体现天地之序。故能否顺应各时、各地之序，是君子"中庸"之道的日常体现。

"过"与"不及"都属于无礼，"过"与"不及"产生卑微和倨傲，能不卑不亢、谦下直上才是君子"中庸"。

"礼"是君子不断学习、领悟的和社会互动的过程，而非结果。在学习认知"礼"的过程中，君子不断成就以"礼"为中心的动态平衡，这是"中庸"日常修习下手之处。儒家的"社会道"，便是社会上人人举止得体，守礼有节，这就是秩序井然的美好生活了。

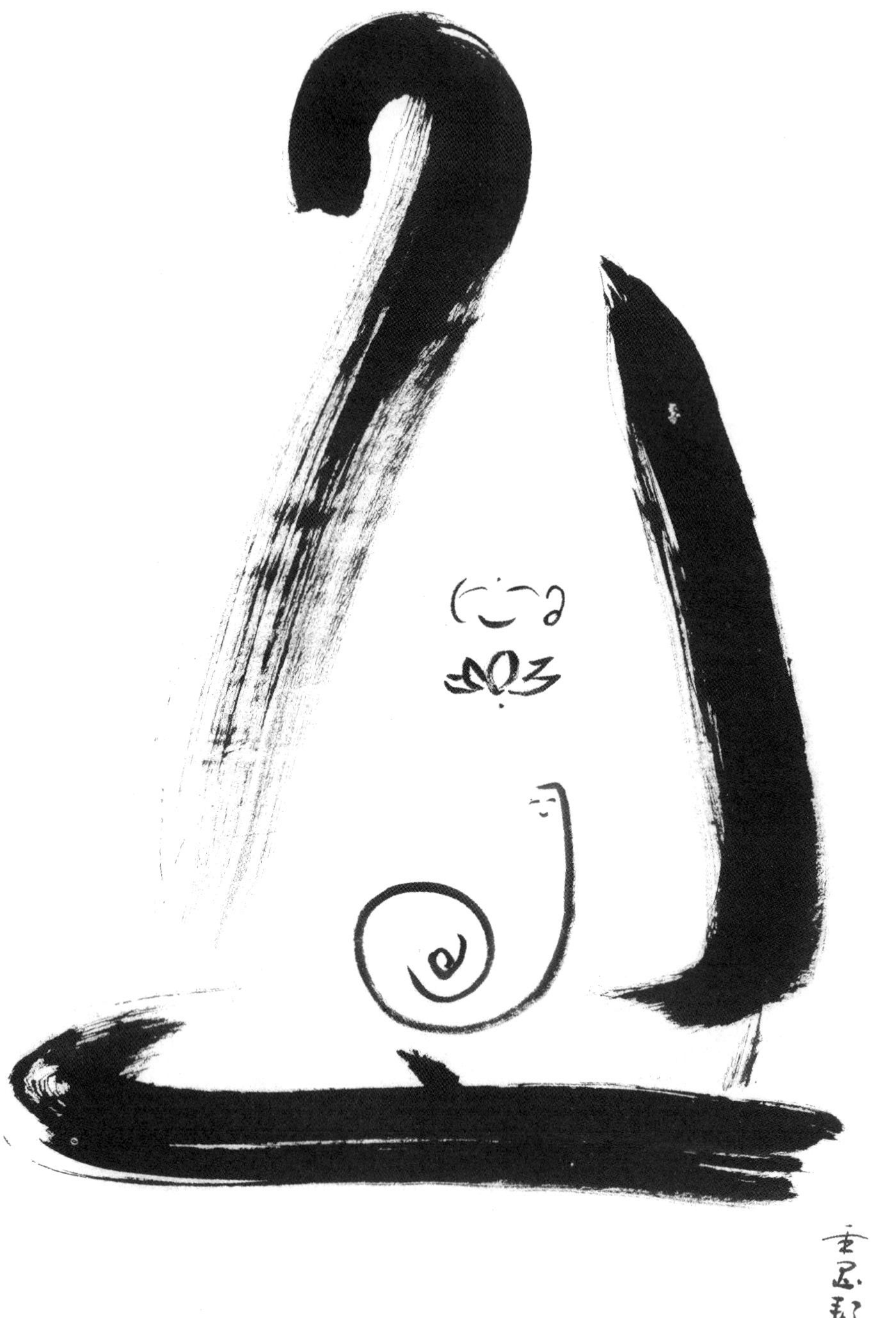

《礼记·檀弓上》记载:"子夏既除丧而见,予之琴,和之不和,弹之而不成声。作而曰:'哀未忘也。先王制礼,而弗敢过也。'子张既除丧而见,予之琴,和之而和,弹之而成声,作而曰:'先王制礼不敢不至焉。'"

这是说在某个除丧期,孔子给了子张和子夏每人一张琴,请他们两位制乐抒情。子张哀情已过,可以弹出声来,但孔子说他"先王制礼,不敢不至焉"。而子夏心中痛未竭,弹琴无调,孔子说他"先王制礼,而弗敢过也"。故此,子张是哀不足而礼有余,琴声中缺乏真情,而子夏是礼不足而哀有余,琴不成声,两位弟子都没有达到"中庸",都没有发出"美声""和声"。故,君子生活中合乎礼节,是儒家检验过与不及行为的判断标准。

不过,"礼"只是"中庸"的外在依据,不是"中庸"的终极根源,"中庸"内在的终极根源是"仁"。"仁"是君子"中庸"的内在原则,即"执中"所"执"的对象。"礼"只是君子外在的行为标准和修养象征,"中庸"更深层的内涵,体现在"仁"上。

"仁"有个特性,便是当下君子只要时刻内省,就可以用直觉觉知"仁",故,君子只要当下求"仁",便可得"仁"。这一点,和禅门从"当下一念"入手的修法有相似之处。由于"仁"完全是内在的、对己的,可以自己把握,可以反求诸己的,故,子曰:"为仁由己。"《中庸》曰:"射有似乎君子,失诸正鹄,反求诸其身。"君子学习射术时,如果射时失正,岂可迁怒于弓箭和外境?必反身自省,在自己身上找问题的根源才是正道,此谓"不达怒"。又《论语》曰:"举一隅不以三隅反,则不复也。"此可达于"不贰过"。

儒家之学,必是内依仁、外游艺、表于礼、重性情、忠恕同之学,而非别有所学。宋儒由于不彰君子内仁外义而专尊"礼""伦""德",儒学由此开了固化之端,故此,虽然宋儒在儒学理论和据德方面有大贡献,但终还是与孔、孟之说有大差距。

儒家先师中,荀子的贡献不可小觑的。荀子从小就非常聪明,十岁已有神童美誉。长大后曾北游燕国,可惜没被燕王赏识。五十岁时,齐襄王招纳贤士,许多学者都前往齐国"稷下学社"讲学,加上齐国以藏书丰富闻名,所以荀子也被吸引前往齐国。在齐国待了几年,荀子很受齐王尊敬,被封为"列大夫"。因为他年纪大,学问好,因此他在五十三岁到七八十岁,三次主持"稷下学社",并被推选为"祭酒"。这就引起有些人的嫉妒了,于是有人四处说荀子的坏话。

齐王听信谗言后,渐渐和荀子疏远。荀子决定离开齐国。这时,他已是八十一岁的老翁了,不知往哪儿去,心情沉重万分。闻听楚国春申君公子歇爱好贤士,就决定到楚国去投靠。春申君仰慕荀子大才,尊请他担任"兰陵令"。没想到,有门客向春申君进谗言,说荀子不利于楚,三番几次后,春申君虽再三犹豫,最终还是辞退了荀子。

之后,荀子去秦国,拜见秦昭王,而此时秦昭王正和范雎定下了"远交近攻"的策略,对荀子的理论没有足够的兴趣,荀子只好又转去赵国,被赵王拜为上卿。

春申君赶走荀子后很后悔,派人到赵国三请四请,再三赔不是,荀子拗不过,又回到了楚国当兰陵令。在楚国时他写了三十二篇文章,就是著名的《荀子》。公元前238年,春申君被李园杀害,荀子也已经九十八岁了,他便辞官归隐。

荀子认为：一个人眼睛贪图美色，耳朵喜欢好听的音乐，舌头爱吃美味。好色、爱吃、贪玩、好逸恶劳，这都是人的天性，所以才有七情六欲。这些天赋自然的本能如果顺其发展，必然会引起人欲膨胀，社会上争夺暴虐，这个世界便成为自私恐怖的世界了。

孔子讲"仁"，孟子讲"义"，而荀子更加重"礼"。

荀子的"礼"和孔子的"礼"有区别。孔子认为，礼的本质是一种仁义的存在，"礼"中包含仁义之意。而荀子则主张"礼"需要"法"来严格约束和管理。孔子主张"礼"与"仁"是表里的关系，要规范人的行为规范和道德观念，需要仁义。而荀子的"礼"有明显的变化，在如何对"礼"进行约束和规范上，荀子更倾向于用"法"。他主张"礼"必起于"法"，礼需制，制需度，度需法，由于人性本恶，而礼、法是社会的公共法则，每个人都必须通过后天教育遵守礼仪，遵守法制，不能任其自由发展和选择。在他担任兰陵令时，李斯、韩非子皆拜在门下学习，后来这两个学生把荀子学说转变成了法家。

造成孔子与荀子在礼上所持观点不同的原因，主要是二者所处的时代背景和思维方式不同。在"礼"论的形成过程中，孔子是基于国家需施"仁政"的前提，而荀子则虽以儒家思想为中心，同时又兼容了道家思想的精髓，将"礼"视为基本纲领、"法"作为基本准绳，主张礼法并用。

儒家之法，本是"时、变"之法，就如孟子讲"性本善"、荀子讲"性本恶"，其实这两位先师说的是一回事，皆是从"喜怒哀乐"已发后的事、相而言。"皆不中节"和"不皆中节"会引起善、恶的现象，这和禅门从本性的角度讲"不思善、不思恶"并无冲突。"不思善、不思恶"是"喜怒哀乐"未发之"中"。不过虽然大家讲述的角度不同,结果却是一致的,即需要通过加强教育,使得人心向善,或者转化恶习。

喜怒哀乐之"已发""未发"是"中"与"和"的分界点,"发"是"体"之"中"与"和"之"用"的"机"。

假"中"为体,虽然未发,但由于"中"没有固定形状、形态、形体,故属于既变又不变,是多又是一,既绝对又相对,可以说千变万化,又可以说是永远相同的。

而"和"虽是喜怒哀乐已发的状态,但由于其"皆中节",故能和体"中"保持相等的一体两面关系,注意,这并不是相应的、从属的、先后的关系。

什么是相等的一体两面关系呢？也就是既然有个"中",就必然有个"和"与之"对应",这里说的是"对应"而非"相应",不过这种"对应"也是逻辑关系上而言的,即凡事必有阴阳两面同时存在,同时存在并不等于说一定会同时显现。

情发之后,"皆中节"的状态才叫"和",其他状态是"不和","不和"就有善、恶、不善不恶等现象出现。但这些现象不代表最终不能"和",此时的"不和"不代表未来不"和"。

"和"既有千篇一律的不变"和",同时也有"苟日新、日日新"之随时变易"和"与"中"对应。

"中""和"的这种既变又不变的特征给人们带来各种理解上的困惑,君子如何判断其行为是不是符合"中和"之道？现代人要理解"中""和",似乎只有动用现代人所擅长的各种科学、理性、能分析的方法论来论证,但是,对于没有固定形态、形状、形式的"中""和"来说,用科学的、理性的、能分析的方法论论证是徒劳的,这些方法论虽有调和、统治、分析、传播等功用,也可以起到指导、节制、理解等帮助,但能于世相纷纭中真正发现、起用千变万化之"中和之道",除了自己实证实修别无他法。

"中"与"和"不是方法论,不是知识,是儒家修道法门。所谓"修",即如世人修理物件一般,使不足者得以补足,使有余处去之,使勿太过而折,使人至于中道,复其本来面目。然而,世人多迷惑,如梦中游戏,能觉醒者甚少,一切修门本皆以唤醒梦中人为目的,使其归于正道,故禅门祖师传法,即使听者只有一人,也会全情投入,因为,能有一人觉醒,这是天大的事情!凡有需求时,祖师们从不缺席。

求学问是一点点的积累,愈加愈多,而"修"则是做减法,理解后便要马上起行,活学活用,因为光道理上知道等于不知道,或者说不如不知道,关键就在能否"知行合一"。

"庸"是平常事、平常人、平常心,于"庸"处说"中",便是平凡而不流于凡俗。而于"中"处说"和",是子思深谙"致曲"之妙。"和"者,如胶和彩,如盐和水,参而不杂,离而不分,以可辨而不可辨,可得意而不可见。如春发万物,虽纤芥苟芒却毫末无不充盈,若有一草一木未能充足,则枯槁而不遂至生。

老子曰"冲气以为和",是说"和"如人体周身血气,乃至微细毛端,无不冲足而充盈。如若生命体血气不充,不蒙泽被必发脱毛枯,死气沉沉。这就是"庸"处的日常见闻工夫,能尽人之性,而尽物之性。尽性之极已然得"中和"之道。此时虽日用如常,然语默动静、行住坐卧、折旋俯仰、扬眉瞬目,全体能契于"和"境。即于喜怒哀乐处,也是全体游于喜怒哀乐间,如水中盐味,色里胶清,委屈周匝,无一丝一毫不入微、不精致。此即孔子云"二三子,以我为隐乎?吾无隐乎尔。吾无行而不与二三子者,是丘也"。

无声而不可闻曰"微",映声而声不能杂曰"精"。我们可见闻性之"象",而不可见闻物之"本"。然全体精微之性、德,浑然显现在日常声色中,真心真诚又何难见闻呢?圣人至"中和"之境时,遇物应机无不能感物、境之心,故而得心应手,感而遂通,至诚如神。

能感心者,则能量、气场均向其所在处流动,正如天地生物,一阳动而三阳变,六阳足而万物化。故曰:唯天下至诚为能化,这就是"致中和"。

君子"中庸"便天地位焉,万物育焉。不过懂了"中和"的道理不等于能"致中和"。普通人的道理只为别人准备,能率性而返情者为君子,率情而返性者为小人,君子戒慎恐惧,小人肆欲横行,无所忌惮。"中庸"难至而君子必至,所谓得之为圣,失之为凡。

儒门的"过"与"不及"之说相当于佛法中的"开、遮法",一般情况下,凡修佛法的修者都需要遵守戒律、戒条,然而,对于修行已经有一定成就的禅者来说,如何运用"开、遮法"便是儒门所说的"中庸"智慧了。初修者,自己不懂如何起用佛法智慧,故,一切都需要依靠佛经,经典中清晰规定了修者必须遵守哪些被定义的戒律和戒条,但千年前的规定全部适用于今天吗?故此,佛法中如何自觉、合宜地发挥戒律和戒条的作用,其中最圆满的便是"开遮不二"智慧。

"开遮不二"智慧在"中国禅"中名"无相戒",是禅者日用生活中"平常心是道"的随缘自在境界显现。佛法的修行,离不开"戒定慧"三学,通常,"戒"是入门,"定"是过程,"慧"是目标。虽然三者有先后关系,但达到一定的修行境界后,修者能将此三学变成三位一体的互补状态,并无先后,如三足鼎立,缺一不可。

佛经中的文字是静态的、不变的,然而现代修者生活的环境是立体的,立体的环境、空间、人事、社会是不断发展变化的,这是外因。

而内因,则是修者本身修行的境界、胸怀、气量、觉性在不断发展变化。

内、外因皆在不停变化中时,如果修者被千百年前完全不变的戒律、戒条所固定捆绑,这就违背了佛法灵活生动的本意。同样的行为、语言,在昨天是对的,今天就未必对,而越敏感、精微的人、事,上一秒是对的,下一秒可能就不对。

所以禅门祖师强调对戒律、戒条要有应用的智慧,这就是"开、遮法"。此法的特点便在于遇到需要决定之事、境时,应考虑观察和当下的人、事、境、态、缘、气等一切条件是否相应,而非考虑文字的束缚,不以文字为根据,就像小孩子完全听妈妈话,而成年人,则会根据自己的学识、智慧对事物产生自然应对,"开遮"是禅门的"时中"。"法"是禅门的"执中",随缘变化便是"中庸"。

第二节 中和之境

《碧岩录》记载了南朝傅大士为梁武帝讲经的一段经历："梁武帝请傅大士讲《金刚经》。大士便于座上挥案一下,便下座。武帝愕然。志公云:大士讲经竟。"

傅大士的奇特之处,不仅在于他讲《金刚经》一默如雷,一语不发,他去见梁武帝时的打扮也甚是奇特,头戴一顶道冠,身穿一件僧袍,脚上又穿着一双儒履(详见拙作《茶密禅心》)。

傅大士这样打扮是表什么法呢?说明他既不是道,也不是僧,也不是儒,但是呢,他又是道、又是僧、又是儒。殊途同归处,万法一如如。

梁武帝是中国历史上的一位传奇皇帝,他信奉佛教,一生几次出家,害得大臣们花重金去寺庙为菩萨皇帝赎身。面对这样一个执著在佛教形式里的皇帝,傅大士就是通过行为举止来警示他:您太执著了啊!

当皇帝有当皇帝的责任,能为众生谋福利才是大慈大悲的菩萨啊!可是梁武帝呢?着迷在出家、盖寺庙这些"相"上!故达摩大师面见梁武帝时,说他"人天小果,有漏之因",毫无功德。

唐末禅门巨匠赵州从谂禅师,就经常告诫弟子,要放下心中的一切执著和妄念,甚至包括佛门中的一些戒律和规矩,在禅门无住于一切"相"是修行关键。

一次,赵州禅师看到云门文偃在礼佛,云门文偃是后来"云门宗"的创始祖师,便用柱杖敲了他一下,问:"在做什么?"答:"在礼佛。"禅师斥道:"佛是用来礼的吗?"答:"礼佛究竟也是好事。"从谂禅师说:"好事不如无事!"

修行如执著在"好事"便可做这些简单的理解,"好事"便成了执著,修行的真谛是"无事"。

苍雪禅师有几首禅诗颇有意味,读者们可以自己从中体会禅者的逍遥自在。

一

南台静坐一炉香,终日凝然万虑亡。

不是息心除妄想,只缘无事可思量。

二

松下无人一局残,空山松子落棋盘。

神仙更有神仙着,千古输赢下不完。

三

几回立雪与披云,费尽勤劳学懒人。

曳断鼻绳犹不起,水烟深处一闲身。

四

举头天外看无云,谁似人间吾辈人。

荆棘丛中行放脚,月明帘下暗藏身。

据《南史·循吏·郭祖深传》云"都下佛寺五百余所",唐杜牧诗曰:"南朝四百八十寺,多少楼台烟雨中。"武帝时代,佛寺越建越多,反而显出了佛法舍本逐末的衰象。其时,大多数信佛者过分追求修佛庙、塑佛像,出钱资助和尚、尼姑,而忽略了佛法的根本在心。武帝虽以国家之力扶持佛教,使得庙宇林立,寺内金碧辉煌,不少和尚、尼姑大发佛财,肯真正修行、以觉悟为本的出家人却日趋减少,这就是明"扬"实"碍"佛法真实义的传播,傅大士、达摩等祖师能一眼洞穿实相。

傅大士眼见其时佛教表面上繁荣、实质上失却根基的情况,故而提醒武帝佛法本是帮助人们契合自性,如果一味求表面形式,就和佛法相去甚远了。傅大士刻意表三教合一之"相",寓意武帝要行"中庸"之道。

《隋书·经籍志》里保存有梁武帝亲注的《中庸》讲义,武帝本人很重视《中庸》。傅大士着三教之衣出现在大众面前和梁武帝曾提出"三教同源"说有关。他在位时虽把佛教抬到国教的地位,但作为世俗社会的统治者,武帝又承认"朕思阐治纲,每敦儒术",也曾下诏置五经博士,倡导儒术以治国。为此武帝还写下了不少融合三教思想的文字,进一步推进了佛与儒、道的融合。"三教虽殊,劝善义一,涂迹诚异,理会则同",成为当时比较普遍的思潮。

然而外在形式和内心本体有什么关系呢?武帝虽表面推行三教同源,

但内心却痴迷不醒,以至于以为出家、建寺、行善便是佛教的根本,以为自己这么做就是佛的好弟子。武帝确实是个好人,但缺乏智慧的"好人"最容易被小人所利用,侯景便是一而再地利用了武帝"善"心的小人,武帝最后养虎成患,被侯景活活饿死。这就是失去"中道"精神、缺乏智慧之结果,偏、执在自己定义的所谓"好""善"里。

君王是一国之君,不是当一个"好人""善人"就可以的,也不仅是一时有智慧就可以终身无忧的。如唐玄宗早年励精图治,国家繁荣昌盛,他本人年轻时聪敏睿智,几乎没有犯过什么错,在思想上也是三教合一的推行者。

唐朝自高祖李渊开始,令儒官、僧侣和道士聚集一起"三教讲论",之后渐成风气。公元725年,唐玄宗召集"三教讲论",中书令张九龄从中极力调和三教,上奏说"至极之乐,理归于一贯",主张"三教并列""三教同归"。

玄宗自己曾亲注《孝经》《道德经》和《金刚经》三部经典,并颁行天下。也正是在这一时期,中国社会形成了不同角度"三教并主"的格局。从政治的角度看,儒家拥有独大势力;但从信众的数量、经典的流通、哲学思想的深湛精妙角度看,佛法的影响力最深最广;而从宗教仪式、人的日常生活习惯来看,又是道教影响最大。故此,儒释道三教是真正并列并张,无分高下。

唐玄宗用一生证明了"生于忧患,死于安乐"的真理,大唐在他手里走向军事、经济、文明的顶峰,却又从他手里几乎亡国。究其因,是他最终失去了"中庸"智慧,沉陷在各种个人偏好中,于是阿谀奉承之徒蝇附狗偷,而玄宗自己则糊糊涂涂、侈心滋大、偏执痴顽、愚泯茫然。

"喜、怒、哀、乐之未发,谓之中。发而皆中节,谓之和。中也者,天下之大本也。和也者，天下之达道也。"

我们刚才已经分了三组来理解这段话，这是按相对概念分的，第一组是未发、发；第二组是中、和；第三组是大本、达道。我们现在从另一个角度继续进行讨论。

"体、性、用"或"体、用"的说法，是借用了西方哲学的表述方法。我们如果用儒家的本义来解释，"未发""已发"不能作为断定本体与否的标志，"发"只是一个节点，并不是判断本、体的标准。

从究竟意义上说，只要有未发之"中"存在，就必有已发之"和"与之相等，"中"与"和"本是"一"，体用一源。阴阳是同时存在的，只是在现象中有先后，"中"即生，"和"便同生，"发"是节点，佛法称为"缘"。

从究竟意义上说"中"和"和"是相等关系，从实际意义上说"中"和"和"是对应关系。"中"之体本就有相等的"和"之用，为什么喜、怒、哀、乐"发"后，几乎处于"不和"的状态、"不和"才是"发"后的常态呢？那是因为，"中"并没有全部被发出来！

朱子曾一方面将"思虑萌否"作为判别未发、已发的依据，即将君子"思虑未萌时"的状态认定为是"未发"、思虑已萌的状态认定为已"发"；另一方面以"性情体用"范畴为区分依据：性为未发，情为已发；体为未发，用为已发。

关于这个问题，我们前文已经讨论过了，将"性情"一分为二，或将"体用"分开，这是值得商榷的。朱子认为"心为已发，性为未发"，但能将所有的思虑未萌状态都归入"未发之中"范畴吗？"心"和"性"可以被"发"这个节点二分吗?"未发之中"与"思虑未萌"是必然相等的关系吗? 其中的思维偏漏在什么地方? 请读者先自己参究一下。

据《传习录》记载,陆澄曾就"中"之义向师父王阳明请教,阳明先生说:"此须自心体认出来,非言语所能喻,'中'只是天理。"又说:"曰:'天理何以谓之中?'曰:'无所偏倚。'曰:'无所偏倚是何等气象?'曰:'如明镜然,全体莹彻,略无纤尘染着。'……须是平日好色好利好名等项一应私心扫除荡涤,无复纤毫留滞,而此心全体廓然、纯是天理,方可谓之喜怒哀乐未发之中,方是天下之大本。"

这段话就引申出了我们要讨论的第三组关系:"此心全体廓然"的"中"属于"大本"与"和"属于"达道"相应,也就是说相等关系是绝对的,相应关系是相对的。"未发"是相对"发"来说的,再进一步说:"发"必由"未发",而"未发"未必一定"发",故此"天下之大本"是相对"天下之达道"来说的。

"中"既然是天下之"大本",这是"未发"之体,而发后之"用"就有"中节"之"皆中节""皆不中节""不皆中节"三种不同状态。宋儒陈祥道云:"及发,则有中节有不中节,而惟中节为和。"也就是说,唯有"皆中节"的状态才能成为和"大本"相对的"达道",即"和"。

我相信一定不少读者读到这里会觉得难解,莫急!"喜、怒、哀、乐之未发,谓之中。发而皆中节,谓之和。中也者,天下之大本也。和也者,天下之达道也"这段话本身内含了无穷深意,其实由于篇幅所限,笔者只好挂一漏万,现在的解读也只是其中有限的一部分。

古人写作笔法极简,但内涵极其丰富,这就需要后人会解读,没有解读

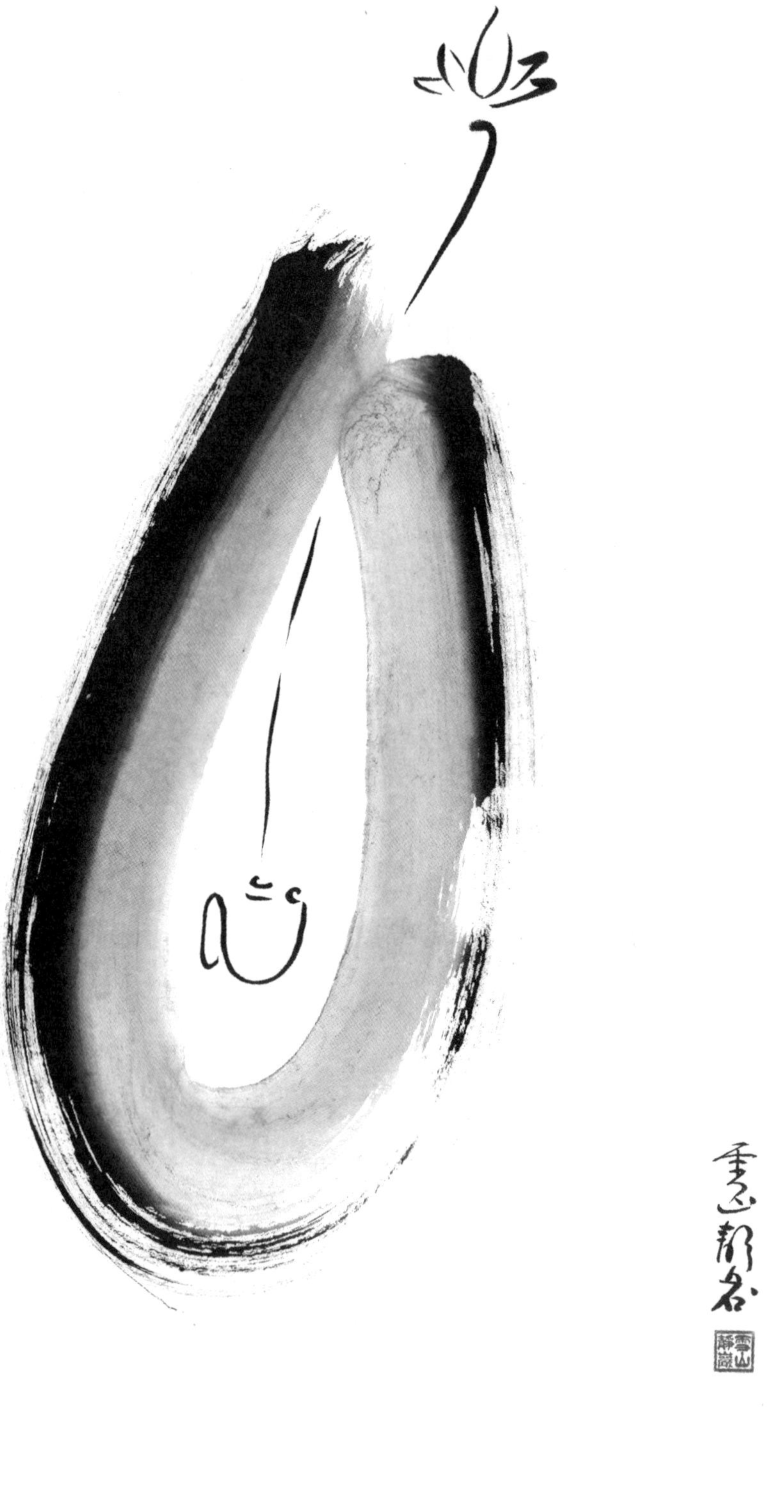

功夫，可以说书看了白看，浪费时间，因为您根本不知其所云为何物。例如，《春秋》中有一段记载，只有一句话："秋九月乙丑，晋赵盾弑其君夷皋。"

现代人"杀""弑"不分，古文是有区别的，上对下为"杀"，君杀臣子；而下对上则为"弑"，臣子弑君。

"秋九月乙丑"是指公元前607年的九月二十六日，这一天，有人弑了晋灵公。晋灵公叫姬夷皋。"晋"是国家的标识；"灵"是死后给他的谥号，"公"是指他的爵位。

《春秋》对于这一事件的记载就一句话，如果后人不懂解读，会认为是赵盾弑了晋灵公，如果仅此理解，就违背孔子编著《春秋》的本意了。

这句话怎么理解呢？需要您翻查史书并引起思考。公元前607年，晋国发生了一件大事，晋灵公被弑了。晋灵公生前是一位暴君，也是春秋时期被臣下弑杀的几十位君主之一。

有两件事情可以说明晋灵公的为人。

第一件，他喜欢站在高台上用弹丸射人，看人蹦跳着躲避弹丸，他就哈哈大笑，以此取乐。射人的弹丸样子跟弓差不多，将弹丸绷在弦上弹出去，射向目标。虽然与弓箭相比，弹丸的杀伤力差一些，几乎不会致命，但被打中至少身上得起个大包。

做弹丸的原料比较丰富，把湿的黏土团一团，晒干就可以，这样成本低，制作工艺也简单，因此，古人用它来猎鸟，或者打一些小动物，而晋灵公却用弹丸射人取乐。

除此之外，还有一件事：有一次，厨子煮的熊掌不熟，晋灵公就把这名厨子杀死了，然后把他的尸体放在一个木板上，让人用头顶着往宫外送。这件事情恰巧被上朝的赵盾与士季看到了。

士季上去找灵公劝谏，但他还没开口，晋灵公便说：我知错了，以后改正。

晋灵公之所以能痛快地承认错误并承诺要改正，并不是出于真心，因为被赵盾和士季抓了现行，不想听他们啰嗦什么大道理。故此，事情过后，他依然故我，该怎么干还是怎么干。为此，赵盾多次劝谏。灵公于是动了杀心，决定杀赵盾。

春秋时期还不是专制社会，在当时灵公如果想按照正规流程杀掉一位大夫，特别是像赵盾这样没有犯什么根本性错误的执政大臣，绝对不是一件容易的事情。因为如果君王一意孤行，乱杀无辜，别的臣子也会合起伙来先废掉国君。春秋时期不但国君可以组织军队，大夫们也可以组织军队，一个大夫的势力虽不如国君强大，但如果大家合起伙来，就能够和国君匹敌了。

因此，晋灵公决定派刺客暗杀赵盾。派去的刺客半夜潜入赵盾家，看见卧室的门已经打开了，赵大夫穿戴整齐上朝的衣冠，恭敬端坐在简陋的书房，正闭目入寐。

刺客见此情景，退了下来，心中感叹：半夜就这么恭恭敬敬地等着上朝参政，真是忠诚的好官啊！杀掉这样的好官，我是无义之人，但是违背了国君的命令，我是无信之人。哎呀！怎么做都不对，不如我自己死了吧！

于是，刺客自杀了。

春秋时期，有许多义薄云天的侠士，他们有的是刺客，有的是门客，有的是武官,不畏死、不畏强、不畏险,行事"唯义所在",他们的骨气和道义,是现代人难以想象的。

不过,刺客的死并没有改变晋灵公的主意,他又用了第二个办法,找赵盾喝酒时安排了伏兵。但赵盾还是在自己侍卫保护下逃脱了。

国君这么明目张胆地想除掉自己,看来晋国是待不下去了,所以,赵盾只好逃离晋国,可还没有等到逃出国境,他就听说晋灵公被自己的堂弟杀掉了,于是马上转过头来,回来继续主持国政,并派人到成周把公子黑臀接回来,辅立为君主。

我们是不是都认为赵大夫是个难得的忠臣啊?可是晋国的史官董狐不是这么认为的!史官记录历史和现代人理解的不同,晋灵公被杀这件事,董狐跑到朝堂上对大家朗读:赵盾弑其君。

赵盾一听就急了,说:君主不是我杀的!我怎么会杀国君?

董狐说:你作为正卿,自己逃亡,因为没有走出国境,回来后又不惩办凶手,不是你弑君还能有谁?

赵盾说:我冤枉啊!《诗》中说:"我之怀矣,自诒伊戚。"

这就是说:《诗经》上说的"我是因为留恋才没有最终离开啊",这就是在说我啊!

但他喊冤无效,晋灵公被弑的事件在《春秋》和《左氏春秋》中都有记载。赵盾弑君变成了"事实"。

当时的"史官"是皇帝都害怕的人!"史官"在中国历史上很早就出现了,只是各个朝代有不同的名称。"史"的本义就是记录事件的人。中国历史中,造文字的人是仓颉,而仓颉的身份就是"史官"。因此,中国文字的产生从源头上就与记录历史联系在一起。大致来说,史官分为两种,一是单纯记录,二是编撰。

从汉代起,记录类史官开始有所分工,一类专门负责天文星象等,中国传统认为,天文星象也与皇帝的所作所为有关;还有一类专门负责皇帝的言谈举止,其记录的内容称为起居注。此后,历朝历代都有皇帝的起居注。当然,不同朝代的皇帝对于起居注的态度也不尽相同。起居注的内容也有划分,例如,唐代后妃为皇帝侍寝也有详细的记录,包括侍寝的人、侍寝的次数,甚至铺床叠被都有记录。从事这方面记录工作的,有的朝代用女史或女官,有的朝代则用宦官。因此,"君举必书"是中国史官的分内之事,皇帝的一切都必须记录在案,从而使得皇帝成为全天下最没有隐私的人。

《礼记》中便有专门负责记录的史官,称为左史和右史。所谓"左史记言,右史记事",也就是说,帝王的所有言论由左史记录,帝王的所有行动由右史记录。我们不能小看了这种随时随地跟在帝王身边,记录其一言一行的人,他们无形的监督给了皇帝很大的舆论压力。虽然这种舆论压力不一定来自皇帝同时代,但来自后代的压力,对于活着的皇帝依然是约束的力量。

中国历史有一个独特的文化传统:以史为鉴。与"以史为鉴"紧密伴随的,是记录在案。中国的文字有悠久的历史,注重历史也是一贯的传统,"以史为鉴"其实就是通过记录在案而显示文字的力量。这一力量的巨大作用,还与中国的另一个传统有关。中国人讲究尊老、尊祖,祖先信仰是中国文化中非常重要的一部分。敬仰祖先、怀念祖先,常常伴随着对于祖先功德的称颂,后人也以此为荣。反过来,这种传统对于活着的人,也是一种压力:你的后人将会如何看待你?

按照制度,史官记录的内容皇帝是不能看的。大多数皇帝遵守了这一规定,但也有少数皇帝破坏了这个制度。据《资治通鉴》记载,唐太宗李世民是第一个公开破坏了这个制度的君主。他之所以想要查看记录,显然与他怎么登上皇位有关。当时的史官是褚遂良,当李世民向褚遂良索要记载时,褚遂良说:我从未听说皇帝能看记录。唐太宗说:真的要把我所有的事情都记下吗?褚遂良说:这是我的责任。

另一个官员在旁边接话说:皇帝的过失如同日食和月食,人们都能看见。即便史官不记,天下人也会记着。

李世民却并没有因此放弃看史官记录的念头。到房玄龄接任史官时,李世民又向房玄龄索要记录。房玄龄开始不同意,后来架不住太宗软硬皆施,只好答应了。唐太宗特意看了关于玄武门事变的记载后,要史官"削去浮词,直书其事",但还是没有让他们删除记录。

李世民之后约二百年,唐文宗也想看史官记录,被当时史官拒绝了。文宗说:以前就有皇帝看过,为什么我现在不能看?这位回答说:那是以前的史官失职。如果皇帝亲自查看史官的记录,史官再做记录的时候就会有所避讳,这样记录下的内容,后人怎么还能相信史书呢?

唐文宗只好作罢。这两件事情都被司马光记录在《资治通鉴》里。由此我们可见古人治文、治学、治史之严谨。

我们学习历史时一定要理解：整体必然大于部分之和。真正历史的整体是永远无法被史官记录和被后人还原的，我们只能通过尽量真实的记录、编撰清楚历史的一部分情景，然而部分只是部分，无法代表整体。就像盲人摸象，摸到的部分无法还原成一个真正的大象，历史的真相就是没有真相。我们只有通过部分片段的学习来借古喻今，警示现代人。并非真的有什么真相可以通过考古解读出来。

回到《中庸》上，我们刚才按相对概念分了三组，可是这段话还可以按前后项关系分：第一组是"未发""中""大本"；第二组是"已发""和""达道"。

所谓相对概念关系属于逻辑推理，而前后项关系则属于引申，即第二组由第一组所引申。而各种关系中，"发"是其中的关键点。

读者如果不搞清楚这些关系，必然不会理解儒家向内学、内化转化的意义，以为看了几本儒家经典就明白了儒家，混淆不清儒家由外转内变化的真正含义，故此，看经典只能停留在说文解字方面，一知半解经不起一问。

可以说，生命体对万事、万物、万有的理解力、洞察力、认知力、觉悟力，决定了生命的境界、水平、质量和位置。凡常之人怕动脑筋，一听复杂的东西就头疼，其实这些看上去复杂的关系想通了并不复杂，所谓难者不会，会者不难，您之所以感觉复杂，是因为没想通。

这几组的关系，再详细说，"中"和"大本""和"和"达道"是直接对等关系，但"未发"和"中""已发"和"和""未发"和"已发""中"和"和"是相对的，两者之间不能直接画等号。

明末大儒王船山在《读四书大全说》中云："喜怒哀乐之未发谓之中，是儒者第一难透底关。"如果"中""和"以及我们刚才论述的这些关系这么容易理解,能让王老夫子发出如此感慨吗?

喜怒哀乐之"发"是"中庸"的关键节点。为此,宋明理学的夫子们各持己见,也曾争得面红耳赤。

我们前文说了,朱子一派认为"心为已发,性为未发",王阳明先生早年也是赞同这种观点的,而宋儒中另一派则认为"心之静为未发,心之动为已发",如果这么理解,动静就是二分,这世上有什么真正动而不静,或者静而不动的人、事、物吗?这种种观点其实都存在偏漏,王阳明先生晚年用"致良知"弥补了这些漏洞。他提出,以良知即体即用,才可把本体与工夫一齐收摄,此说融通了"未发"与"已发"的关系,心、性与情三者终于相对统一了。

"发"既然这么关键,"发"出来的究竟是什么?我们可以发现,子思在这里用了一个"之"字来表达,"之"在这里是做语气助词的。即,喜、怒、哀、乐是来修饰"发"的。进一步说,"未发"的当然不仅仅是"喜怒哀乐",没有显"发"的东西里虽然包含了喜、怒、哀、乐,而喜、怒、哀、乐却不应是"未发"前的全部内容。故此,我们前文说到,之所以"发"后"皆中节"不是常态,是因为没有"发"全。

为什么子思会选用"喜怒哀乐"为代表来显"发"呢?因为喜、怒、哀、乐是人之显情,有睹、闻、见、显的表性,"未发"必须通过"已发"才能显现,而深藏于心的,非关喜、怒、哀、乐的其他内情、隐情是很难显现和区分的。

《中庸》虽属于儒家"性情"学,但整本《中庸》却没有直接讨论"情",《中庸》谈的是"性",并未延伸至"情",自孟子开始,才大讲"情性"。

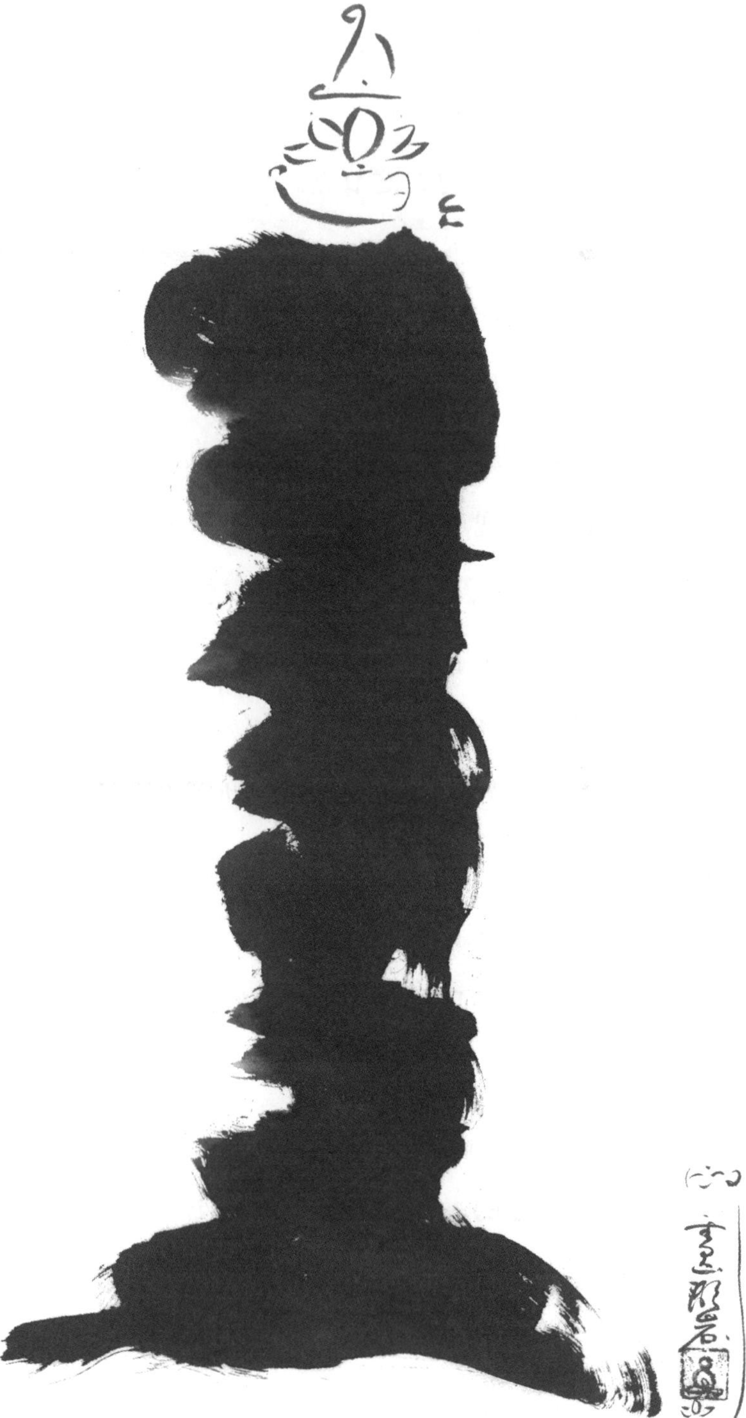

《荀子·宥坐》中记载了一则关于孔子的经历。

有一次,孔子到鲁国桓公庙参观,见庙堂上立着一个奇怪的器物,这个器物肚子大,底部尖,斜着放在架子上。孔子就问守庙人:这是什么东西,为什么如此陈放呢?

守庙人说:这叫"宥坐之器",是君主放在座位边上的。

孔子仔细观察了一会儿那个器物,说:这大概就是早已闻名的欹器吧。

弟子问:老师,什么是欹器呢?

孔子说:你们给它灌上水,就明白了。

于是,弟子们就拿着瓢给欹器灌水,只见开始的时候,欹器里面是空的,它斜着立在架子上。当里面盛了一半水的时候,欹器就自己慢慢正了过来;继续灌水,欹器又开始倾斜,等到水装满了,只见欹器哗啦一声,翻了个底朝天,里面的水全流了出来。

孔子见了说:唉,哪有满而不倾的呢?君王放置在座位旁边就是为了时时提醒自己啊!

一旁的弟子见了,忍不住问:老师,有办法能保住"满"吗?

孔子说:事物旺盛到了极点,必然走向衰落,人快乐至极,就会产生悲哀;太阳到了正中,就会向西偏移,月亮过了中秋,就开始走向残缺。因此,权力、地位、财富已"满"的君主,在座位边放置"宥坐之器",便是时刻提醒自己合道。聪明睿智要靠愚来保持;见多识广要靠孤陋寡言来保持;勇猛无敌要靠谦虚来保持;富可敌国要靠节俭来保持;功德遍天下要靠谦让善行来保持。以上这五点,是先王之所以永久保持天下、不致丧亡的诀窍!如果违背了这五点根本之道，就会丧失天下，甚至丢掉性命。那些失败的君主，哪一个不是忘记了这些呢？

"喜怒哀乐"之类的情为什么能成为未发之"中"呢？因为七情本应是顺其自然本性的，率性为之"道"，性本无分善与不善，但不可有所著；七情有所著时，便谓之"欲"，是性情之蔽所致。那么为什么不能"发"全呢？因为食、色、性、情这些发自本能的都是自然而然的人性，本无善恶，以教化之，以情导之，以道率之，便无碍。但凡人不懂如何顺应人性，故此贪著执著，这就变成了"私欲"，在私欲支配下，一"发"必有偏。

朱子曰："未有中而不庸者亦未有庸而不中者，惟中，故平常。"

也就是说光知用而不能返回道体，是凡人。凡人光知道用，却不知起用；光知道死句，却不知道活理，禅门祖师讲"死水不藏龙"即是如此，死水里是不会藏龙的。所以，由体归用、舍用归体、应用自在，这叫"观自在"，儒家叫"中庸"。能返回本体者，即可"发"全，而至"皆中节"。

不过还要注意，"中庸"的外延比"中和"大，"中庸"不等于"中和"，"中庸"和"中和"的区别不在未发之"中"，而在"庸"与"和"上。

"庸"有不穷、无尽、起用的含义，故"庸"是见于事的，而"和"是交汇、和合的"皆中节"状态，"和"是发于心的，"庸"中包含了"和"之境。

儒家的"中和"是从性情的角度说的，是儒家讨论性情关系的；而"中庸"是从事理的角度说的，是儒家讨论事理关系的。虽然本质同一，但中与庸、中与和、中庸与中和三对概念应用中有别。

其一，"中"与"和"对应时，"中"是未发之体，"和"是已发之用。

其二,"中"与"庸"对应时,有三种变化。

一是从以"时中"角度讲,"中"是体,"庸"是用。

二是从以"执中"角度讲,则"庸"是体,"中"是用。这一点不好理解,因为这里的"庸"作"常"解。如子程子云"中者天下之正道,庸者天下之定理","庸"为不变的定理,这就是"体",而此时"中"则是天下的正道,是为"用"。

三是从以"无为不为"的角度讲,"中"和"庸"互为体用。

其三,"中和"与"中庸"对应时,"中和"是体,"中庸"是用。

此外,"中庸"对于万物关系,又有三层含义。

其一,中庸和合,即万物平等团结的关系,这是从"天"的角度讲。

其二,中庸融和,即社会、家庭上下团结的关系,这是从"地"的角度讲。

其三,中庸和谐,即中庸和合与中庸融和都圆满时的状态,这是从"人"能补天地、合一的角度讲。

我们再从"禅画美学"的角度看,亦然。

其一,"禅"和"画"对应时,"禅"是体,"画"是用。

其二,"画"和"禅"对应时,"画"是体,"禅"是用。

其三,"画"和"美"对应时,"画"是体,"美"是用。

其四,"美"和"画"对应时,"美"是体,"画"是用。

其五,"禅"和"美"对应时,"禅"是体,"美"是用。

其六,"美"和"禅"对应时,"美"是体,"禅"是用。

……

"禅画美学"中,体用关系是不断变化的,无一定之规,但万变不离其宗,这个"宗"便是禅者的云水禅心。

为什么要搞清楚这些？物有本末，事有终始，不搞清楚其中关系，妄谈经典语录，无异于痴人说梦。

人生如棋，世事如棋，要想下好人生和世事这些棋，取决于棋手个人的明辨力、洞见力、取舍力、自觉力、慈悲力、精进力、心念力、大愿力、信心力、勇猛力、忍耐力等，凡和智慧相关的人、事，靠的都不是蛮力，就像下围棋，一万个一段选手加在一起，也不可能下过一个九段选手。古德云："劳心者制人，劳力者制于人。"人与人之间真正的实力差别不在财富、地位、名气，而在于智慧。

人其实只有两种：智与愚。您努力成为哪种人，便会拥有哪种人生。

荀子当年在稷下学宫做主讲的时候，闲暇时经常出去逛街。齐国的临淄是一个大都市，繁华热闹，主街上有各种作坊，叫做"百工之廛"，也就是今天的集市。

一次，荀子信步走到一家染坊前，只见染匠正在那里卸车，车上装的是一包包的草，就问道：这是什么东西？染匠看到荀子的一袭青衫，白发长须，仙风道骨，便说：老先生，这就是我们用的蓼蓝，您身上穿的衣服就是用它染的。

荀子抓了一把草放在手里，搓了搓，又看了看手，说：可我的手上并没染上色啊！

染匠笑说：天下哪里有能直接做染料的草呢？我们得先把它熬成汁，凝结后就叫靛青，才能染布，靛青比蓝草要鲜艳得多。

荀子笑着点点头,接着又踱到旁边的木匠作坊,看木匠正在用墨斗画线。

只见匠人把染上墨水的线从墨斗里咕噜咕噜地抽出来,绷在木板表面,轻轻一弹,一道笔直的墨线就出现在木板上,旁边的匠人按线把木板劈开。荀子指着地上的一段弯木头问:这是做什么用的?

木匠说:这就是组成轮子的"牙",你看,每一块"牙"都有确定的弧度,几块这样的"牙"合在一起,正好拼成一个完整的车轮。

荀子问道:这木材,天生就是这样弯曲的吗?

木匠笑:老先生,这怎么可能呢?木材原本都是直的啊,运来之后,要先按尺寸锯成段,然后用火烤,边烤边弯它,然后按图样固定住,几天之后,它就不会再弹起来了。老先生,天下哪里有生来就适合做车轮的木材呢?都得需要我们木匠把它弯成合适的形状啊!

荀子听后感触很深,是啊!哪有天生下来就智慧的圣人呢?都是老师将他们磨砺而成的啊!这就是日常教育和不断学习的力量。

后来,荀子记录道:"木直中绳,鞣以为轮,其曲中规。虽有槁暴,不复挺者,鞣使之然也。故木受绳则直,金就砺则利,君子博学而日参省乎己,则知明而行无过矣。"

"中和"之境,是君子是否合于"中和之道",合于天命。此无关于情感之境、情感之缘、情感之源、情感之量的大美之境,君子但入此境,便能发现其实开心、焦虑等情感体验本质并无二致。

《中庸》曰:"鸢飞戾天,鱼跃于渊。"鸢是指老鹰,老鹰是黑鸢的俗称,老鹰在天空中翱翔,鱼儿在深渊里飞跃,这时生命完全融入天地间,出入乎天地的鸟儿,游戏于四海的鱼儿,那种自由自在,是没有什么开心、焦虑而言的,故此相濡以沫不如相忘于江湖。

在"中和"大美之境的君子,和翱翔的鸟儿、游泳的鱼儿一样,物我两忘地生活在大千世界里,三千尘埃在心中了无一物,他们的风雅是骨子里的,他们的日用平常并质朴,他们谦虚诚挚,心怀对天地的虔诚,他们是浩然天地的缩影,天地有什么特性?便是不欺人!便是真诚!在"中和"之境的君子,便是真人、善人、仁人、志士、大人、宇宙人……天地间,无非就一感应而已,本质上哪有什么善、恶、美、丑可言?

"中和"大美之境,无分别、无造作、无对立,万物自相生、自相胜,此消彼长、自然而然,故而能"天地位焉,万物育焉"。

"天地位焉"指人能和天地同位,感通天地,天地间有感必有应,如月印千江,凡有应皆为感,感则必有应,所应复为感,所感复有应,所以天地人之间生生不已,息息相连。但这种感应、感通,能解者默而观之便可,无需与人多言,也无可言实,道家所谓"宇宙在手,万化由心"便是。

"万物育焉"呢?是指找到了万物、万事、万有的本源,禅门叫"圆同太虚,无欠无余",这是涅槃之境,一切圆满,一切即一,天地人的大和美莫过于此,世间美好的人生莫过于此。

从宋元以后,儒家讲做功夫修养,都重视"喜怒哀乐之未发谓之中",但是我们还要知道,修喜怒哀乐未发还是在人情的层面!

什么是"不和"呢?从未发、已发与中和的关系看,"中"与"未发"是相等的,"已发"与"和"却可以是不等的。

就是说,"中""未发""已发"可以人人皆有,也是人人原有的。"中"对任何人来说都是潜在自足、无欠无余的,但"和"却不是人人都能得到的。

凡人之心皆有昏蔽,但其本体虽不可言无,却也不可言实。西方哲学经历了漫长的过程,终于发现没有一个真正的"本体"存在,而这句话释迦牟尼在两千多年前就已经说了,"本体"是非空非有的,执著空、有任何一边,皆非佛法。有人认为"佛性"就是"本体",但"佛性"在哪里呢?如来如去、时明时灭故,致全体大用。凡常人和圣人的差别,仅在于凡人的良知、良心、良能受私欲蒙蔽,障目碍心的"有"过多,"中"无法发全,故而导致"不和"。因而君子通过修身来彰显"中",以致于"和"。

这里,读者可以先不必纠结在各种名相上,一遍遍读,一遍遍理解,所谓"中和",用禅门的话讲可以说是"大事了毕""归家稳坐""歇即菩提"。

孔子圣人强调的"仁义"用哲学讲属于"体用"关系,"仁"为"体","义"为用;"仁"是人心,"义"是人情,人情来自人的正义和正气,皆发自于胸,从身体角度讲,人气血通畅,内有热血才能发出正义和正气,从心灵角度讲,内心无我、无私的人才可能发出正义和正气,"义"是对外显现出来的人心之现象。

"中国禅"自六祖大师开始,将佛法中国化、平常化、生活化、社会化,"中国禅"的祖师们皆特别恭敬罗什、僧肇师徒两人,把他们师徒当成活生生在世的师父和菩萨一般看待,这是因为,罗什、僧肇师徒留下了禅门亘古不变的核心智慧,即"本迹不二"。

例如"歇即菩提"一语中,"歇"是用,属于迹;"菩提"是体,属于本。为什

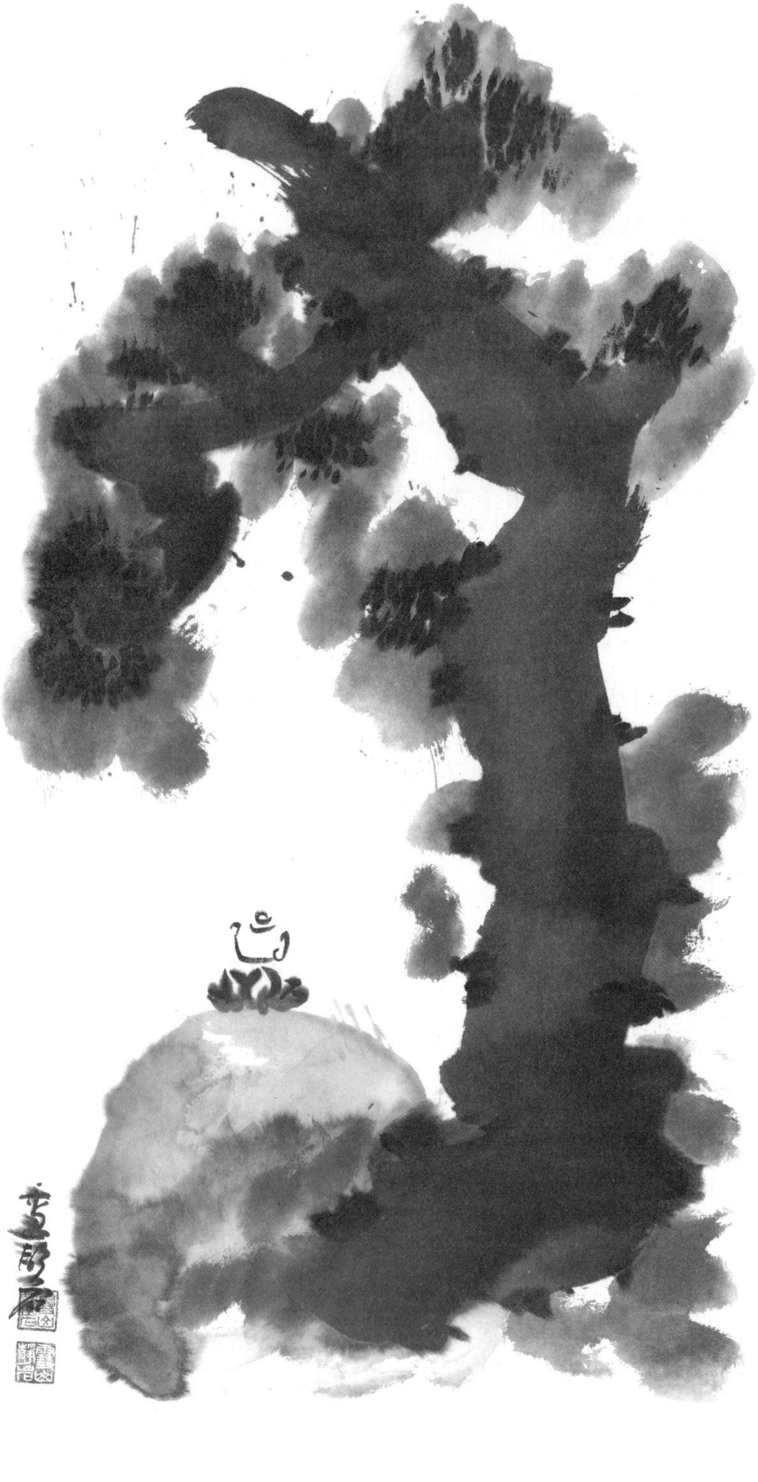

么禅门祖师如此重视"本迹不二"呢？因为从罗什、僧肇师徒两人开始，首次将"迹"和"本"平等对待了，无上下之分，这是革命性的创举！也是"中国禅"法的根源，后世禅者常说"一念成佛""一念成魔"，以及"放下屠刀，立地成佛"，这个能成佛、魔的"一念"修行的禅法依据来源便在此。

人的个体生命由身、心两部分组成，其中"身"又有无穷多的表里关系，例如五脏六腑、皮毛血液等等，都有内在的表里关系，其实每个细胞都有自己的表里，层层叠叠，无穷无尽。那么和由物质成分组成的"身"相比，看不见的"心"更是层层叠叠，有无法估量的表里关系。

按生命的规律看，最表层"心"的投影便是"念"了，"念"是"心迹"的最浅层投影，一念一念，念念迁流。《菩萨处胎经》上世尊跟弥勒菩萨有关于"一念"的对话，佛问弥勒菩萨：心有所念，这个念头里有"几念、几相、几识"？也就是反复的"一念"有多少个细念？有多少"相"？有多少"识"？"相"是阿赖耶的相分，是境界相；"识"是阿赖耶的见分，所谓"受、想、行、识"。弥勒菩萨回答："一弹指有三十二亿百千念。"百千就是十万，三十二亿乘十万是三百二十兆，这比《仁王经》上讲得多，因为在《仁王经》上，佛是方便说。弥勒菩萨回说一弹指时间便有三百二十兆的念头。我们一秒钟能弹多少次？大概可以弹四五次，如果弹五次是一千六百兆，"一念"也就是一千六百兆分之一秒，实在太微细了，这是"无始无明"的源头。

弥勒菩萨讲，一念虽短，但念念能成形，"形"就是有物质现象，也就是佛问"一念"有几"相"，并说"形皆有识"，每一个物质现象里面都有"识"，识是一切心理现象，说明物质现象跟心理现象是同时出现的。现在科学所称的"能量",在佛法里是阿赖耶的"业相","业相"就是"一念不觉"。反过来说,为什么大修行者、祖师能"一念觉"?为什么能"一念万年"?因为能入微,见微不微是定力。

"一念不觉",却是振动、是波动,非常非常微细的波动。这个动跟同时出现的物质、心理活动是同步的,都是在此"一念"中,也就是说,用弥勒菩萨的说法,这些都是一千六百兆分之一秒中同步的。这是说宇宙的源起、万法的源起、我们自己生命的源起,是同时、同步的,没有先后。

因此,"一念"是迹象,不是根本,而生命的根本是在"佛性","佛性"和"念头"相去甚远,"佛性"是永无生灭而"一念"则是刹那刹那同期生灭,但罗什、僧肇师徒革命性地将"一念"和"佛性"提到平等不二的位置。

修者悟道靠的是这刹那刹那生灭的"一念",僧肇法师云:"小乘障隔生死,故不能和光;大士美恶齐旨,道俗一观,故终日凡夫,终日道法也。"禅者能在生活中随缘自在,终日凡夫,终日道法的基础也在于这"当下一念",一切自修、利他的基础同样在于这"当下一念",这也是后世"中国禅"智慧的核心,祖师们能"顿悟成佛"的思想根源。故此,"中国禅"中"本迹不二"智慧是尤为重要的(详见拙作《至宝坛经》)。

第三节　致中和

君子如何能"致中和"之境呢？必身为本。

孔子之前的学校都是官办的，能有资格受教育者都是贵族子弟，一般老百姓的孩子是没钱进学堂的。

孔子创办私学，提出了"有教无类"的创举。也就是说，任何人都可以受教育，没有贫富贵贱和国别的限制。他的学生中，有鲁国的颜回、齐国的公冶长、宋国的司马牛、吴国的子游、楚国的公孙龙，还有一贫如洗的原宪，以及富商子贡、武夫子路，甚至还有盗贼、贵族等。

孔子认为，人一生下来没有什么差别，之所以后来各不一样，是社会、家庭的教育影响所造成。

有一天，曲阜城外互乡的一个小男孩求见孔子。互乡是鲁国有名的风俗败坏的乡村，所以许多弟子不主张孔子见这个小男孩。孔子没有理会，让颜回把小男孩请进来。小男孩进了门，很有礼貌地向孔子行了礼。

孔子问他："你来见我有什么事吗？"

小男孩答："我父亲让我来问问先生，小孩子到几岁才可以上学呢？"

孔子一听，就满心欢喜地答道："只要能认得文字，听得懂我的讲义就可以了，年龄大小都是无关紧要的。"

小男孩谢了孔子，出了学馆。孔子见弟子们还在议论纷纷，说："我也知道互乡名声不佳，但这孩子是纯洁的，他诚心诚意来见我，我只看他眼前的诚心，不问他以前的好坏；我只让他进来相见，不问他出去是作恶还是为善，这有什么可非议的呢？你们想，假如我把这小男孩拒之门外，那么所有生长在不良名声地方的人都无法来见我，也无法受到教育，岂不是阻塞了他们改邪归正的路吗？这岂不是大罪过？"

弟子们听了，再不敢胡言乱语了。

儒家以教育天下众生为己任，每个人的人性中都包含了"善"和"恶"两面，教育就是以"教"的方法，扬善抑恶，在"已发"上着力。

"未发"之"中"是无形无相的，儒家没有可着力处，因而强调在"已发"上做功夫。道家的神、虚，禅法的定、观等，这些是"未发"处下手的功夫，和儒家下手处不同，儒家认为知"体"之所以为"用"，则知"用"之所以为"体"。

故此，儒家的修道功夫做在显处，主要通过"显而著"的已发上用功，体味"隐而微"的未发之本体。

什么是儒家功夫？《传习录》上有一则记载，陆澄问王阳明："静时亦觉意思好，才遇事便不同，如何？"先生曰："是徒知静养而不用'克己'工夫也。如此临事，便要倾倒。人须在事上磨，方能立得住；方能静亦定，动亦定。"

陆澄的静、定功夫已然不错，静来无事的时候，觉得自己修为挺好的，心境也能平静，但一遇到事情就不行了，心乱如麻。故此他很苦恼，于是请问师父这怎么办。

其实,这岂止是他的问题?普通人在某些特定时间、地点感觉挺好,修行人则在道场、深山,或者在师父身边时,感觉自己如鱼得水,但一入红尘,一遇麻烦便方寸大乱,在纷落万象的事、境中理不出头绪。禅门祖师常讲,于红尘中修行最难,但唯有在红尘中理事不二,方能纠其执偏。故此,禅门师者教化学人,对待迷"相"者,往往从事上下手,引导学人在起用行事中增涨功夫;而对待本来喜"事"者,则从"理"上出发,引导学人多读经典,启发正见正念正心。

阳明先生回答陆澄说,这是因为你只知道静养,而没有在实际事情上用克己功夫。喜欢静修的人,往往会养成好静的毛病,好静就会厌烦被人打扰,厌烦声、音、光、味、人、事,并且越习惯了静,脾气就会越大越暴躁。面对突如其来的各种问题,情绪就会突然失控,这种修道又有什么用呢?

《红楼梦》第八十七回有一段关于妙玉的描述,十分有趣:

> 单说妙玉归去,早有道婆接着,掩了庵门,坐了一回,把"禅门日诵"念了一遍。吃了晚饭,点上香拜了菩萨,命道婆自去歇着,自己的禅床靠背俱已整齐,屏息垂帘,跏趺坐下,断除妄想,趋向真如。
>
> 坐到三更过后,听得屋上骨碌碌一片瓦响,妙玉恐有贼来,下了禅床,出到前轩,但见云影横空,月华如水。那时天气尚不很凉,独自一个凭栏站了一回,忽听房上两个猫儿一递一声厮叫。那妙玉忽想起日间宝玉之言,不觉一阵心跳耳热。自己连忙收慑心神,走进禅房,仍到禅床上

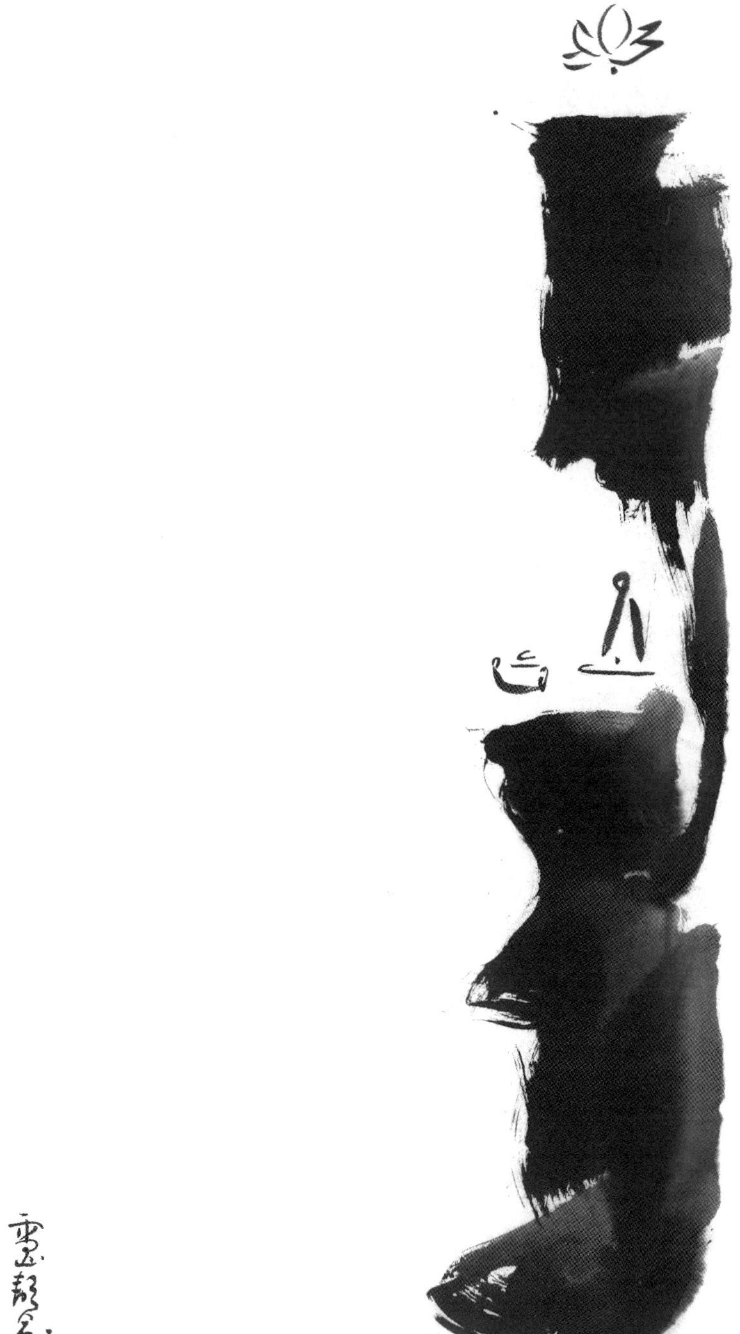

坐了。怎奈神不守舍,一时如万马奔驰,觉得禅床便恍荡起来,身子已不在庵中。便有许多王孙公子要求娶他,又有些媒婆扯扯拽拽扶他上车,自己不肯去。一回儿又有盗贼劫他,持刀执棍的逼勒,只得哭喊求救。早惊醒了庵中女尼道婆等众,都拿火来照看。

只见妙玉两手撒开,口中流沫。急叫醒时,只见眼睛直竖,两颧鲜红,骂道:"我是有菩萨保佑,你们这些强徒敢要怎么样!"众人都唬的没了主意,都说道:"我们在这里呢,快醒转来罢。"

妙玉道:"我要回家去,你们有什么好人送我回去罢。"

道婆道:"这里就是你住的房子。"说着,又叫别的女尼忙向观音前祷告,求了签,翻开签书看时,是触犯了西南角上的阴人。

就有一个说:"是了。大观园中西南角上本来没有人住,阴气是有的。"一面弄汤弄水的在那里忙乱。那女尼原是自南边带来的,伏侍妙玉自然比别人尽心,围着妙玉,坐在禅床上。妙玉回头道:"你是谁?"女尼道:"是我。"妙玉仔细瞧了一瞧,道:"原来是你。"便抱住那女尼呜呜咽咽的哭起来,说道:"你是我的妈呀,你不救我,我不得活了。"那女尼一面唤醒他,一面给他揉着。道婆倒上茶来喝了,直到天明才睡了。

女尼便打发人去请大夫来看脉,也有说是思虑伤脾的,也有说是热入血室的,也有说是邪祟触犯的,也有说是内外感冒的,终无定论。后请得一个大夫来看了,问:"曾打坐过没有?"道婆说道:"向来打坐的。"大夫道:"这病可是昨夜忽然来的么?"道婆道:"是。"大夫道:"这是走魔入火的原故。"众人问:"有碍没有?"大夫道:"幸亏打坐不久,魔还入得浅,可以有救。"写了降伏心火的药,吃了一剂,稍稍平复些。

外面那些游头浪子听见了,便造作许多谣言说:"这样年纪,那里忍得住。况且又是很风流的人品,很乖觉的性灵,以后不知飞在谁手里,便宜谁去呢。"过了几日,妙玉病虽略好,神思未复,终有些恍惚。

一日惜春正坐着,彩屏忽然进来回道:"姑娘知道妙玉师父的事吗?"惜春道:"他有什么事?"彩屏道:"邪嘴里乱嚷说强盗来抢他来了,到如今还没好。姑娘你说这不是奇事吗。"

惜春听了,默默无语,因想:"妙玉虽然洁净,毕竟尘缘未断。可惜我生在这种人家不便出家。我若出了家时,那有邪魔缠扰,一念不生,万缘俱寂。"想到这里,蓦与神会,若有所得,便口占一偈云:大造本无方,云何是应住。 既从空中来,应向空中去。

三祖《信心铭》云:"欲取一乘,勿恶六尘。六尘不恶,还同正觉。"

不少修行人,如妙玉一般,表面上修行,平日里念佛、行善、打坐、放生、吃素……勤行诸佛事,然而心中却分别心重,例如见了宝玉便立即递上自己用的杯子,请他用自己的杯子喝茶,但见了刘姥姥等下人,便心中厌恶,语带讥讽,带着这种分别心、思春心、尊卑心、攀缘心,其所谓修行的只是相。修行不过是给她穿上了一件特殊的能吸引他人注意的衣服,最终走火入魔,自讨苦吃。

还有些人,虽不把修行当作装扮的外衣,心里却时刻讨厌红尘中的繁琐人、事,就怕被人、事打扰,常年想躲人躲事,感觉一见俗人就被别人吸走了能量,感觉凡夫俗子脏、臭、乱,障了自己的修行。这些人即使在家修行,也成天神神鬼鬼,感觉自己与常人不同,像个神仙一样,不省人事,不通人情,成天佛言佛语不好好说话,心中仿佛高高在上俯视众生,有了这种心,其实就是另一种走火入魔。

故此,修行,必须在实际事情上不断磨炼自己,而不能以修行做装饰、做点缀,或者一味求清净、求出离,维摩大士言真正的修行是火中生莲,这个火,是五欲、五毒、红尘之火,修行人要在妄想执著中出离,这种所谓的静、定、美则是另一种妄想执著,莲花是从淤泥中发出的,有了各种非凡的磨砺,才能真正达到"中和"。

《孟子·告子下》云:"舜发于畎亩之中,傅说举于版筑之间,胶鬲举于鱼盐之中,管夷吾举于士,孙叔敖举于海,百里奚举于市,故天将降大任于斯人也,必先苦其心志,劳其筋骨,饿其体肤,空乏其身,行拂乱其所为,所以动心忍性,增益其所不能。人恒过,然后能改,困于心,衡于虑,而后作,征于色,发于声,而后喻。入则无法家拂士,出则无敌国外患者,国恒亡,然后知生于忧患而死于安乐也。"

我们可以看到,入"中和之境"的君子不是生活在所谓香气扑鼻、清净美好的天堂,而是能以己力创造人间天堂的人。

如舜、傅说、胶鬲、管夷吾、孙叔敖、百里奚、孔子、孟子等人,都是贫苦出身,但他们能知天命,明知山有虎,偏向虎山行,明知不可为而为,正是他们坚定的意志、坚韧的品格,能使他们成为圣贤,增益凡人所不能,从而能和天地合其德、日月合其明。

同理,国家的实力也是在危难中成长的,国内如果没有贤士,国外如果没有危险,人和国家都会在安逸中衰亡。故此,儒者是"从需的人",忧患使人生存能力更强,而享乐则必然置人于死地。

经受住了各种磨难,在事上磨砺自己的品性,之后处事能从容不迫,游刃有余,才能做到"静时心也定,动时心也定"。阳明先生是主张在事上用功的,那么,事上磨砺的要点在哪里呢?即"无思无虑"。什么是"思"?"仁"必发于"思","思"不是分析比较、思量得失,而是君子不可离的直觉内省。

什么是"无思无虑"?即能不为睹、闻、见、显的表性之所迁流,能见睹见闻,而不为之所动,"思"是动而未尝动,这就是"动亦定,静亦定"的修为功夫了。

如此,一切视、听、思维、生活便可随心所欲,在一切声色货利上也能发挥"和"的功用,只要能以良知、良心、良能统率自己的所思所为即可。当然这些不是知识,而是儒者需要从实际入手的修道法,如果仅仅从文字、语言上做学问,这就是儒家所不齿的"为人之学","为人之学"又称口耳之学,浮于表,而"致中和"必是从"为己之学"契入的。

第四节 以人为本

春秋晚期,战国初期,楚国国君叫惠王,他是楚昭王之子,母为越女,楚惠王在位五十七年。他接受郢亡的沉痛教训,重用子西、子期、子闾等人,改革楚国腐败的政治,与民休息发展生产,使楚国得以迅速复苏国力,重又步上霸国行列。

楚惠王是一个不事张扬之君,在位这些年只是灭了陈国、杞国。当时值战国初期,发生了一件大事,一代强霸吴国,竟被小小的越国灭了。这一事件太具戏剧性,如果是楚武王或是楚文王——更不用说楚庄王了——他们一定会趁机大捞一把。但楚惠王在越灭吴之际,似乎忘了去参与瓜分土地。难道他忘了楚国与吴国的深仇大恨?他祖父楚平王被吴国伍子胥鞭尸三百,分尸弃野,使楚国蒙受前所未有的奇耻大辱,这口气居然被越人代出了,这肯定没有自己报仇来得痛快。不过看上去,楚惠王似乎并不热衷于乘机捡便宜,为什么呢?历史上说,这可能和他遇到了墨子有关。

墨子当时生活在宋国,当时楚国是绝对的南方霸主,而宋国是微不足道的一个小国。

然而小小的宋国却藏龙卧虎，出了个墨子。墨子名墨翟，他本是目夷后裔。目夷国原位于滕州市木石一带。入周之后，目夷国变成小邾国，先后曾为宋、邾、鲁、齐等国的附庸。随着历史的变迁，目夷氏从贵族降为平民（目夷即墨夷，后为墨姓）。

公元前480年，即春秋末年，墨翟生。据《琅嬛记》与滕州民间传说，墨子出生前，"其母梦日中赤乌飞入室中，光辉照耀，目不能正，惊觉生乌"。乌即翟，是凤凰的别名，因而取名墨翟。"子"是后人对墨翟的尊称。

墨子以"兴天下之利，除万民之害"为己任，在战国初期到处奔走，经过几年的不断碰壁，他深感仅仅靠一个人的力量不够，必须组织更多的人和自己一样拥有正义和智慧，并能为之献身。于是，在三十岁左右，他创办了人类历史上第一个设有文、理、军、工等科的综合性大学，培养了大批人才。史称"弟子弥丰，充满天下"，最终，经过墨子的精心培育，墨家和儒家并列成为"言盈天下"的"显学"。《韩非子·显学》记载："世之显学，儒墨也。儒之所至，孔丘也；墨之所至，墨翟也。"

墨家以"兼相爱，交相利"作为学说的基础：兼，视人如己；兼爱，爱人如己。如果能以"天下兼相爱"为因，就可达到"交相利"之果。政治上，墨子主张"尚贤""尚同"和"非攻"；经济上主张强本节用；同时，墨子又提出"非命"的主张，强调唯有依靠自身的能力才能从事。《墨子》一书是墨子讲学时由弟子们记录后整理而成的。文字质朴无华，虽缺乏文学性，但逻辑性强，善于运用具体事例进行说理，使说理文章得到了很大发展。

墨家和儒家、道家的松散方式不同，他们如同军队一般，有极其严密的组织架构,纪律严明,并且成员多来自社会下层,几乎个个武功高强,皆能为正义赴汤蹈火。墨家子弟中,有善辩者,称"墨辩";有武侠者,称"墨侠";头领称"巨(钜)子"。《吕氏春秋·去私》云:"墨者之法,杀人者死,伤人者刑。"

墨子去世后,墨家分为三派。至战国后期,剩下两支:一支注重认识论、逻辑学、物理、数学、光学、力学等研究,是谓"墨家后学";另一支则转化为秦汉的游侠。

前者对前期墨家的社会伦理主张多有继承,在认识论、逻辑学方面成就颇丰,他们除肯定感觉经验在认识中的作用外,也承认理性思维在认识中的作用,对前期墨家的经验主义倾向有所克服。它还对"故""理""类"等古代逻辑的基本范畴做了明确的定义,明确区分了"达""类""私"等三类概念,对判断、推理的形式也进行了变革,在中国逻辑史上占有重要地位。

墨子不仅是个思想家,用现代社会话说,他还是个典型的科学家。他的木工技术很高,有一天他看到鸢在空中翱翔,就用木片等材料精心制作了一只木鸢。木鸢在空中飞翔,三天不落,这是人类首次制作的飞行器。

除了木工,墨子还精通力学原理,做出"力,形之所奋也"的力学定义和弹性力学、杠杆平衡力学、滑轮受力、斜面受力、物体平衡受力等方面的定义。他利用杠杆原理研制了桔槔,用于提水。他还制造了辘轳、滑车和车梯等简单机械,分别用于农业生产和军事。

不仅力学,墨子对光学原理也颇有心得,也就是现代人说的小孔成像原理,对于光的直线传播、光的反射和若干物影成像,墨子都有极为精彩的描述。一次,墨子进行光学研究,他在堂屋朝阳的墙上开了一个小孔,让一个人对着小孔站在屋外,在阳光照射下,屋内相对的墙上出现倒立的人影。墨子通过这样小孔成像的光学研究,阐述了光的直线传播原理,即光从上向下直射,人的头部与足部分别成影在下边和上边,构成倒影,这是后代摄影理论的先驱。

墨子还通过规矩方圆原理,提出了正确的客观标准:"天下从事者,不可无法仪。"不同的手工业工匠各有特殊的技巧,但都要遵守共同的标准法则,制方要用矩尺,制圆要用圆规,取直要绷紧墨线,取平要用水平仪,这些标准,是历代工匠遵从的普遍法则。

墨子治学重视实践和理论并行。他好学深思,最初学习了儒学,也曾跟周朝礼仪史角的后代学习周礼,"修先圣之术,通六艺之论",遍读百国《春秋》。墨子平日言谈、讲学、辩论,信手拈来就是《诗经》《书经》和周、燕、宋、齐等国的《春秋》。

那么他和楚惠王有什么因缘呢?全因为楚惠王重用了当时最有本领的工匠。他是鲁国人,名叫公输般,也就是后来被称为鲁班的。公输般使用斧子的工夫可谓举世无双(当然不能算上墨子),谁要想跟他比一比使用斧子的本领,那是不自量力,所以后来有个成语,叫"班门弄斧"。公输般被楚惠王请去当了楚国大夫。他替楚王设计了一种攻城的设备,比楼车还要高,简直是高得可以碰到云端似的,所以叫"云梯"。

楚惠王大喜,一面叫公输般加快制造云梯,一面计划准备进攻宋国。楚国能制造云梯的消息一传出去,列国都开始担心。尤其是宋国,听闻楚国要来攻,朝中觉得大祸临头。楚国想进攻宋国的事,传到了墨子耳朵里。

不仅因为宋国是其母国，墨子反对任何为了争城夺地而使百姓遭到灾难的战争。所以他立即亲自赶去楚国，日夜兼程奔走了十天十夜，到了楚国的都城郢都。史书记载："裂裳裹足，日夜不休"，"行十日十夜而至于郢"。

他先去面见公输般，劝他不要帮助楚王攻宋。公输般面有难色地说："不行呀，我已经答应楚王了。"

墨子就要求公输般带他去见楚王，公输般只好答应了。

在楚惠王面前，墨子诚恳地说："楚国土地很大，方圆五千里，地大物博；宋国土地不过五百里，土地并不好，物产也不丰富。大王为什么有了华贵的车马，还要去偷人家的破车呢？为什么要扔了自己的绣花绸袍，去偷人家一件粗布旧短褂子呢？"

楚惠王虽然觉得墨子说得有道理，但还是不肯放弃攻宋国的打算。公输般也认为自己的云梯攻城很有把握。

面对这两位执迷不悔的人，墨子直截了当地说："不要以为你的云梯了不起，你能攻，我能守，我一定会帮宋国守城，你在我这里占不了便宜。"

于是，他解下了身上系着的衣带，在地上围着当作城墙，再拿几块小木板当作攻城的器械，叫公输般来演习，比一比本领。

公输般每采用一种方法攻城，墨子就有一种方法守城。一个用云梯攻，一个就用火箭烧云梯；一个用撞车撞城门，一个就用滚木礌石砸撞车；一个用地道，一个用烟熏。

不知不觉，公输般用了九套攻法，他这里攻城的方法都使完了，可墨子还有好多守城的高招没用出来。公输般呆在那里无话可说，半响，说："我有

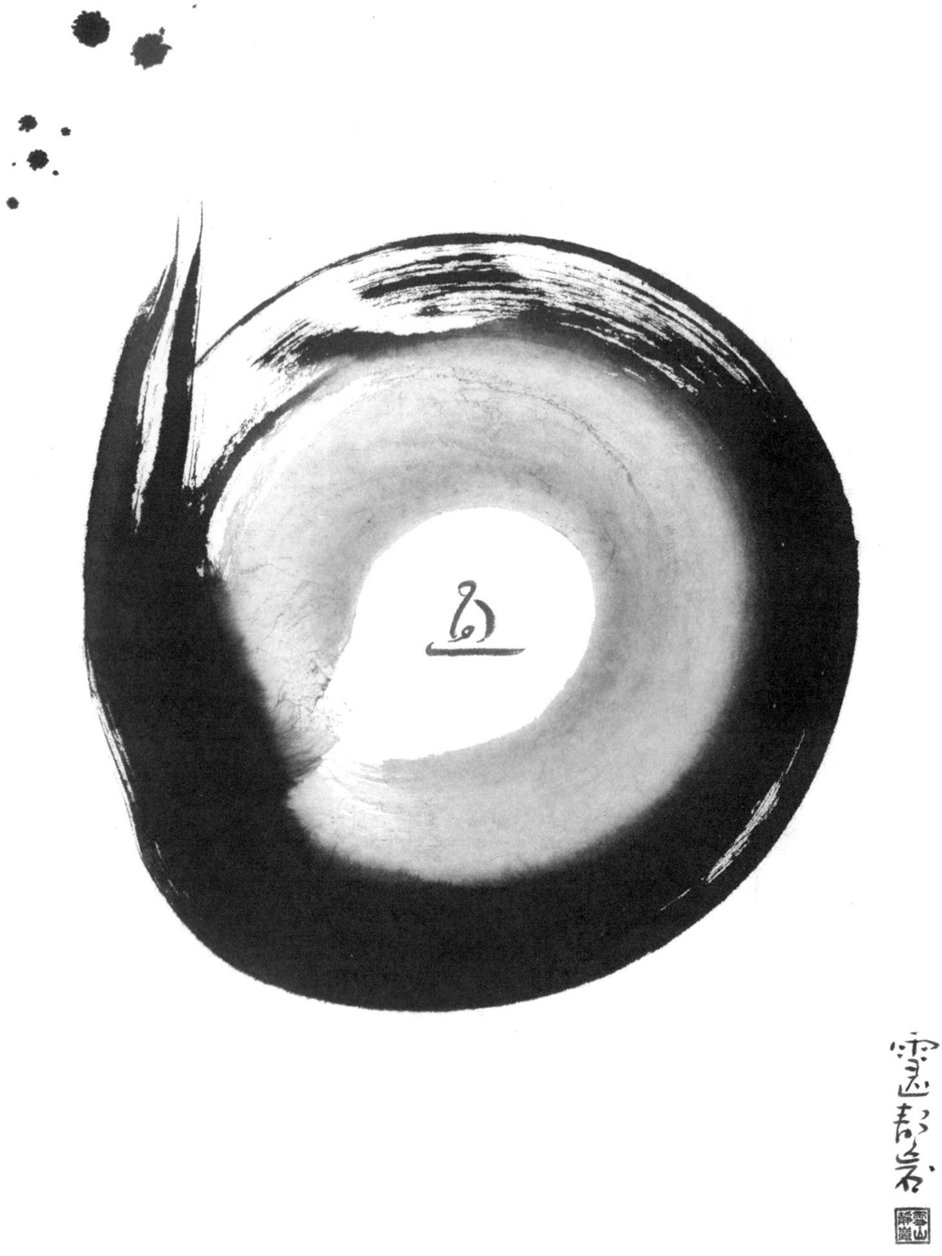

办法对付你,不过现在不说。"

墨子笑说:"我知道你想怎样来对付我,不过我也不说。"

楚惠王听两人打哑谜一样,觉得莫名其妙,问:"你们俩究竟在说什么?"

墨子说:"公输般的意思我很清楚,不过是想把我杀掉,他以为杀了我,宋国就没有人能守城了。其实他打错了主意。我来到楚国之前,早已派了禽滑厘等三百个徒弟守宋城,他们每一个人都学会了我守城的办法。即使把我杀了,楚国也占不到便宜。"

楚惠王听了墨子一番话,又亲眼见到墨子守城的本领,知道要打败宋国不容易,可能需要付出难以想象的代价。于是说:"先生说得对,我决定不攻宋国了。这样,一场大战被墨子阻止了。"

墨子一脉,思想上和儒家有别,孔子推崇周公,希望恢复周礼,而墨子效法夏禹。他称颂夏禹亲自拿着木锹疏通江河,治理洪水,为天下苍生奔波劳累,是真正为天下利益艰苦奋斗的圣人。并且,墨子对儒家"亲亲有术,尊贤有等,强执有命,繁饰礼乐"等内容也执不同意见,最终与儒家分道扬镳。墨子的墨学主要有兼爱、非攻、尚贤、尚同、节用、节葬、非乐、非命、天志、明鬼十大主张。

尽管修学方式、思想内容有别,但在为天下苍生计、在以人为本方面,儒家和墨家不过是在不同角度、不同方向努力而已。儒家偏重文,墨家偏重理。

墨子之后,墨家式微。尤其到了西汉时期,汉武帝独尊儒术的政策,使得社会形态发生变化,加之后期墨家收徒放松要求,越来越达不到早期墨家子弟的艰苦训练、严厉规则及高尚品格，墨家终于在西汉后基本消失。不过据历史学家发现 最后一代隐居的墨家弟子在晚清曾出现过，因抗夷而全部遇难。

儒家的世界观是"以天为本"，君子率天命而行道，但同样也可以说是"以人为本"。因为从本体上看，天、地、人的核心在"天"，故人需顺应天命而行事，从这个角度说是"以天为本"；而从作用上看，天、地、人的核心是人，人能补天地不足，无人何以显天道？故云"以人为本"。

儒家人和天是一而二、二而一的关系，"人心通天，心本是天"，儒家的"以人为本"实乃是如何以人应天、以人显天、以人奉天。"中"就是天人之间的感应。

既然天道无所不在，人能应天，为什么凡常之人却无法得知处处显现在日用起居、见闻觉知、食息动静中的天道呢？这叫"不识庐山真面目，只缘身在此山中"。凡常之人总以为需要离日用起居、见闻觉知而寻天道，以为天道别有奇特玄妙处，故索隐而深求，日用而不知。

密云悟禅师上堂法语："具足凡夫法凡夫不知，凡夫若知，即是圣人。具足圣人法圣人不知。圣人不知，即是凡夫。然则凡圣一致，各相互陈。"

《左传》云："天道远，人道迩。"形而上的天道要怎么修？天命究竟是什么？故一切需以人道显。人道在哪里显？必在日用起居、见闻觉知、食息动静中体现，离开生活哪有什么别处有"道"的？

天生万物，人亦为万物之一，万物是自性具足的，即无须再加；也是自性清净的，即无须再减。人之所以为万物之灵，是由于"人"独能率性而为，能独应天命,与天命合一,起到辅成万物的作用。

人生之真相宏深,但这种真相却不为与天命不能相应者所知。"人"如不能应天命率性而为,则不明人生之真相,则和万物无异,与禽兽无异,与无情草木无异,亦不足言贵,不足言万物之灵,不足言"以人为本"。西方文明推崇"进化论",认为"物竞天择,适者生存"的"丛林法则"是人类之所以能高于其他生物体的至高原则。实际情况如何呢？如果人陷于"丛林法则"中,则随其本有的本能兽性而存,人之所以能超越动物兽性便是独有的"人性","人性"并非依据"物竞天择,适者生存"为根本的。唯有人,会关怀老弱病残,会尊老爱幼,会明明德,懂得慎独修身,以致中和,而这些,统统和"丛林法则"无关。

宇宙中的万事、万物、万有一直处在不停变化中,这种变化是进化和退化同步的。人的内心中有从动物那里继承来的兽性,兽性源自人自然的本能,食性、色性是本能,但如果毫不节制,任由其肆虐就叫兽性。然而人类还有先天具备,并可通过后天的修学、教育,最终能不受自然力量控制的能力,能通过文化的力量避免本能转化成兽性,人能建立自己做主的"有序"生存状态,这才是人类文明的作用。

这种文明绝不仅是仅有强者可以生存,弱者也必须有其生存空间,文明是能遏制"弱肉强食"现象的普遍性,所以叫道德、伦理、法律、契约、文化、真善美,等等。也就是说,控制人类社会的两种力量,一是人类从自然生物界那里继承的"本能",这是天然的,也是无所谓恶的。只是如果不加节制,贪心大作时,就转化成了兽性。另一种是人类所特有的"人文",是用来遏制本能的。这种遏制需要"中庸"智慧,否则就如后世的道学夫子们,将正常的男欢女爱视为洪水猛兽,变得刻板教条,僵化保守。真正的人文精神,是指人能自觉地自我节制本能的膨胀,将其约束在恰好的位置,能发挥有序的节制而不过度,这是人类社会从"野蛮"向"文明"发展的大变革,也是人之所以能补天地之不足,辅成万物的关键。

人的本能无所谓善恶,没有本能,我们何以传承?但如果过分发挥本能,欲望缺失了人文制约时,人终将自我毁灭。而灭亡的前兆,便是无所忌惮的疯狂!秦始皇是六国中最强的君王,成吉思汗率领蒙古铁骑横行欧亚大陆,最终怎么样?最忠实于"物竞天择"规律的斯巴达勇士,现在又在哪里呢?

世界上许许多多不可一世的帝国,如罗马帝国、阿拉伯帝国、奥斯曼帝国……他们的崛起和灭亡,无不按照这个规律在发展。被兽性统治的人和国家,必然从其内部毁灭。为什么必然是从内部自毁呢?这就是阴阳的规律,外阳过甚则内阴同样过甚,以暴力、强权为基础的外阳,内在的阴戾就是各种手段、阴谋、心计的炽盛。对外的粗暴蛮横,是内在虚弱的表现,一个物质、精神文明丰富的人和国家,不会以显示强大为中心,这源于其丰富的内涵中会散发出的无比自信。

现代人为什么贪腐?皆因内在空虚、无聊,精神没有皈依点,故此,才会误以物质财富、名气地位、色情游戏等虚幻作人生寄托。无论表现出何种方式,其实病根皆源于心。心"虚"才会不断抓取和贪恋。心病还需心药医,否则病根不除,这些现象就像野草一样,野火烧不尽,春风吹又生。

生存、斗争能力强的人和国家,未必是人类社会中最"适应者"。《老子》

云:"是以兵强则灭,木强则折,坚强处下,柔弱处上。"又说:"胜人者有力,自胜者强。"柔弱、自胜都是人文的作用。能有效遏制本能转化成兽性的人文,才是社会有序发展的保障。暴力只能制服对手,却无法打败对手、驯服对手。能不战而屈人之兵靠的不是暴力,而是转化心的力量,这种力量是科学无法计算和测量及规划出的,这是人文的不可思议。

如果一个人、一个国家没有足够的真正懂得人文内涵的文化人,没有真正培养文化的场所,那么势必无法抑制社会上人的野蛮兽性,社会上也必然弥漫着一股暴戾之气,急功近利,小人无所忌惮。

而儒家,显然就是抱着完成教化民众、稳定社会的使命而生的,推行仁政,关注君子的仁德。也就是所谓君子是究其人品、德性是否和天命相应,越相应者则其人生境界越旷远无限。这是儒家的高明。《高僧传》中,十有七八的高僧都是儒家出身,不少人佛门成就后,依然会用儒家说法讲解佛法。儒家的重点是在教人如何为"人"、如何做"人",许多高僧们认为没有具备儒家人道精神的人,是难以直接修佛的,这就像不会走就想学跑,人道未成,而直接在佛门里想成佛作祖,必然一上手就着相,一着相就根本谈不上入修行了。

儒家的"天",《中庸》中有时称"中",有时言"庸",有时曰"诚",有时叫"大本"……如何与天道合? 即率性。

什么是率性? 即遵循天理的君子,其所见、所闻、所睹、所显必与"中和"相应,中和之气,质为大美,故言率性必有大美。

大美不是世俗意义上的美,世俗的"美"是相对"不美"而言的,是有依赖、有比较的美，故只能是一种表象，而非完整的美。有些人心情好时看花美，心情一转就生厌，再如果花开是美，那么花谢呢？为什么不见"落红不是无情物，化作春泥更护花"的美？一切有特定条件的美都不是大美，大美必是没有反面命题的。

有些修者通过静坐能得到表面的宁静，心里感觉挺"美"的，其实这只属于气宁静，要知道常静坐的人当然能得宁静，但宁静未必等同于人能率性无为。能得气宁静和率性无为的"中和"之境相去甚远，如果依靠隐居深山、依靠不被人打扰才能得到所谓宁静的浅层境界，感觉满足在这种修为的美妙中，必然会产生喜静厌动、喜香厌臭、喜美厌丑的念头，这时过去身心的各种疾患不仅没有根除，反而新增了一些喜，所有问题潜伏着，终不能去，一遇因缘，便疯狂滋长。

什么是无为不为的"中和"妙义呢？君子好比是镜子一样，只怕镜不明，不怕物来不能照。世事无常，千变万化，这些无常变化不是君子要担心的范围，无论多复杂，多微妙，多难以理解，君子都只需担心自己功夫不到，心不够明。故云："惟患此心之未能明，不患事变之不能尽。"

君子之心如明镜，随感而应，无物不照，这就是无为不为、无可不可，无处不通，镜子照物只需如实反映，心中并无分别、判断，如此，方能显万物、映万物、成万物、不留万物。君子之心，没有成见，也不会先谋划、计划事物未照之形，影去不可留，境去不可存，这样的心，方能应万物而不穷。

君子心如明镜，常人心如昏镜。儒家的格物、致知等法，皆如以镜照物，都在一个照上用功，如果人不知心中的镜子已被昏蔽，那谈不上照的功能了,所以"中和"的功夫对于修者来讲,是从磨镜上用功,也就是喜怒哀乐发后,磨镜后心明方可照物,磨镜和照物是不矛盾的,磨镜即是磨心。

凡人因心地不明,故不明中和为何物,心中正气不生,被境转,被欲迷,被情困,被知障,被利用,被业缚……哪有一刻可以安宁自在?所以时刻活在不安、恐惧中,只此一怕,即是心邪。

故非物迷人,乃人心自迷。如人好酒,是被酒鬼迷;好色,是色鬼迷;好利,是利鬼迷;好怒,是怒鬼迷;恐惧,是惧鬼迷……定是心之本体,安与不安、动与静这些只是心的本体在不同时间、不同场合的具体表象而已。

因人心不至中和之境,所以自性迷,而迷信,一切困、惑、业、果皆惟心造。儒家的终极目标,便是人人可通过"中和"修道之法,达到君子之从容境界,君子多了,社会便是大同世界。

有些初入门的学人,心理素质较差,学习进度慢又批评不得,一说就委屈,甚至想逃跑。面对这些脆弱的玻璃心,慈悲心强的老师就得想出各种方便法哄着学习,好像他们是为了老师而学习一样。我们前文说起的墨子有一位大弟子叫耕柱,不过,他虽是墨子的得意弟子,各方面都能做出表率,但却日夜挨师父的责骂。

无论他怎么做,不论做的结果如何,墨子都要责备他。一次,墨子又责备了耕柱,耕柱实在感到难受了,觉得自己真是非常委屈,因为在墨子众弟子中,大家都公认耕柱是优秀的,却偏偏师父一回来就指责他,让他没面子。这一次,耕柱鼓足勇气问墨子:"老师,难道我竟是如此差劲,以致于时常遭您老人家责骂?"

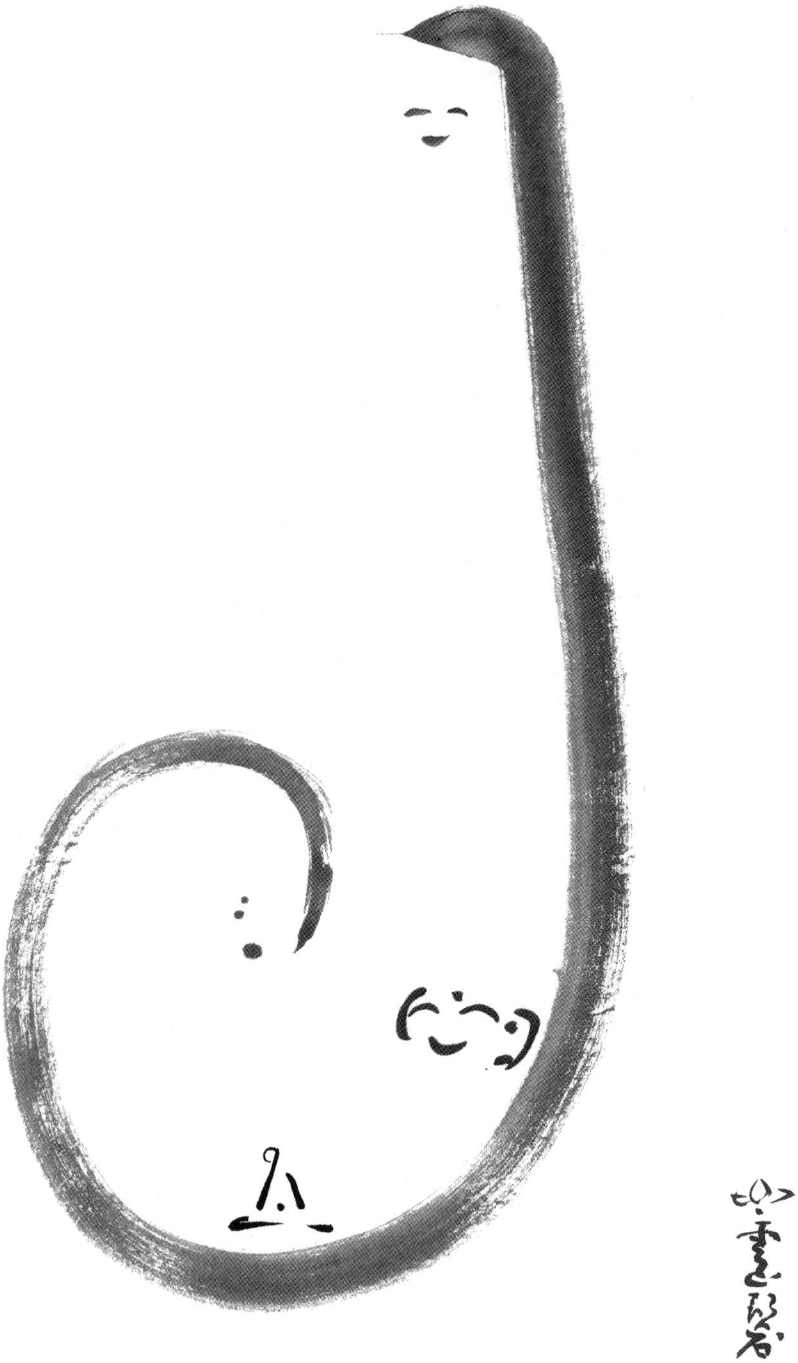

墨子听后，一点也不动肝火，说："假设我现在要上太行山，依你看，我应该要用良马来拉车，还是用老牛来拖车？"

耕柱答："再笨的人也知道要用良马来拉车。"

墨子又问："为什么不用老牛呢？"

耕柱答："因为良马足以担负重任，值得驱遣。"

墨子说："你答得一点也没有错，我之所以时常责骂你，也只因为你能够担负重任，值得我一再费心费力地教导和匡正你。"

人之所以能为人，在于其能有效遏制兽性，发挥人性，儒家认为人性体现在仁、义，这是儒家的人道。人道是顺应天道而为的。只不过，"性相近，习相远"，人性虽同，但由于人人后天习性不同、所受的教育不同、境界不同，使得人与人之间有了差距。故此，各家各派的特点，在于用不同方式教，转化人的习性。

从儒家角度说，孟子的四端之心是发扬人的善性、遏制人性中的兽性成分，由此儒家展开了道德伦理、政治伦理、经济伦理、社会伦理、天人伦理等诸多方面关于人的教育学，可以说，儒学即是为人之学，反过来说，不具备"四端之心"的人，是不能称其为人的。

儒家的大同社会基于君子仁爱，能爱人并推行于天下，孟子说："亲亲而仁民，仁民而爱物。"具备了自觉、自爱、自知、自明的修养后，便能"修身、齐家、治国、平天下"，这就是说，没有"以人为本"的自修基础，谈政治伦理、道德伦理、社会伦理、经济伦理是不实际的。故此，君子重修身。如何修？孔子提出要修德、讲学、徙义、改过，这样才能下学上达，使自己有个安身立命处。

君子能安身立命，方可齐家、治国、平天下，齐家的重点在"孝"，治国的重点则是"平"，"平"有四义：一是和平，国家、民族、众生间能和平相处；二是平等，即四海之内皆兄弟，没有歧视和压迫；三是平安，每个人身心内外的平安和安宁，老者能安之，修己以安人；四是平稳，即生命、社会是在稳定的规律下发展、变化。如果动乱，只能是退化。

自古，道与法合则天下平，道与法分则天下乱。"平"是儒家的理想，是"以人为本"的基础。"平"的日常表现在"礼"。

《左传》曰："礼，经国家，定社稷，序民人，利后嗣。"有礼有节的社会是文明社会。但光用"礼"是无法治国的，还要用"刑"来制止祸乱，"刑"不足处用"法"来补，"法"后有令、则、律，以防社会贪欲横流。可见，这些功能虽各个不同，但都带有制度性的意义。

孔子清楚，用政令和刑法虽然可以暂时惩罚犯罪，不过能使得社会上人人能自觉形成道德规范才是根本，故此，法则、法令、法治、法规需与"道"合，教育人们有羞耻心、进取心、正义感，这样人才会自觉、自律地走正道。

儒家的"以人为本"还有一层天人相即不相离的关系，天地能生养人，反过来人道必彰显天道。为什么天道能由人道彰显？因为人具有与天相关联的人性。人性唯仁，可与天地万物合一。故此，能合于天地自然的人，才符合中庸精神的大本，才能真正感受生活的富足和幸福，此乃儒家所追求的以人为本之"中和"达道。

禅者颂
中空

看中中道中难道，
悟空真空真不空。
中空本来无一物，
奈何缘起迷影踪。

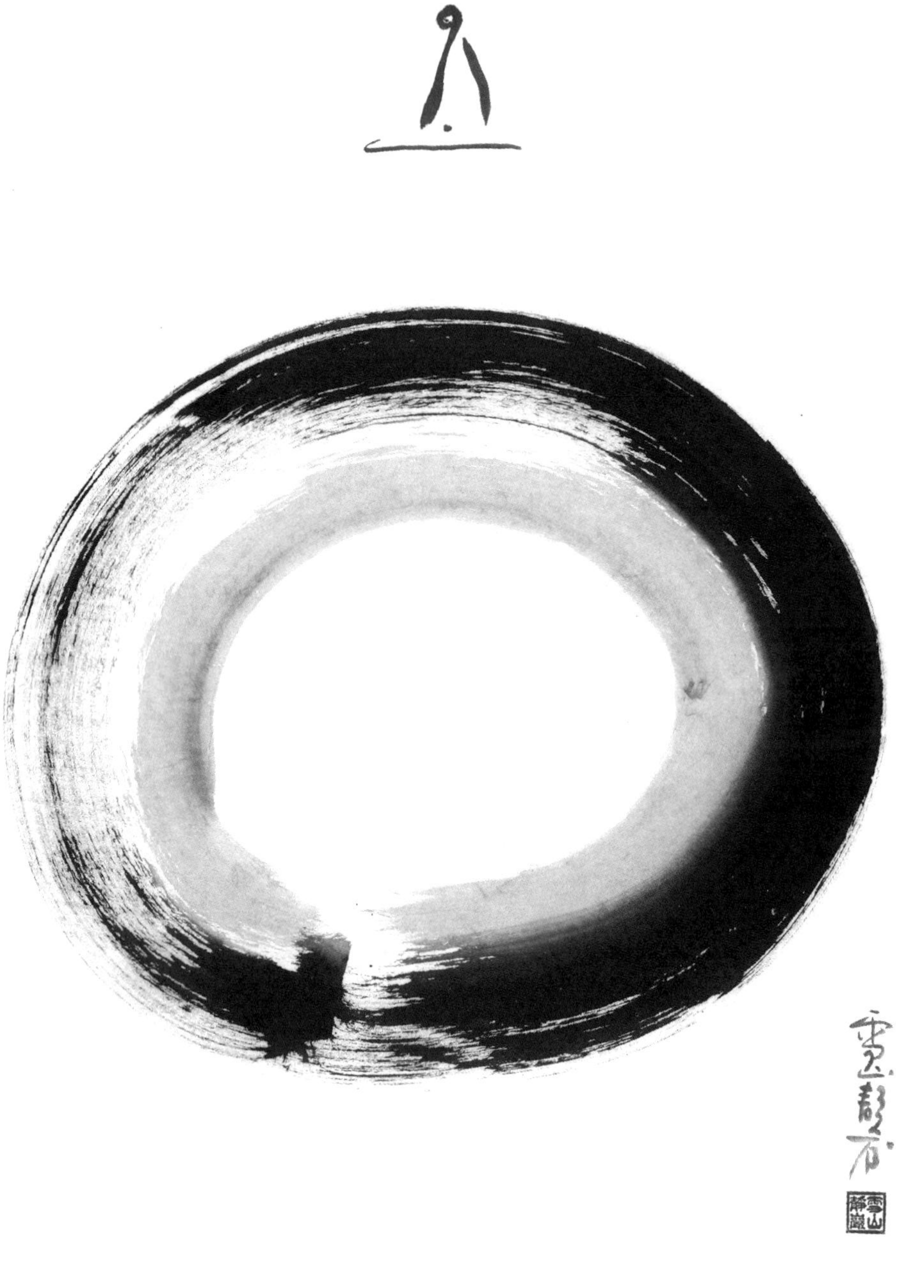

第三章 见隐显微君慎独

第一节　君子修道之法"慎独"

《资治通鉴》中记录了子思在卫国见卫侯的一段经历。卫国是周朝的诸侯国之一，位于现在河南省的鹤壁、新乡一带。卫国虽小，但这个国家曾出过商鞅和吴起两位人物，对春秋的格局变化产生了重要影响。

一日，子思向卫慎公提起一个叫苟变的人，子思说：他的才能可以统领兵车五百乘。那时候兵车一乘上有甲士三人，下有步卒七十二人，五百乘就有三万七千五百人，这也就是说子思认为苟变是大将之才。

卫慎公答："我知道他有才华，只是他在征税时吃了老百姓两个鸡蛋，所以我不用他。"

子思却不以为然地说："圣人选人任官，就如木匠选用材料，会取其所长，弃其所短。一个高明的木匠，不会因为一根大树有几个地方腐朽了就把它扔掉。现在国君您正处在战国纷争之世，需要大量吸引人才，却因为两个鸡蛋而舍弃大将，这事可不能让邻国知道啊！"

卫慎公闻言拜谢说："谨遵教诲！"

苟变后来果然成了卫国的名将。

子思是鲁国人,他去卫国是做什么呢?我们仔细探究发现了一些蛛丝马迹,原来是其母改嫁去了卫国。

在现代人的眼里,儒家是反对臣子二君、女人二夫,崇尚忠君、贞洁的,后世居然还搞出了什么贞节牌坊,用以束缚人性,这才是完全违背儒家先圣思想的封建保守。我们来看看孔子家族的婚姻情况。

首先从孔子之父叔梁纥说起,司马迁在《史记》中说:"纥与颜氏女野合而生孔子,祷于尼丘得孔子。"叔梁纥与颜氏女年龄悬殊,又采用了不合礼仪的方式生下孔子,生母颜氏应该不是叔梁纥的原配。那么,叔梁纥的"糟糠"之妻呢?《孔子家语》有载:"自叔梁纥始出妻,及伯鱼亦出妻,至子思又出妻,故称孔氏三世出妻。"孔子于十九岁时娶亓官氏为妻,生独子孔鲤,后来孔子和亓官氏离婚了。

据传孔子是以"口多言"为由出妻的,这个理由是否属实谁也不知道,但和孔子一起生活,确实是一件比较辛苦的事情,他是个讲"礼"的君子,在衣、食、住、行等方面绝不凑合。食不厌精,脍不厌细;肉割不正,不食;席位不正,不坐;穿的衣服怎样配料配色,他也有自己独特的眼光,例如用黑羔羊皮袍子就要配黑面子,白羊皮袍子便配白面子,而狐皮则须配黄面子。他还要求盖的被子必须超过被人身长的一半,做衣服衣袖不能一般长,右袖子要比左袖子短等等,如此这般的注意细节不是因为孔子家庭富裕、挥霍浪费,其真正含义是为了达"仁"尽"礼",孔子将"礼"的应用体现在文化、日用等生活上。

但孔子的夫人想必就比较难以达到他的要求了,故而口角纠纷以至于分手也是难免。《论语》和《孔子世家》中都没有关于孔夫人的记载,所以给人的印象似乎孔子一直是独来独往的,除了儿子孔鲤偶尔友情客串一下,对他家庭生活的描写几乎空白。可是,既有孔鲤,为何没有其母呢?

孔子曾说:"唯女子与小人为难养也,近之则不逊,远之则怨。"可见孔子的婚姻生活状态,他对女人心有余悸,说走近了没规矩,远离了又成怨妇。早期儒家对男女婚姻持有较为宽松的态度。谭嗣同在《仁学》对此说道:"夫妇者,嗣为兄弟,可合可离,故孔氏不讳出妻,夫妇朋友也。"

又,《礼记·檀弓上》记载:"子思之母死于卫。"汉儒郑玄注:"伯鱼卒,其妻嫁于卫。"子思是伯鱼的儿子,也是孔子的孙子。伯鱼死于公元前483年,弥留之际的伯鱼对儿子感叹:"为父一生无人可比,你父不如我父,你子不如我子。"

伯鱼死后其妻改嫁到了卫国,这一年孔子六十九岁。白发人送黑发人,心中难免悲切,但他却没有用礼法阻止儿媳再嫁。这一点正如孔子自己出妻那样,他处理得毫不造作。

而子思,经历丧父之后母亲又再嫁,心中可能有些阴影。儒家原始文献记载,他后来也离了婚。

《礼记·檀弓上》记载:"子上之母死而不丧。"郑玄注:"子上,孔子曾孙,子思伋之子,名白,其母出。"由此可见,子思的儿子名"白",他的母亲"出",也就是子思夫人和子思离了婚。虽然经典并没有记载子思离婚的原因是什么,但离婚是事实。

孔子一家祖孙三人,都有过离婚或再嫁的经历,显示出早期儒家对男女和婚姻上豁达的态度。其实儒家圣贤离婚的又何止孔子一门。曾子因妻子"梨蒸不熟"而休之,其分手理由也许有点不可思议。孟子也曾欲休妻,不过被孟母阻止未果。原始儒家认为,男女之间正常的欲望完全符合自然法则。

《礼记·内则》中甚至明确说:"妾虽老,年未满五十,必与五日之御。"也就是说,男人对夫人有各方面的责任,即使夫人老了,但只要还不到五十岁,就应该照顾到她的性要求,每五日应该有一次夫妻生活。现代人由于宋明理学的关系,对儒家误解极深,有谁能想到原始儒家是这么有人情味的学派呢?

到了战国时期,孟子亦坦然承认男女之欲是自然发生的事情。《孟子·万章上》曰:"好色,人之所欲",《孟子·梁惠王下》中还希望"王如好色,与百姓同之"。实际上,除了自由离婚和改嫁之外,早期儒家甚至还提出过类似于现代试婚的观点。据《礼记·曾子问》中记载,新婚妻子三个月后才到男子家庙去拜见祖先,如果三个月之内双方不和谐,这婚姻仍可取消。

对待男女问题上的态度,君子是从容不迫、自然而然的,男女之事不是洪水猛兽,情欲是克制不断的,儒家先圣从来没有站在道德高地,对人的本能欲望指手划脚,那些压制人性的"道德"都是后世道学的变异,先圣们只是指出了化解欲望膨胀的道路。

早期儒家的君子,言谈举止间本是充满了人间烟火味的。他们为什么能如此豁达?因为儒学的核心价值之一便是"己所不欲,勿施于人",不强迫人做自己不愿意做的事情,与人方便,此方为"恕"道。

孔子是个对生活充满热情、幽默风趣的人，不如意的时候也顽皮地发发牢骚，说知我者只有老天爷吧，或者干脆撂挑子不干，要乘着竹筏隐居海外，说"道不行，乘桴浮于海"，但这只是说说而已，他总能很快从消沉中恢复，用轻松、阳光、欢快的话语继续激励学生们。

孔门子弟，都是风趣和幽默的。一次，他们周游列国时途经郑国，被冲撞后，孔子与弟子们走散了，他就一个人站在都城东门。子贡四处找老师，有人对他说："东门有个人，他的额头像唐尧，脖子像皋陶，肩膀像子产，可是从腰部以下比大禹短了三寸，一副狼狈不堪、没精打采的样子，真像一条丧家犬。"

见到孔子后，子贡原话转述给了老师。如果是后世的儒者，被人形容是丧家犬，肯定不开心，可孔子却说："他形容我的相貌，不一定对，但说我像条丧家犬，这说对了！"

充满了生命力的孔子，和弟子们一起不是严肃、威严、沉重、冷峻、呆板和一本正经的，他是一个"近之也温"的积极、乐观的时刻充满热情的老师，是"知其不可为而为之"的理想者，命运的坎坷并没有使他性格阴郁沉重，他总能迅速走出失败的阴影，笑对人生，让自己和徒弟们的生活富有情趣。

某天，当他听说子游去当了武城的县长，并教老百姓们唱歌、读诗书、习礼乐、开心地大笑，对子游说"割鸡焉用宰牛刀"。子游当时理解不了，严肃地回答老师："您从前说过，做官的人受教育就会多仁爱心，老百姓受教育则容易被管理。"面对一本正经的子游，孔子哈哈笑说："开玩笑，开玩笑！我是和你戏言呢！"可以想得出来，此时的孔子一定是慈祥可爱的搞怪样子。

据《论语》记录,叶公问子路:你的老师孔子是怎样的人呢?子路不回答。孔子就自己说道:"女奚不曰,其为人也,发愤忘食,乐以忘忧,不知老之将至云尔。"这就是孔子对自己的评价,虽然外表看来,白发苍苍,早已耄耋,但仔细一看,却又不然,他的眼神,清朗明净,宛如赤子;他的行事,神采奕奕,精神抖擞。若说他年轻,偏又没有年轻人的浮动轻佻,嗅不出半点急躁之气。他沉稳安然时如高僧入定,风涛迎面时,不动如山;这不动,分明是饱经岁月的沧桑。孔子虽一生坎坷,但他却自始至终乐而忘忧,不知老之将至,这不就是不忘初心的赤子吗?

孔门弟子和孔子之间,平时说话也不是一本正经,也是多有玩笑,《论语》记录:"子畏于匡,颜渊后。子曰:吾以女为死矣。曰:子在,回何敢死。"这是说孔子曾被困在陈国的匡城整整五天,和颜回失散了,后来会合,孔子见了颜回便说:"我以为你在乱中死了呢!"急切之情溢于言表,颜回回答:"老师您还健在,我岂敢死?"孟子说过:"教亦多术也。予不屑之教诲也者,是亦教诲之而已矣。"孔门师徒莞尔之余,意味无穷。

颜回深得孔子关爱,他安贫乐道的精神是重要因素,子曰:"贤哉,回也!一箪食,一瓢饮,在陋巷,人不堪其忧,回也不改其乐。贤哉,回也!"在各种条件下,颜回能活得自在安然,明明白白,这岂是容易之事?故此,孔子常会不厌其烦以最高赞誉称许他:"用之则行,舍之则藏,唯我与尔有是夫!""回也好学,不迁怒,不贰过。"

颜回虽生活贫困,但不像有些人穷得蝇营狗苟,自卑自微;不像有些人穷得怨天尤人,满腹牢骚,穷酸迂腐;也不像有些人贫而无谄,穷得似乎刚正

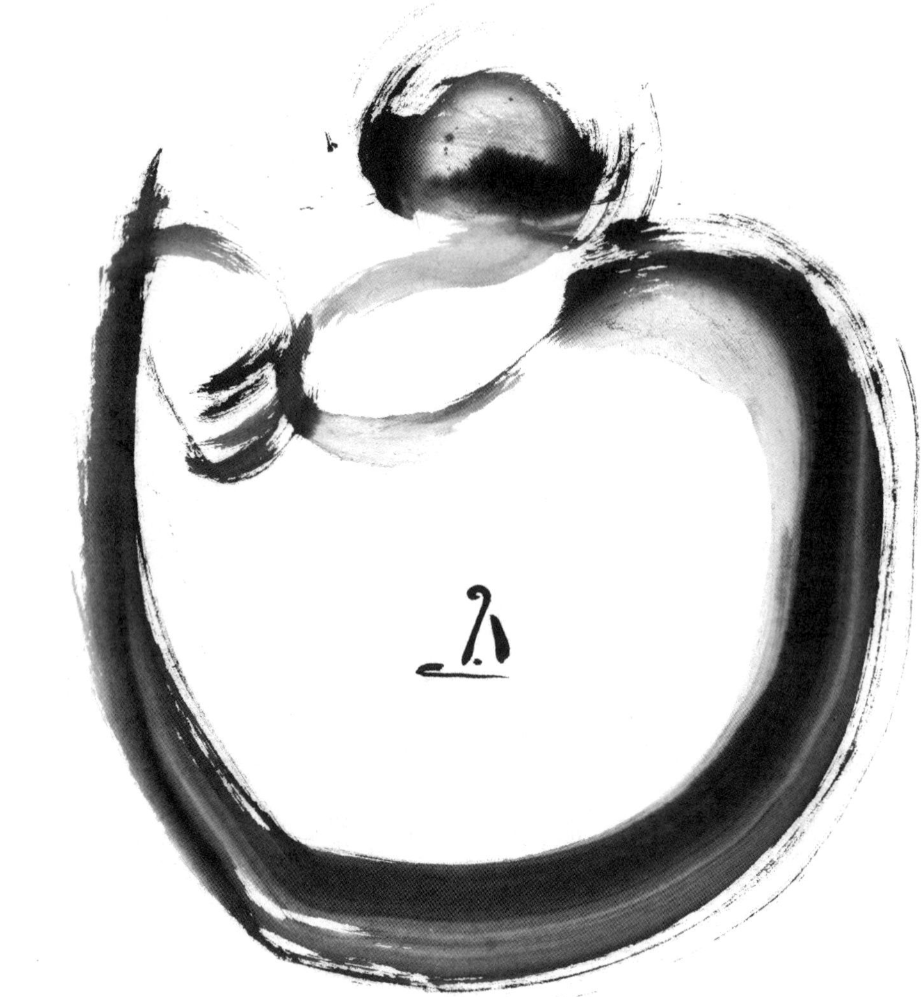

嶙峋。前两者的穷不足为道,而后者所谓的一身傲骨,其实源自过多不必要的自我防卫,实乃不自信所致。

颜回对贫困,箪食瓢饮也好,居于陋巷也罢,都能当下安然,不卑不亢,不会焦虑彷徨,也不会怨怼愤懑,而是清澈淡泊,别人因千思万虑"不堪其忧",他却能一念不起"不改其乐"。

颜回乐,因为他的老师就是这样一个不改其乐的君子,困苦中常悦乐自得,他们都是从心所欲不逾矩的明白人。和明白相反,就是无明。凡常之人,从无明生,自始至终,都不曾明白过生从何来,死往何去。

现代社会,人人狂奔竞逐,这是人类的集体无明。商业发展得漫无止境,穷奢极欲,生态濒危,其实,有几人明白自己在做何事?现代人成天充满困惑,有些人甚至连起困惑的能力也没有,只是淹没于忙碌、茫然、焦虑、不安中,成天不知所谓,不明所以。此时,我们想想那个"一箪食,一瓢饮,在陋巷"而"不改其乐"、少年白发的颜回,再想想那个"不知老之将至"的快乐老头子,我们心中能升起什么样的感慨呢?

颜回虽比孔子小三十岁,但最终还是先孔子去了,这对孔子刺激很大,想其道不行,为自见于后世乃作《春秋》。我们前文已经说过,孔子自己说:"后世知丘者以《春秋》,而罪丘者亦以《春秋》。"对于孔子,作《春秋》便是立功、立德、立言以警后世。

然而于今,还有几人能读懂《春秋》的微言大义呢?对于现代人,《中庸》的作用是将儒学融入日用家常,其根本便在修身以诚、待人以诚、敬畏以诚、立身以诚、教化以诚,以至于"格物、致知、正心、诚意、修身、齐家、治国、平天下"无不以"诚"为本，这个"诚"，才是孔门秘传之心法。

"诚"是心法之体，有诚，则道生。于人如是，于家庭社会、国家莫不如是。人本、家本、国本、国体、国法，当以一而贯之，这个"一"便是"诚"。

《郭店楚简·鲁穆公问子思》有一段对话，很有意味。

鲁穆公问子思，怎样才算叫忠臣。

子思答，总是称道君主罪过的人，就是忠臣。

鲁穆公不高兴。子思作揖退下。

成孙弋来见。鲁穆公说："刚才我问子思什么是忠臣，子思说：总是称道君主罪过的人是忠臣。寡人困惑，想不通。"

成孙弋说："啊，这话说得好啊！为了君主能舍身的人不少，但是总能称道君主罪过的人却难得一见。为了君主敢舍身的人，是尽忠于爵位俸禄；而总是称道君主罪过的人，却是远离爵位俸禄的君子。为了道义而远离爵位俸禄，除了子思，我还没见过有人能这么真诚地说话。"子思便是这种"恒称其君之恶者为忠臣"的至诚君子。至诚如神，所向披靡。

孔子到子思祖孙三代，享年各七十三岁、五十岁、六十二岁。子思和孔子祖孙二人同世应有年。得孔门心法者是子思，这就是"世家"。子思又得曾子亲传，此心法终传于孟子，他和孟子被后世成为"思孟学派"。故，子思可以说是孔孟的连接过渡点，对儒家发展起着极为重要的承前启后作用。

孟子早年师事子思时，有一次，他请教老师治理百姓应以什么为先。子思答：先给他们利益。孟子问：贤德的人教育百姓，只谈仁义就够了，何必非要说利益呢？

子思答：仁义原本就是利益！上不仁，则下无法安分；上不义，则下常常欺诈，这就是最大的不利。所以《易经》上说，利，就是义的全部体现。又说，用利益安顿人民，以弘扬道德。这些都是用来说明利益的重要性。

可见子思绝对是继承了孔子"圣之时者"的独门心法，深明大义，思想不拘泥，不迂腐，当得上"述圣"这一称呼。孟子是儒家中的理想主义者，《孟子》书中有一种蓬勃之气，读之时时令人感动。孟子之时，天下之言以杨朱、墨子为主，杨、墨皆有精深系统，而此时的儒家，幸有孟子的辩才无碍，能应对无碍，舌战群雄，独当大任。

比孟子略晚的荀子虽是大才，但他要制礼节欲，主张和孟子有不同，强调"严刑罚，以戒其心；使天下生民之属，皆知己所愿欲之举在于是也，故其赏行，皆知己之所畏恐之举在于是也，故其罚威"。所以他教出来的学生，全非儒生面目。

孟子继续发挥了孔子所未言，推广仁义之本意，说出仁义本于天性。他不仅雄辩，又善讽喻，泼辣犀利，我们读《孟子》，能感受到他浑身上下一种浩然大丈夫气象，并因此而大受感动和启发。《孟子》说："虽存乎人者，岂无仁义之心哉。"这就是他的人生观，人无有不善，就其善而养之。循这条路走去，就可为顶天立地的大丈夫。

孔子讲要做君子，而孟子提出了"大丈夫"三字，禅门祖师个个都是有操守气节的"大丈夫"，"大丈夫"重"志""气"。"富贵不能淫，贫贱不能移，威武不能屈"才叫做人气，也就是仁。而有人气的"大丈夫"，必时刻"修身为本"。

《中庸》第二十章讲到"天下九经，修身为本"的问题，曰："凡为天下国家有九经。曰:修身也,尊贤也,亲亲也,敬大臣也,体群臣也,子庶民也,来百工也,柔远人也,怀诸侯也。"

儒家九经为:"修身则道立,尊贤则不惑,亲亲则诸父昆弟不怨,敬大臣则不眩,体群臣则士之报礼重,子庶民则百姓劝,来百工则财用足,柔远人则四方归之,怀诸侯则天下畏之。"

其中首先提出的是:"修身则道立",道是什么道? 就是人道、君道、臣道、王道、天人合一之道、齐家、治国、平天下之道……道是社会的公理,这所有一切的公理都建立在修身的基础上,由此可见修身之重要。

我们以为人道简单,谁还能不会做人吗? 其实做人最不容易,我们每个人一出生便受到环境污染,染上了各种习气,这些习气障碍了我们天生的慧眼,干扰了我们精神的清晰度,从而形成了在工作和生活中的种种妄想、执著。故此,要想成就为人之道,必须时刻不忘修身。平日里不修身的人,遇乱则必慌,但是君子不会。《大学》提出格物致知、正心诚意这么一套严谨的、关乎身心性命的修身程序,唯有修身才有可能谈得上"道立"。

对于修身之道,《大学》写道:"古之欲明明德于天下者,先治其国;欲治其国者,先齐其家;欲齐其家者,先修其身;欲修其身者,先正其心;欲正其身者,先诚其意;欲诚其意者,先致其知;致知在格物。"此为《大学》八目:格物、致知、诚意、正心、修身、齐家、治国、平天下,其中格物和致知是八目的基础,修身是八目的核心。

那究竟什么是"格物"和"致知"呢?《大学》对诚意、正心、修身、齐家、治国、平天下都有相关的解释,但对"格物"和"致知"没有给出解释。后人对此的理解可谓众说纷纭，明末理学家刘宗周说："格物之说，古今聚讼有七十二家。"

如东汉经学家郑玄在《三礼注》中对"致知在格物"一语注解道："格，来也。物，犹事也。其知于善深，则来善物；其知于恶深，则来恶物。言事缘人所好来也。此'致'或为'至'。"

这段话的常见解释是："格物"是使事物来到，"致知"是通过学习获致所知。知善爱善就会招来善事，知恶喜恶就会招来恶事。

而朱子对"格物"的理解有不同，他在《大学章句》中写道："格，至也。物，犹事也。穷推至事物之理，欲其极处无不到也。""所谓致知在格物者，言欲致吾之知，在即物而穷其理也。"也就是朱子认为，格物、致知是通过穷尽事物的理，而后使心有所知。他把"格"理解为穷尽，要格的是心外之物。

王阳明早年受朱子"格物"论启发，结果格物没格成，反被物格出了病。后来，他终于明白朱子之格物有误，他在《传习录》云："天下之物本无可格者，其格物之功只在身心上做。"又说："致知格物者，致吾心之良知于事事物物也。"也就是阳明先生认为，格物不应格外物，而所谓"格者，正也。正其不正以归于正之谓也，正其不正去恶之谓也"。显然，阳明先生悟到要格的是心中之物。

"格"究竟何意？不仅上述说法，其实还有推究、感通之意。"格物"须先推究事物，进而使心意与事物感应融通。融通之后，就可以获知人与事物、人与人之间的内在联系。那么如何使自己的心意与事物相通呢？《大学》的六部心法是：知止、定、静、安、虑、得。

人只有诚心才能不通过见闻觉知而能获知人与事物、人与人之间的内在联系，"慎独"是君子诚心的体现。

儒门本有许多修身法，如守静、存养、自省、定性、治心、主敬、慎言、至诚等，可见在儒家之重修身，修身不仅是一件个人的事情，也是通过个人的身、心体验，提高对宇宙万物"大本"的认识。唯有在修身的过程中，君子种种情感、道德、行为方能和社会群体准则融合。

然而修身法虽多，《中庸》唯以"慎独"一法包容各修身法，此谓"吾道一以贯之"。

儒家的修道法属于"社会道"，其主要责任在于君子通过自修身而能积极帮助社会和谐。社会如同大海，大海由一滴滴海水组成，每个人就如同海里的水，君子用各种方法提高自身能量，并主动积极融入大海。

"慎独"修养中的戒、慎是与日常生活，与道密不可分的。道虽为人性所本有，但道的实现依赖于每个人对自我的认识。自我认识程度越深刻，这个人和自我内心即天地交融的程度也会越深刻，此时，这个人所见、所闻、所觉、所知均与凡人不同，故此，"慎独"修养是不能离开日用的生活道，也就是说非鬼神乱力，非自然玄玄，而是彰显人道作为君子内化修养的一种明锐意识修炼法。

"是故君子戒慎乎其所不睹，恐惧乎其所不闻。莫见乎隐，莫显乎微，故君子慎其独也。"什么意思呢？君子能"慎独"，首先要过"见隐"和"显微"两个关门。内心无形、无相、无时、无处，名"隐"，故不能"睹"。

内心无声、无色、无来、无去，名"微"，故不能"闻"。

可见可闻者,是"相",不可见闻者,是"本"。"本"发于"相",而并未全体显发,又浑然一体,莫不能辨。故,见色能见心,闻声即闻性;然,见色非于色,闻声非是声。孔子云:耳顺从心,物我无间。如《心经》云:"色即是空,空即是色;色不异空,空不异色。"乃体用不二也。

什么是"见隐"和"显微"呢? 也就是不可见、不可闻的微妙存在。

例如现代科学家们正研究的"暗物质"属于其中之一类。"暗物质"之所以"暗",是因为它是"冷的",是"阴性"的,并且移动速度不可测。尽管我们并不能直接看到暗物质,但它们会通过其他方式彰显自己的存在,例如它们施加的引力会影响光线传播路径而导致弯曲,这就和光线穿过水池或是结了水雾的浴室玻璃时发生的情况差不多。在光学上称此为"引力透镜",科学家们可以利用"暗物质"各种显现现象,来研究它们。

然而,尽管科学家们绞尽脑汁想研究"暗物质",但"暗物质"却总能和科学家们游戏,首先它们几乎不与其他现代科学可知的任何物质类别发生相互作用,更不用说我们所能见、闻的正常物质了。不过,暗物质也并非完全绝缘。

当你撞上一堵墙,头必然会与墙壁发生碰撞,可是暗物质与墙壁相撞或与其他实体相撞时,它会直接穿过对方,没有任何阻挡,这就像有修者能"穿墙而过"一样。

之所以称为暗物质,是因为目前人类不可见,但人类目前不可见,不代表真的不可见,或未来不可见。暗物质虽冷却也有发光现象,例如伽马射线,就像暗物质撞击后产生的一种能级极高的光。其实,现代科学对暗物质

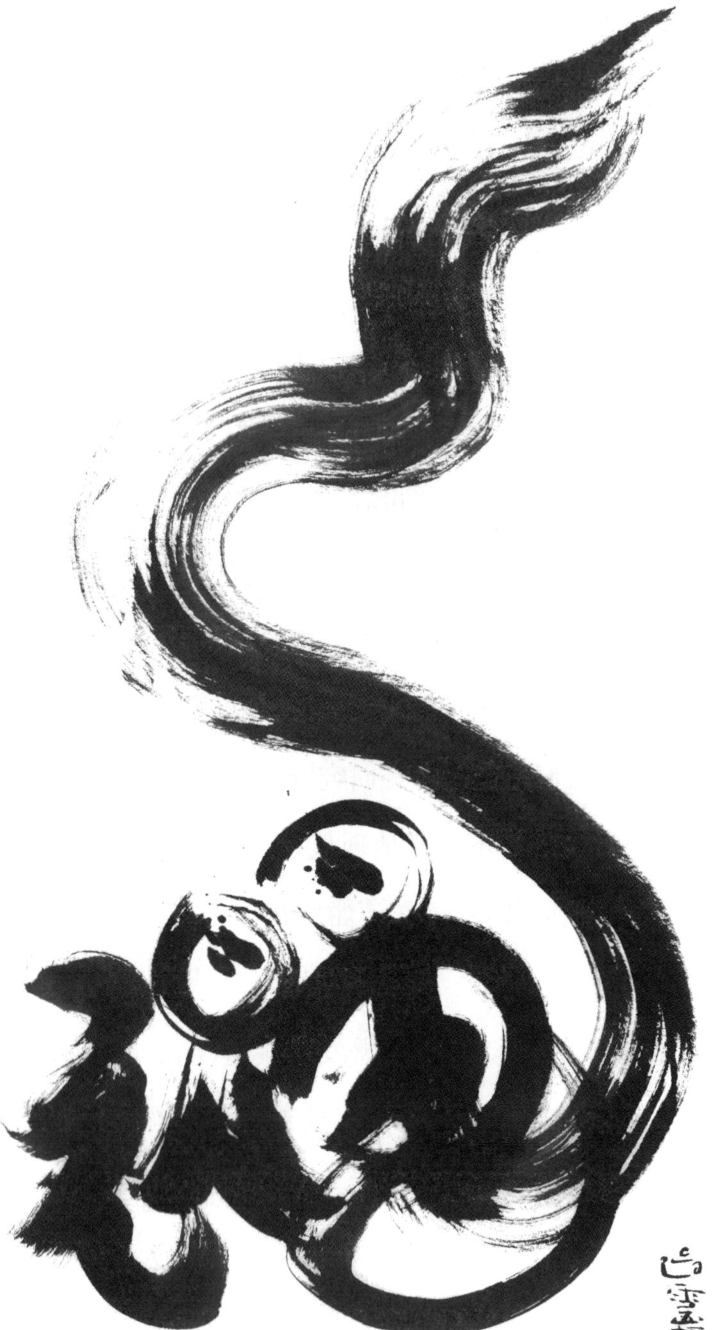

的研究还处在起步阶段,想要通过科学的方法了解暗物质真正的能量、变化等特性,现代人类还有漫长的路要走。

古人对不可见、不可闻的"隐"和"微"却知之甚深,只是,科学的特性是要能通过实验求证,要可以计算和测量,并具有可开发和可利用价值。这一出发点和古人有异,古人是色类各有道,各自不妨恼。对于形形色色的阴性物质,包括但不仅限于现代科学所说的"暗物质",儒家称之"见隐"和"显微",其内涵有多层含义,试举如下。

第一,尽管人内心是见、闻、觉、知的对象,属于"隐"和"微",但如果君子修身功夫成就,用一颗真诚心是可以通过内观、反思和内心契合的,故此,表面不可见、不可闻的内心也是可见、可显的。

任何生命体,能发用昭彰的,不出见、闻、觉、知四者。道不可离,便是不可离见、闻、觉、知的日用,但是见、闻、觉、知是果,需要亲触而后现,故,见、闻、觉、知之用近而窄,不能真实体现出道之全体。

如果眼之所见,能不受明暗之局限,可容天地万物;耳之所闻,能不受空间局限,十方俱击鼓,十处一时闻,这是"见隐"和"显微"本体之真实发用,所谓凡圣之别,便在于此。

可见、可闻是声色,见隐、显微是内心。内心寄于声色而不流于声色,所以虽见虽闻,却有不见不闻之性存在。这即是内心中全体大用的"中庸"。

凡夫之人,只知有可见、可闻之声色,不知道不可见、不可闻的内心真实存在。所以,虽大道昭昭,却居于其中日用而不知。由于不知,故流于声色而不知返,流而不返,以至于离真迷幻。"见隐""显微"是儒门"复性"的功夫,先于不见不闻处立身,绝不随声色流转,不流转处,则"复性"功夫已成。这就是儒门之"教",所谓"和而不流"。禅门谓之曰:"切莫随它去,迢迢与我疏。"

第二,人、事、物的绝大部分事、境属于"隐"的范围,表现于外界的现象只是人、事、物整体中极其微不足道的一部分,君子唯有修身功夫成就,才能见其不可见之见,明其不能显之微。最显见者,是极隐微。夹山禅师云:"道在目前,不是目前法。亦不离目前。"

第三,有修养的君子,在人不见之处、不显示之境也能严格自戒、自律、自觉、自知,君子不以有人可见、有作用可显,作为行事、为人、立身的标准。所谓修身,是君子内在自我实现的过程。

第四,君子修身不是"为人",而是"为己"。也就是内在作用于自我的无声无臭、无影无踪的成长过程,隐藏在其深层情感和思想中的意识,是不见之隐、不显之微,是生命于细微处的真实,是君子修养工夫的下手处。君子之所以"慎独",是因为作用力不是在具体显现的现象中,而在于其行为之前的动因。

第五,喜、怒、哀、乐发后有"和"与"不和"的各种状态,如何能使得"不和"逐渐趋向于"和",儒家靠"修身"来完成。产生"不和"的根源在于人性没有"发"全,偏离了初心。故,"致中和"是君子修身的动态过程,不断纠偏。最终能使人和天地达到"同步性",以及在众生之类,不同生存方式之间的生物体之间找到的"共生性"。

……

《中庸》倡导的"慎独"修身法不仅是一种精神训练方法,也是一种行为指导模式，虽是个人的修养但却不是主观的行为。

"慎独"不是《中庸》首提的，《大学》对"慎独"也有描述："小人闲居为不善，无所不至；见君子而后厌然，掩其不善，而着其善。"说小人独处的时候以为没人看见，所以什么事都敢干。但心中还是知道自己做得不光明，所以见了君子就躲躲闪闪，想把自己的劣迹掩盖起来，只显示自己愿意拿出手的一面。《大学》认为这种掩饰是没有正心和诚意的虚伪行为，也是极其幼稚的。因为只要你做过的事情，就一定有人会知道。因此《大学》说："人之视己，如见其肺肝然，则何益矣？此谓诚于中，形于外。"也就是有诸内必形于诸外。

生命本身就是一个整体，它包含了空间和时间的信息，做过的事情虽然当时可能没人在场，但相关的信息依然在某个地方记录和存在，这些密码总有人可以解读出来。就像狗能捕捉到几天前的味道，这些您以为已经不存在的痕迹，自有另一类方法可以解读。

《大学》反复强调君子要诚意，曾子说："十目所视，十手所指，其严乎！"君子在没有人的时候更要谨慎小心，要不欺暗室，始终光明磊落。

关于"慎独"，历史上有一个杨震"四知"的描述。杨震是东汉经学家，官至太尉。据《后汉书·杨震传》记载，杨震为官清廉，不谋私利。一次，他在上任的途中路过昌邑县，县令王密是杨震早年推荐的人才，王密为报答杨震推荐之恩，夜里揣着十斤金子前去拜见。杨震说："你这是为何？难道你还不了解我吗？"王密说："不碍事，夜里没人知道。杨震正色道：天知，神知，我知，你知，怎么能说没人知道呢？"说得王密羞愧而去。

后人把"四知"理解为保守秘密的承诺或心理安慰，但它的出处却是要警醒人们"举头三尺有神明"或"若要人不知,除非己莫为"。

君子通过修身能察觉到自己内在情感发生的微妙征兆,同时也就能对外在万事、万物、万有体察入微,修身之妙乃是一个人的心灵无限地对内觉察,对外开放。

对内觉察是人越来越能提高自我觉知能力,对外的开发则是能愈发清晰认识到外界真实的情势变化,能预知事、物似乎"出其不意"的变化,能无限包容事物的可变化性等,这种明锐力、敏感力、预知力、觉察力、包容力的提高,是君子修身的目的,以此迅速把握在各种情况和环境下"所不睹所不闻"的人、事、物。

许多人认为修身在于能身处逆境而不恼,及时控制自己的欲望和情绪,其实这些理解是对修身的一个表面认识,这些表面的标志只是人在逆境中一种消极的调整方式。修身的真正意义不是消极应对逆境中的情绪,而是有能力积极转化、预防逆境的发生。

也就是在日常行事中能预知"危",觉察"机",秉持"中",以致"和"。

君子不是素隐行怪、清高风雅的仙人,而是能在日用家常中使其道与社会生活融合在一起的人,这既不是一个形式或内容的问题,也不是两种根本不同的存在方式之间做选择的问题。君子之道在能于日用家常中彰显大道,道不可离也,可离非道也!

"中庸"是普通道、普遍道;是人道;是常道;它一方面根植在率性而为的人性中,一方面又普遍地体现在日用家常中。这就是"道中庸"和"极高明"之统一。"中庸"之"中",不是"中心",不是"空间",而是人之所以为人的东西,是每个人所固有的最精微、绝妙、唯美的人格品质,正因为它不是一种静态的、不变的而是灵活的、动态的过程,故此,此道的意义就不可能被完整地、充分地解读和领悟,故此,它才是永不枯竭的,需要不断发掘的,就像日用家常的普通中始终蕴含着"隐而不显"的真理,这是"中庸"之无限生命力。

我们刚才提到"四知",也就是君子独处时才是考验修身工夫如何的关键时刻,但"慎独"之意,不仅包含独处。

"独"之意主要有四。

第一层含义是君子独处时需严格自律、自戒、自省、自觉,这个律、戒、省、觉的便是个人意识是否"自我膨胀"。

为什么要"慎独"呢?因为一个人时,人的自我意识最容易松懈、偷懒、放任,人的惰性会给自己找出千万条理由来使自己放纵。不修身的人,他的道理只是为旁人准备的,对自己则另有一套标准,这便是典型的"伪君子"。

明焦竑著《玉堂丛语》有一则记录:"曹鼎为泰和典史,因捕盗,获一女子,甚美,目之心动。辄以片纸书'曹鼎不可'四字火之,已复书,火之。如是者数十次,终夕竟不及乱。"

曹鼎任泰和典吏也就是现在的检察院干部时,有一次捕捉到一名绝色女贼,由于离县衙路远,抓捕后夜宿一座庙中。月光下,女贼千方百计地以色相引诱他,他实在有些顶不住了,就写下了"曹鼎不可"四个字提醒自己。

可转念一想,这荒山野外,做了便做了,谁能知晓?于是他又把纸条烧了,便要将身过去,一迈腿又觉不妥,觉得这是因私而废公的行为,所以又重写一张。可又一想,送到嘴边的肉不吃不是太傻了吗?于是又把纸烧掉,准备过去。转念又一想,我是执法人员,这是知法犯法的行为,于是又重写一遍。过了一会儿又产生一念,她是犯人,做了坏事她也不敢说,所以又把纸烧掉,刚要起身,又想不行,这是乘人之危,非君子所为……就这样一夜折腾了十几次,终于保住了自己的操守。

君子有原则,而一旦开始放松自己,则如小人般苟且,君子能自律,而一旦自毁戒律,则变成小人一样放纵,这些事情一旦开了头,便万劫不复,跌落悬崖就是一念。凡时时喜、忧个人之得失者,是成不了君子的。为什么呢?因为有"自我"在,为了供养"自我",才有失德的行为。

人格是所谓"自我"的存在吗? 您能明确画出哪一部分人格是"自我"独有的、哪一部分"人格"是和别人共享的吗? 如果连"人格"都无法区分,更何况其他物质、精神,哪有什么可以为"我"所得、所有、所存的人、事、意识、行为?

既没有什么可为"自我"所得的东西,当然也没有可为"自我"所失的东西存在。

老子说:"生而不有,为而不恃。"这是玄德,这就是君子的人生观,没有"自我"得失,才能"天地与我并生,而万物与我为一",此时自然无所不得,无人而不自得。

君子的生活,无论贫富,是趣味化、艺术化的阳光生活。因不惑,而不忧,不惑不忧当然也就不惧了。不过,"不惧"属于意志范围,一个人若是意志力薄弱,再多、再丰富的知识,也帮不到忙。

博学、儒雅,拥有优美的情操并不代表此人就具有意志力,这是不同范畴。那么君子如何增强意志力呢？用禅门的话讲，需要在忍辱、精进的修行中不断磨炼。

清朝有个儒者叫叶存仁，做了三十余年的官。离任时，手下部属执意送行话别，但送行的船迟迟不发，叶存仁好生纳闷，等至明月高挂，来了一叶小舟，原来是部属临别欲赠礼，故意等至夜避人耳目。叶存仁当即写诗一首："月白风清夜半时，扁舟相送故迟迟。感君情重还君赠，不畏人知畏己知。"这就和杨震的"四知"有异曲同工之妙。君子需时刻检视自己的起心动念、所作所为，随时止恶行善，止欲莫贪。

"独"的第二层含义是"独立"之意。

"独处"有时空性，而"独立"则主要指精神。

先秦时期，诸子百家都是有独立思想精神的人，然而随着社会的不断进化，人的思想精神却在不断退化。在今天现实社会里，能做个孔、孟先圣所倡导的、不随波逐流的君子，时时会感觉孤寂无匹，仿佛在社会上踽踽独行，此时，能坚守君子的原则、风骨和气节，是为"独立"。

孔子门人问孔子："伯夷、叔齐怨乎？"答："求仁而得仁，又何怨？"心安是君子归处。

要知，花虽落然春未亡。君子独立于世，孤芳却不自赏，入流而不顺流，看似曲高和寡，实则心安理得，无比从容。

"大"人之"大"、"独立"之"独"、"君子"之"君"，乃是能做自己主的人，是找到了自我又不拘于自我的人，其不唯品格才识令世人仰之弥高、钻之弥坚，他们特立独行的思想能不畏日月变迁，在茫茫大海中成为人类社会屹立不倒的灯塔。他们风骨铮铮,不依附财富权贵,不人云亦云,不见风使舵,不趋利避害,不落井下石,不安于其所不能安,这便是"虽千万人吾往矣"之高洁,是君子照透迷雾、经久弥灿仍能熠熠生辉的独立精神。

什么是有独立思想能"慎独"的君子呢?《论语·泰伯》云:"曾子有疾,召门弟子曰:启予足!启予手!《诗》云:'战战兢兢,如临深渊,如履薄冰。'而今而后,吾知免夫!小子!'"

这是说曾子临终召门人弟子来,说我一生战战兢兢、如临深渊、如履薄冰,现在回想一生并无不合道的地方,现在临终总算知道自己手脚干净,可以免于道德仁义的责难了。有人认为这是曾子怕他的身体被伤害,这真是天大的误解。君子需每日三省吾身,当然不是说成了胆小怕事、谨小慎微的窝囊废。曾子曾曰:"可以托六尺之孤,可以寄百里之命,临大节而不可夺也。君子人与?君子人也。"这种可以托孤寄命、志不可夺的风骨,才是他品格的写照。

那么,为什么曾子临终会强调他一生战战兢兢、如临如履呢?因为坚守道统,任重道远。君子慎独,需时刻自省是否合道、离道、违道。曾子直到临终,方确定自己任何时候都一心合道,从此可以免于出错犯错了,这才履践了他所说的"死而后已"。

独立的思想是合道的、不离道的、不违道的,君子时刻检视自己的起心动念、所作所为,需时刻不离"慎"之心。

"独"的第三层含义,是"一",指独见。

《尚书》云:"独夫受,洪惟作威,乃汝世仇。"《孟子》云:"今之所谓良臣,古之所谓民贼也。"

"独夫"最早指的是商纣王一样的暴君,武王伐纣杀死商纣王,孟子认为杀得好,说"闻诛一夫纣矣,未闻弑君也"。后来"一夫""独夫"就用来专指暴戾无道、众叛亲离的君王,称他们为"独夫民贼"。

另一类独夫是指极端个人主义的人,这类人顽固不化、不听人言、刚愎自用、目中无人,行事从不顾及他人的想法,属于狂傲之流,这类人时刻陷入自己的幻觉、成见、知障里无法自拔。故此,此处"慎独"便是指君子切不可成为一个固执己见、顽固不化、千夫所指、狂妄自大的独夫。

北宋宰相富弼,二十六岁踏上仕途,先后担任仁宗、英宗、神宗三朝宰相,司马光称他为"三世辅臣,德高望重"。对外,他在外交、边防及赈济灾民方面取得了显著成就,对内,则性情至孝,恭俭温良,与人言必尽敬,虽微官及布衣谒见,皆与之有礼有节,虽位极人臣,但绝不独断。

有一次,门人告诉他:"大人,某某人在骂你!"富弼说:"他是骂别人吧。"门人又说:"他是指名道姓骂您呢!"答:"那是在骂跟我同名同姓的人。"结果骂他之人"闻之大惭"。

"独夫"的特点是心中主见强,这种人其实耳根反而极软,在男显"嗔"、在女显"痴",轻易判断、心无点墨、狭隘自闭、情绪不稳,一听谣言便克制不住,愚不可及。

孟子曰:"行有不得者,皆反求诸己。"一个人凡事能从自己这里找问题根源,才是儒家"慎独"的功夫。

君子心有真道而不独,身居高位而不傲,对内尽己之谓"忠",对外推己

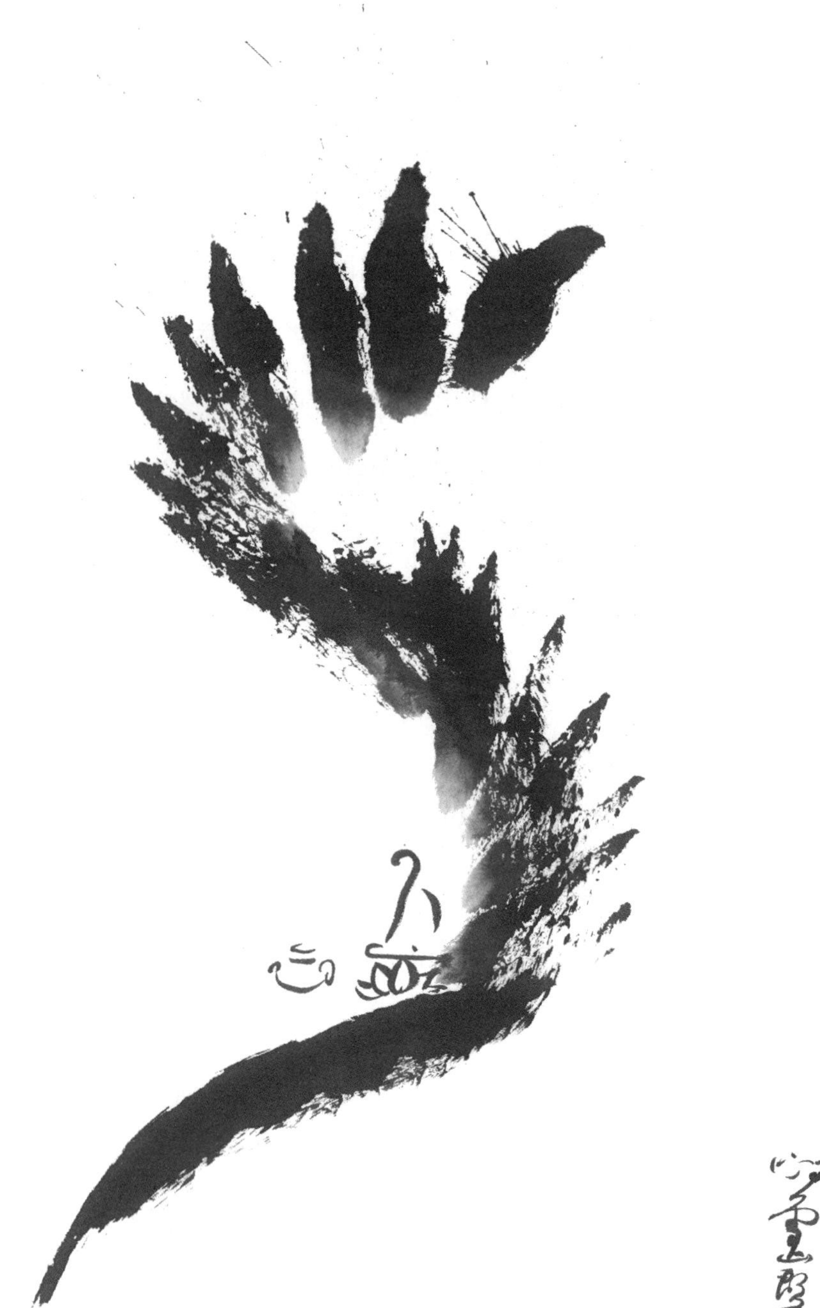

不欺人之谓"恕",这样的君子叫"内圣外王",人人君子社会必然和谐,创建和谐、大同社会是儒家"社会道"修养的终极目的。

子思在卫国时,有一次对卫侯说:"您的国家以后会一天不如一天了。"

卫侯惊问:"为什么?"

子思答:"事情都是有因果关系的。国君您说话一向独断专行,自以为是,大臣中又无人敢站出来指正您的错误。于是这就形成了一种诺诺的风气,他们有样学样,对上诺诺对下却像您一样自以为是,而他们之下的士人和百姓也没有勇气直面指正他们的错误。君臣都这样自以为是地认为自己贤能,下属又都跟着拍马屁,同声称赞您贤能,这样的情况下,所有人都在违心奉承,只要交口称赞就有好处,凡说实话的就是忤逆犯上。如此下去,卫国怎么可能有好的结果?《诗经》云:具曰予圣,谁知乌之雌雄。我看就是说您们君臣吧。"

"具曰予圣,谁知乌之雌雄"就是都说自己是圣贤,这样的情况谁能辨别其中哪个乌鸦是公的哪个乌鸦是母的呢? 用在卫国,是指您们这群人都认为自己本事大得很,吹嘘的本领一个比一个强,谁能分得出这里面谁有本事谁没本事呢?

和卫慎公的自以为是不同的,有位齐国国君叫齐威王,说起他来读者可能不熟悉,但说起《邹忌讽齐王纳谏》《田忌赛马》《马陵之战》这几则他的经历,相信就有人会想起他来。邹忌讽的是齐威王,而田忌和孙膑效力的也是这位齐威王,他在战国时期也算有智慧的国君了。

齐威王有一次召见即墨大夫,对他说:"自从你到即墨这个地方当官,每天都有人指责你,陆续有各种传言传到我这里来。然而我私下派人去即墨察看,却发现田地开辟整治,百姓丰衣足食,官府基本上清闲得无事可做,齐国的东方因此变得十分安定。所以我知道这是你不巴结我的左右内臣,没有给他们上供,谋求他们内援的缘故。"

说完立即加封赐即墨大夫一万户的俸禄。

不久,齐威王又召见阿地大夫,对他说:"自从你到了阿地,每天我都能听到有人称赞你的好处,但我派人前去阿地察看时,却只见田地荒芜,百姓贫困。有一次赵国攻打我的鄄地,你还不去救援;卫国夺取我的薛陵,你却说不知道;于是我就知道你这个家伙很聪明,不干实事,却用重金来买通我的左右近臣,以求他们天天讲你好话!"

说完,齐威王就下令烹死阿地大夫及替他说好话的左右近臣,什么是烹?就是烧了一大锅热水,直接把这些人给煮了,瞧!齐威王真是够狠的!他这是杀鸡给猴看,于是身边的大臣们全都毛骨悚然,冷汗涔涔,以后少有人敢弄虚作假。从此齐国风气大变,经济富裕,国泰民安,逐步成为战国霸主。

当时比齐国强盛的是魏国。魏国由于魏文侯的缘故开始强盛,魏文侯的儿子是和吴起在一起说自己的国宝是江河山川的魏武侯,武侯的儿子是和齐威王同时期的魏惠王,可惜魏惠王不及父辈的贤能,被孟子评价为"望之不似人君"。魏国后来的国君是一代不如一代,原因之一就是国君成天沉迷在玩乐中,偏宠小人。

有一次,魏惠王和齐威王一起打猎,魏惠王问:"齐国也有什么好的宝贝吗?"

齐威王说:"没什么。"

魏惠王说:"我的国家虽小,但尚有十颗直径一寸以上可以同时照亮十二辆车子的夜明珠。难道凭齐国这么大的土地、这么富裕的经济,还能没什么宝贝?我才不信!"

齐威王说:"这可能是我和您对宝贝的看法不一样。我有位叫檀子的大臣,我派他镇守南城,楚国就不敢来犯,泗水河流域的十二个小诸侯国都来朝贺,甘愿做齐国的附属。我的大臣中还有位盼子,我让他去守高唐,赵国人怕得都不敢向东到黄河边上来打渔。我的手下还有一位黔夫,我令他去守徐州,于是燕国人在北面、赵国人在西面都望空礼拜求福,这两个国家来投奔齐国的老百姓多达七千余户。我的大臣中还有位种首,我让他去防盗,便出现路不拾遗的太平景象。我的这四位大臣,光照千里,岂是十二乘车子可比呢?"

魏惠王听后十分惭愧。

孟子云:"入则无法家拂士,出则无敌国外患者,国恒亡。"说的就是魏惠王这类君主,"生于忧患,死于安乐",人如是,国亦如是。"万马齐喑究可哀",如果一个人、一个国家长期处在安逸中,往往就会陷入一种幻觉,误以为威胁不存在,或者强大到威胁不敢来,这就是"一叶障目,不见泰山"了。

魏惠王的爷爷魏文侯为什么了不起,在他手里魏国实力强健,雄居一方?因为他师出子夏和田子方,恭敬老师,仁德治国,而另一位齐宣王则是拜颜斶为师。

据《战国策》记载:颜斶是齐国隐士,齐宣王闻他的大名,欲为一见。第一次见面时，齐宣王见到颜斶便喊道："颜斶你上前来。"

颜斶在殿下也叫道："大王您上前来。"

齐宣王听了满脸不悦。左右臣子便开始责备颜斶："大王是一国之君，而你颜斶，只是区区一介草民，大王唤你上前，你怎么也敢唤大王上前，成何体统？"

颜斶说："如果我上前，那是贪慕权势，而大王过来则是谦恭待士。与其让我蒙受趋炎附势的恶名，倒不如让大王获取礼贤下士的美誉。"

齐宣王一听，怒形于色，斥道："究竟是君王尊贵，还是士人尊贵？"

颜斶不卑不亢地答说："自然是士人尊贵，而王者并不尊贵。"

齐王问："这话怎么讲？"

答："以前秦国征伐齐国。秦王下令：'有敢在柳下惠坟墓周围五十步内打柴的，一概处死，决不宽赦！'又下令：'能取得齐王首级的，封侯万户，赏以千金'。可见，活国君的头颅，比不上死贤士的坟墓。"

宣王听了无言以对，内心却极不高兴。

左右侍臣此时都大叫："颜斶，颜斶！大王据千乘之国，重视礼乐，四方仁义辩智之士仰慕大王圣德，莫不争相投奔效劳；四海之内，莫不臣服；万物齐备，百姓心服。而即便是最清高的士人，其身份也不过是普通民众，徒步而行，耕作为生。至于一般士人，则居于鄙陋穷僻之处，以看守门户为生，应该说，士的地位是十分低贱的。"

颜斶道："你们这话不对。我听说上古大禹之时有上万个诸侯国，什么原因呢？道德淳厚而得力于重用士人。由于尊贤重才，虞舜虽出身于乡村鄙野,是个农夫,但得以成为天子。到商汤之时,诸侯尚存三千,时至今日,只剩下二十四。从这一点上看,难道不是因为政策的得失才造成了天下治乱吗?当诸侯面临亡国灭族威胁时,即使想成为乡野陋巷的寻常百姓,又怎么能办到呢? 所以《易传》才讲,身居高位而才德不济,只一味追求虚名的,必然骄奢傲慢最终招致祸患。无才无德而沽名钓誉的会被削弱;不行仁政却妄求福禄的要遭困厄;没有功劳却接受俸禄的会遭受侮辱,祸患深重。所以说'居功自傲不能成名,光说不做难以成事',这些都是针对那些企图侥幸成名、华而不实的人。

"正因为这样,尧有九个佐官,舜有七位师友,禹有五位帮手,汤有三大辅臣,自古至今,还未有过无人辅佐而凭空成名的人。因此,君主不以多次向别人请教为羞,不以向地位低微的人学习为耻,礼贤下士,扬名后世。唐尧、虞舜、商汤、周文王都是这样不耻下问的人。若能上溯事物本源,下通事物流变,睿智而多才,则哪里还有不如意的事情发生呢?《老子》说:'虽贵,必以贱为本;虽高,必以下为基。'所以诸侯、君主皆自称为孤、寡或不谷,这是他们懂得以贱为本的道理吧!孤、寡指的是生活困窘、地位卑微的人,可是诸侯、君主却用以自称,难道不是屈己尚贤的表现吗?像尧传位给舜、舜传位给禹、周成王重用周公旦,后世都称他们是贤君圣主,这足以证明贤士的尊贵。"

宣王听后,大叹:"唉!是啊!寡人怎么能侮慢君子呢?寡人这是自取其辱呀!今天听到君子高论,才明白轻贤慢士是小人行径。希望先生能不计前嫌,收寡人为弟子。如果先生与寡人相从交游,食必美味,行必安车,先生的妻子儿女也必然享用锦衣玉食。"

颜斶听到此话,马上要求告辞回家,说:"美玉产于深山,一经琢磨则破坏天然本色,不是美玉不再宝贵,只是失去了它本真的完美。士生于乡野,如果经过推荐选用就接受俸禄,这也并不是说不能尊贵显达,而是说他们的形神从此难以保全自己的本真。我只希望回到乡下,晚一点进食,即使再差的饭菜也一如吃肉一样津津有味;缓行慢步,完全可以当作坐车;无过无伐,足以自贵;清静无为,自得其乐。纳言决断的是大王您;秉忠直谏的则是我颜斶。臣要说的今天已说得十分明了,望大王予以赐归,让我安步返回家乡。"

于是,拜而去。这段话中"晚食以当肉,安步以当车,无罪以当贵"成为千古名言。颜斶不贪富贵,返朴归真,终身受到齐宣王的敬重。孟子说:"将大有为之君,必有所不召之臣;欲有谋焉,则就之。"

在谋略、道德面前,君臣的关系降到次要地位,君主应该到臣子门上讨教。《孟子·万章下》还记载了一段鲁穆公与子思的经历:"穆公亟见于子思,曰:'古千乘之国以友士,何如?'子思不悦。曰:'古之人有言曰,事之云乎,岂曰友之云乎?'子思之不悦也,岂不曰:'以位,则子,君也;我,臣也,何敢与君友也?以德,则子事我者也,奚可以与我友?'"这是讲,以权势论,士与君主为君臣关系;但以德行而论,君主应以士为师。鲁穆公与士想交朋友,在子思看来,士应是师,不是友,以士为友属于对士不尊重的一种表现。

《吕氏春秋·劝学》讲:"圣人之所在,则天下理焉。在右则右重,在左则左重,是故古之圣王,未有不尊师者也。"

反观现代社会,师道不存,王道不存。有些人不过创立了个小公司,赚了点钱,便开始说一不二,盛气凌人,成为"独夫""一夫"了,此时,重新学习古人的智慧,显得尤为重要。

"独"的第四层含义,便是前文说的"惟精惟一",老子所谓"独立而不改"是也。人但凡有声色相对、心境二分、自他分别等时,便是"不独"。

"独"是"不二"意,"慎独"是指切不可落于声色、见闻中,不可与物相对而立。

从修行上说要"一门深熏",以不能杂而致通达无碍之境;从起用上说,以之事亲,则名"孝";以之处夫妇,则名"和";以之待友,则名"信";以之爱人爱物,则"同体"……这些发于日用平常之间的"独",是性德,是大道。

第二节 儒、道、禅修法之异同

一 儒门修道

儒家法门，社会影响最广泛，但被现代人误解也最深，一谈到修身，就自然想到佛、道，殊不知儒学是"皆以修身为本"的。

修身、修道本是君子内省自得之道，与佛、道修行修法不同，但本质并无二致。那些后世手无缚鸡之力的文弱书生，在早期儒家先师眼里根本不能算是儒生。

卫国内乱，子路为了救主，最后惨死于乱军的刀剑之下。死前，子路系帽的带子被乱军的戈击断了，子路说："君子死，冠不免。"于是将帽带系好，从容赴死。早期儒生，必是文韬武略皆备，不是后世儒学集中在伦理道德、人际进退、政教社会方面的礼仪、规范、知识、风俗、文化、学问所能代表。

现代人总认为儒生文弱、学究气重，甚至迂腐等等，实不知儒生本应精通六艺。六艺中射、御均是功夫修为，能文武兼备、知能兼求、智理兼精、兼济天下的才是真儒者。

曾子是孔子"独得其宗"的学生，他是春秋末年鲁国南武城人，十六岁拜孔子为师，他上承孔子之法，下启"思孟学派"，被后世尊为"宗圣"。曾子是第一个慎重提出修身为本的儒家先师，而修身之本便是"诚"，这个思想始终贯穿在子思的《中庸》中。

曾子自身修养功夫很深厚，其《大学》是儒门修证法，如："知止而后有定，定而后能静，静而后能安，安而后能虑，虑而后能得。"这是从如何修知止、定、静、安、虑、得来讲如何静定的修身法，修身应贯穿儒者修养始末。

先秦典籍《韩非子》中记载了一个曾子烹彘的经历，描述了曾子如何通过"诚"来教子。

有一天，曾子妻子去集市，儿子跟在后面，带着小孩买东西不方便，曾妻就说："你先回家等着，回头我宰猪给你吃。"

等她从集市回来后，发现曾子正在逮猪准备宰杀，马上阻止说："我们家就这么一头猪，我只是逗小孩子的话，不能当真。"

曾子说了一段对后人影响甚深的话："小孩子没有判别能力，他以后的一切行为都是跟父母学来的，是父母教导出来的，如果现在欺骗他，就是教孩子学会骗。母亲骗孩子，孩子以后就不会信母亲，这样做是教不出好孩子的。"

说完，曾子毫不犹豫地就把猪宰了。

儒门的修养法以"诚"为本，以"知止"为始。诗云"缗蛮黄鸟，止于丘隅"，子曰："于止，知其所止，可以人而不如鸟乎？诗云：'穆穆文王，于缉熙敬止'。为人君，止于仁；为人臣，止于敬；为人子，止于孝；为人父，止于慈；与国人交,止于信。"为君子者,当"止于至善"。"止"字可谓儒家修身第一关。

首先,"止"有停止、终止意。唐朝开国功臣魏征、房玄龄、李靖的师父叫王通,是个没什么名气的"明师",他通过培养了一批顶尖的弟子实现了济世救人的抱负。

王通有一篇文章,叫《止学》,言:"大智知止,小智惟谋,智有穷而道无尽哉。"大智慧的人知道适可而止,小聪明的人却不停地谋划,智计有穷尽的时候,而道却没有尽头,知止方能谋划长远。

还说:"智极则愚也。圣人不患智寡,患德之有失焉。"智力用过了头,费尽心机就是愚蠢,圣人从不担心机会少,而担心自己品德有无不足和缺失。唯有注重修身立德,行端品正,才能"高山仰止,景行行止",让众人服之、天下归之。如果一个人只强调智谋,忽视品德修养,势必会失去仁爱之心,于德有亏,失德必败。

并说:"势伏凶也,智者不矜。"强势必然埋伏凶险,有智慧的人不会夸耀自己的权力、势力、财富。仁德的人纵是登上高位,在用势的进退和取舍上不会头脑发晕,得意忘形,而是懂得"傲不可长,欲不可纵,志不可满,乐不可极",贵而不显,华而不炫,这便是"知止"。

可人为什么不"知止"呢?因为"惑人者无逾利也"。最迷惑人的东西就是利益了。"利无尽处,命有尽时","利大伤身,利小惠人,择之宜慎也"。多数人都不知道利大伤身的道理,要么多钱您又花不完,成天琢磨着该怎么投资,通常钱多了后代能继续努力的少,有感恩心的少,因为不上进而引起长辈生气之事不绝,这能不伤身吗?而懂得让利给天地众生,利可共而不独,这能不积德吗？所以"天贵于时，人贵于明，动之有戒也"。天道贵在有其规律，人贵在进退有节，行动要自律、自戒、自规、自定。

我们每个人都生活在利益世界，割绝利益是不可能的，但利大时要懂得积极布施、行善。古德云"爱出者爱往，福往者福来"就是这个道理。有追马的时间不如去养草，草肥壮了马自然来，这就是君子的智慧。获取利益并非零和博弈，为大众谋才是真谋，求平等利才是大利。否则利令智昏，情令智迷，人就会变得贪得无厌，为名、利、情而奋不顾身，则必然走向不归路。

老子谓"去甚、去奢、去泰"，皆"知止"。能不受制于七情六欲，不为名、利、色、权、欲所累，有所为有所不为，方"知足之足，常足矣"。

王通又说："人困乃正，命顺乃奇。以正化奇，止为枢也。"人生无常，故常处困厄是正常的，命运如果常一帆风顺才是奇怪的事，君子能于逆境中转危为机靠的就是平时的自律，知道什么事有所不为是转化的核心所在。故"以蹇为乐，蹇不为蹇矣"，"蹇非敌也，敌乃乱焉"。"蹇"指的是困境，困境绝不是人的敌人，而人如果得意忘形，没有原则，欲望膨胀，不知止乱施为，这种心态才是真正的敌人！故，"欲无止也，其心堪制。惑无尽也，其行乃解"。欲望是没有止境的，唯有正心才可以调制欲望；疑惑也是没有尽头的，只有践行才能解惑。

说到这里，就引申出了"止"的第二层含义，便是"趾"，意味着践行、实践。儒家说"止"，是消极的止步和积极的起行并存的。

《大学》中"知止""定""静""安""虑""得"六步修证法中，"知止"是因，能"虑"和所"得"是果。

心安有"能安"和"所安"两义。"能安"是君子静定的内在功夫,"所安"则包含了社会意义的责任,所谓"君子不安于其所不能安"。

君子的"安"不能停留在自身上,也就是虽然从个人角度讲君子随处可安,但由于君子心怀天下,天下不安时,岂可独安?故此,这个"安"不是停住的含义,而是包含了能动性和所作为的动态之"安"。

能"虑"不是指顾虑、思虑,而是君子需形成自己的独立见解和思想,而有所"得"也不是指真有什么物质、境界所得,而是能心无牵挂,在各种顺逆境中坦然相处。

君子通过磨砺、锤炼、修习,由各种不完美而日趋至善之地,这就是"止于至善"。注意,这个"善"也没有一个固定的形状、行为、模样,处在各种不同时、位上,就有不同的善行可为、应为、当为,这是"时中"。而不变的善心、顺应天道、修身为本、仁义存身等不易的根本精神,这是"执中"。"善"因时、因地而变化,心却始终不变,无为不为,无可不可,这方是真善。

综上所观,儒学本是活学,没有一个固定模式,不是教条主义,这正契合今天我们"禅画美学"要修习的为人之道。

美其实没有一种固定的美态存在,众生之类不同,对美的认识不同,世俗的美因相对而存在,天地间的大美,却超越相对。中国传统文化一直都是弘扬美的,如《诗经》中"窈窕淑女,君子好逑"表述的是情感美,"昔我往矣,杨柳依依",表述的是人在自然界中随自然变化而变化的美。这些美都具有灵活性,这是以人文契合人心中之美。

不过世上生物,视、听、嗅、触等感知能力皆有其局限,故此,美源于生活而又超越生活,我们不能仅仅从类、群的角度来谈美。

有一种君子之美叫"成人之美"。西汉人王梁曾是个县中小吏。西汉末年,王莽之乱,民不聊生。民间多人造反对抗王莽的腐朽统治,此时南阳贵族刘秀也在组织人马,王梁投奔了刘秀。经过南征北战,在攻下邯郸后,他被刘秀赐为关内侯。

刘秀十分器重他,后来派他驻守天井关。公元26年,刘秀派大司马吴汉率兵进攻赤眉军,下令各路兵马一律归吴汉节制。这时,王梁获得了一个有利战机,但时间紧迫,他没来得及向吴汉请示,便率兵出击。刘秀得知后,十分生气,下令停止进军,但王梁觉得机不可失,就没有听从刘秀的命令,仍然进攻赤眉军。刘秀大怒,斥责他先后违背军令,派宋广去斩杀王梁。

但是宋广了解到实际情况后,觉得王梁是怕延误军机而不奉军令,故不忍杀他,乃用囚车把他押回京师。刘秀见到王梁,斥责道:"你为什么破坏军纪?"

王梁答:"兵书上说,见机而动,机不可失,时不再来。我虽擅自发兵,但获得全胜才是重要的,所谓'将在外君命有所不受',不就是这个道理吗?"

刘秀听他这么一说,怒气消了一半,想到他过去屡立战功,心也就软了,于是下令赦免他。一个月后,又任命他为中郎将,让他将功赎罪。很快,王梁带队消灭了赤眉军,刘秀极其高兴,又任命他为河南尹。

王梁到任后,见当地老百姓十分贫穷,主要原因是缺乏水利灌溉。于是,便组织人开渠引水,灌溉良田。他身先士卒亲自担土,和大家一起挥汗如雨,甚至吃住都在工地上。很快渠挖完了,但由于计算失误,水却引不出

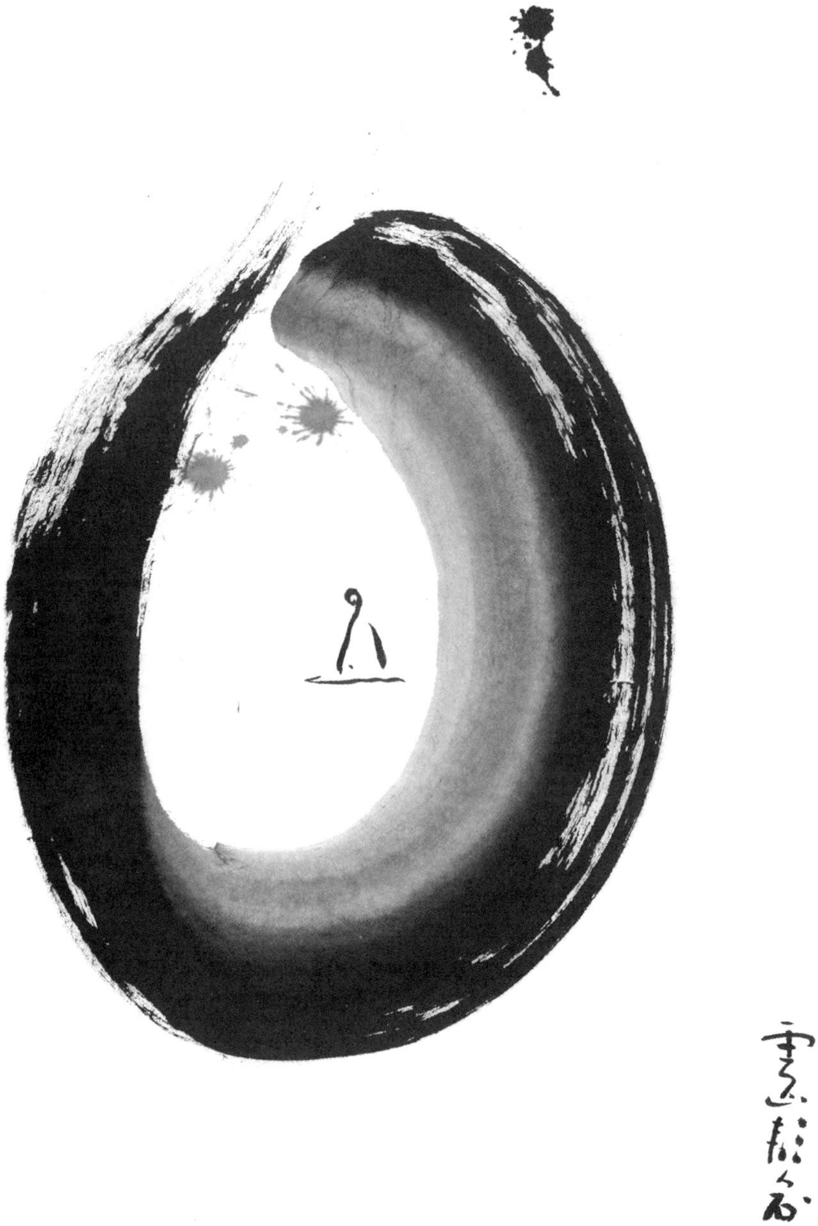

来。王梁心中深感惭愧,他觉得自己耗费了大量的民力物力,结果却一事无成,很对不起老百姓。他上书自责,请求告老还乡。

刘秀接到他的上书后,下诏说:"王梁以前率兵东征西讨,立下了很大功劳。建议开渠引水,也是为民兴利。但花费了很多的民力财力却没有成功,人们因此责怪他。他上书自责,我已经宽恕了他,可他仍觉得对不起百姓,一再要求告老还乡。孔子说,君子要成人之美,我不想让他告老还乡,那就让他转任济南太守吧!"

《荀子》曰:"崇人之德,扬人之美,非谄谀也。"君子之美是自愿把掌声留给别人,但不刻意地抬高别人、贬低自己,也不吹牛拍马、阿谀奉承,而是对别人的成就表达出充分的尊重与肯定。相反,如果没有成人之美的心态,就不可正确地发现别人的成就和能力。儒家修道是"社会道",也就是人与人的社会交往中,所有的重点都贵在与人为善,尽可能地向他人提供方便,尽量地给予他人帮助。这就是孔子说的"君子成人之美,不成人之恶。小人反是"。

洪应明的《菜根谭》中说:"士君子不能济物者,遇人痴迷处,出一言提醒之,遇人急难处,出一言解救之,亦是无量功德。"成人之美,是中国传统的人文之美,是为人道的基础修养,它需要有宽广的胸襟和与人为善的心态,对于只顾自己,患得患失、一切都要算计的人来说,这是无法做到的。清人张潮在《幽梦影》中说:"律己宜带秋风,处事宜带春风。"名不徒生,誉不自长,当一个人善于为别人谋时,自己才会获得更多。

万事、万物、万有都美,可是凡人不能见,物的特性是同类相见,异类不见。如蚂蚁有声,人不能闻,而蚁类自闻;人能见蚁,蚁不见人,故,蚁不知有人,人却知有蚁。那么宇宙天地间,天常见人,人不见天,有多少人不能见、不能闻之高能、高频、高维度生物存在呢?

如仅以人类有限之眼观美,再美也是部分的美、有限的美。美只会被狭隘地、相对地定义,美如果仅仅变成是某些地方、某些时代、某些趣向的人之美,这种美就不会是真正的美。

"禅画美学"通过禅画这种修养方法,帮助人们去认识万事、万物、万有间真正的美,不受时、空限制,不受眼、观局限,这种真正的美只会存在于人的内心。修者如不断通过修养,提高对自然万物、宇宙法界、人生百态等现象的认识,不断突破自己心胸之局限,建立起如实的观照,让自己的生命无限延长,尽可能地把无限的宇宙法界、自然万物带进此生有限的生活中来,丰富自己的想象力,拓展自己的创见力,体会文字美、善心美、健康美……有了这种真、善、美的心态,这个人的内心世界是健全和健康的,由此建立起的价值观也不会失衡,如此去面对社会万象,内心才会是稳定的。

如果一个理论只针对个别人有用,那么,这些人属于被有限理论喂养的宠物,无法跳出自己的局限看宇宙万物,这也是一种成长的惯性陷阱,躺在自己的定义里自得其乐,无法发现,也不肯发现自己的局限。

这种心态还谈得上智慧吗?人唯有能及时发现自身的局限,无论从身体、思想、心智各个角度,发现得越充分,整个人就成长越快,身心就越自由,心胸就越坦荡,也就从心所欲不逾矩。

这样的人,当得起《大学》里的一个"大"字,可称"大人"。"大"字就像一个人矫然挺立于日月山川间,是一个真正站得起来的人,能站,是指人能担当,有责任,心怀天下,故能与天地合其德,与日月合其明。

儒学是培育这种合天地之道的君子之教,"师者,范也",儒生在社会上起到的是师范的作用,他们的言行能给社会提供示范作用,社会上的人从他们身上感受到师范的力量和美德,这就是传递价值,也是"修道之谓教"的"成人之美"。

教育不是仅仅传授知识,君子以身作则的自处之道、自得之道、自修之道,就是社会的典范,带动社会风气,笃行秉承天命、率性之道。君子必先自有大定,方可效以世人,行济世之功,带动和谐社会,熄人欲之炽盛。西方教育是流水线作业的批量生产,而东方传统,以儒、释、道为代表,其教育都不是批量生产的方法,而是要播下鲜活生命的种子和能量。

教育是面对活生生的人,是人就该各有性情、各有趣向、各有才能,各有其丰富的想象力和无限的可能性。

教育是培养以善为美的人格品德,令到学人的心胸无限丰富起来、无限美好起来,天天是新人,时时为"美"人,这才是儒家修养具足了现实意义的"社交道"。

儒家为什么那么关注社交呢?因为中国人向来比较缺乏社会公众精神,个人主人泛滥,大家习惯性地只关心自我和家庭而缺乏对社会的奉献,许多人误认为这个自私的源头正在儒家。批评因为儒家重"孝",才使得人只关注自己家庭,越来越自私。其实这是误读,孔、孟之儒,儒家讲孝,是家庭和谐的一部分,"孝"是不忘本,是家之礼;而对于君子个人,儒家强调的是

"格物、致知、正心、诚意、修身、齐家、治国、平天下",君子对内的核心在自我完善,修身为本,所以格物、致知、正心、诚意皆属内修,对外是以齐家、治国、平天下的外用为纲。家和国等,家为国之本,家和万事兴,故此,绝非像西方人批评的那样,中国儒家只看重小家而缺乏公众精神。

儒家希望通过教育、修养转化这些人性之私弊。人,因私而弊,因弊而盲,因盲而愚,君子能时刻不器物不离道,能做到这样,就必须时刻不忘修身是本。修身的过程,是君子和私心战斗的过程。

二 道门修道

比起儒家修道,道家修道容易被人接受和理解。其实道家的修道法可以说是"任性道"。

如武当创始人张君宝,传说生于南宋理宗淳佑七年(1247年),卒年不详。《明史·方伎传》记载他丰姿魁伟,善书画,工诗词,无论寒暑只一衲一蓑,有时一餐能吃数斗,或数日一食,或数月不食。因其不修边幅,破衣烂衫,人称"张邋遢"。

君宝五岁时因染目疾,积久渐昏,投碧落宫道士张云庵那里医治半载复明,在碧落宫住了七年,云庵老师收为弟子,教习他道经和功夫。后来,他游居于陕西宝鸡山中,其山三峰挺拔巍峻秀丽,挺秀仓润可喜,因号"三丰子"。

传说他在终南山遇到火龙真人,真人传他金丹大道,闭关四年后,火龙真人再传丹砂点化诀,命其出山,和光同尘,与江湖人士交往。

元朝泰定甲子春,七十七岁的三丰道人到了武当山,见山林美景使人心旷神怡,于是结庐自居,捧读经书,潜心修炼,九年后,又去湘云巴雨之间行游。

元朝至正初年,他在行游中遇见道教北派之丘长春,一见如故,话逢知己,于是促膝谈道,议古论今,说到妙处点头会心。

至正十九年九月二十日,他阳神出游,弟子杨轨山以为师父羽化,置棺收殓,可是阳神又自回归,门人弟子惊讶无比。三丰真人念轨山朴实善良,遂携其隐去。

再二年,元朝数尽,明主未立,三丰又结庵武当山,时已一百二十二岁。

他在武当搜奇揽胜,见遍山宫观皆毁于兵火,乃言"此山异日必大兴"。遂领道众将各处宫观废墟一一清理,草创庙观以延香火。此时开始授受弟子,有邱元清、卢秋云、张振洋、叶阳、张景涛、孙碧云等。元朝灭亡明朝建立后,他又入蜀到了太和山玉虚庵,在山前结庐独居。由于年高体健,有人请教成仙之术,他闭口不答,如若请问经书,他就喋喋不休地讲起来。

后来张三丰的声名传到朝廷,洪武十七年,朱元璋下诏寻他,不见。十八年,强迫沈万三敦请,亦不赴。

永乐十四年明成祖朱棣下诏寻时,已一百六十八岁的张三丰,还是不见踪迹,唯以诗词托武当山掌门孙碧云代奏,词曰:"圣师亲口诀,明方万古遗。传与世间人,能有几人知。衣破用布补,树衰用土培。人损将何补,阴阳造化机。取将坎中实,金花露一枝。庆云开天际,祥光塞死基。归已昏昏点,如醉亦如痴。大丹如黍米,脱壳证无为。优游天下广,万象掌中珠。人能服此药,寿如天地齐。如若不延年,吾言皆是非。金丹重一斤,闭目静存神。只在家中取,何劳向外求。炼成离女汞,吞尽坎男精。金丹并火喉,口口是元音。"

成祖读词后,封他为武当真人。明朝自洪武至万历,几代皇帝都访求过三丰,但三丰皆未入朝谒帝。

三丰道人一生漂泊,行踪不定,来无影去无踪,但从他留下的大量诗文和功法中,可以清楚地明了这位道人的修为。他淡泊名利,清心寡欲,随遇而安,无拘无束,在尘出尘,逍遥无碍。我们一起来通过他的几部诗作,更深刻理解一下这个不遵戒律的"任性道"真人吧。

《云水后集》快快吟

快快快,红尘外。

闲闲闲,白云间。

妙妙妙,松崖一声啸。

来来来,蓬莱岛花开。

《云水三集》后了道歌

不参禅,不礼拜,不打坐,懒受戒;

遇酒吃几杯,遇肉啖几块;

顽石当枕头,青天作被盖;

不觉睡到日头红,无恐无惊无怖骇。

从今打破是非门,翻身跳出红尘外。

拍手打掌笑呵呵,自在自在真自在。

《云水三集》清吟

清茗清香清道心,清斋清夜鼓清琴。

人能避浊谈清净,跳入云山不可寻。

  道家的"任性道"是不同于现在的道教的,"任性道"修养初时虽也有养气、采气、炼气、运气等修法,但这些是基于无为心为基础的修行法,并无修外丹等人为助长功夫、寿命之说。

  可以说所谓"任性道"修养法,概括起来主要是八个字:"道法自然,自然无为"。

  "道法自然"是从宇宙、天地的角度,也是从法的角度说的。道、法都应是自然而然,无需人为的。

  "自然无为"则是针对修者本人,也就是从人的角度说的。自然任性是顺从人的本性,无为而治,这是道门修道法要。

  为什么要强调"道法自然"呢?浩瀚无垠的宇宙是由无数时空单位和无数个星系组成的,而这些数以亿计的星系之间为什么能相处得和谐有序呢?日月无人推而自行,这些完美的、微妙的动态平衡就是天地的大美!

  现代科学能完整地回答宇宙星系间靠什么来维持这种如此玄妙的和谐与平衡吗?牛顿发现了万有引力,他把日常所见的重力和天体运动的引力统一起来，建立了一个完整的力学理论体系，并试图将天地间万物的运动规律都统一到这个看似严密的物理力学理论当中。

然而，面对周而复始运转着的太阳系，牛顿却感到很茫然：宇宙星体按各自的轨道运转，它们为什么那么完美？有没有一个设计者或是创造者呢？不仅是牛顿，比他早一两个世纪的天文学家，如哥白尼、布鲁诺、伽利略等也没有回答出这个问题，再之后伟大的爱因斯坦、霍金也没能完整回答。

其实，老子说"道法自然"便是谈到了这个问题的关键：维持宇宙万物达到和谐与平衡的能量源，就是周而复始、永不停息、无处不在的"道"。这个"道"表现在天，名"天道"，在地谓"地道"，在人便是"人道"。故："人法地，地法天，天法道，道法自然。"

庄子在《大宗师》开篇云："知天之所为，知人之所为者，至矣。知天之所为者，天而生也；知人之所为者，以其知之所知以养其知之所不知，终其天年而不中道夭者，是知之盛也。虽然，有患。夫知有所待而后当，其所待者特未定也。庸讵知吾所谓天之非人乎？所谓人之非天乎？"

这段话很重要，庄子提出了"天之所为"和"人之所为"两个命题。

什么是天？天是万物之始，是生命天然自在的能力。什么是天之所为？生命天然自在能力所作为。

什么是人？人有认知能力及主观能动性。

天、人为什么是一回事？因为人也是生命天然自在的能力之一，是天的一部分。但人之所"为"，是其认知能力及主观能动性发挥的作用，这个结果已不属于天的范畴。

理解了这段话，道家的"任性道"就容易理解了，即人的认知能力和主观能动性不能和人本有的天然本性分裂。

"其所待者特未定也"，注意这里的"者"不是指"人"，而是指生命天然自在能力所产生的一切所作所为。一旦把"者"误作为"人"之意，"天而生也"就变成了孔子的"生而知之"了，这就大错特错了。

什么是"特未定"？就是未来没有固定不变的，一定是持续变化的。

了解生命天然自在能力的作为，并且清楚、无局限地知道人的认知能力及其主观能动性的作为，这是智慧的作用，也是认知的极限。

道家的修道，就是修人需知道自然、知道自己的能量，并了解人的作为如何和自然相应。能知道自然的作为，是懂得万事、万物、万有道法自然的规律；能知道人的作为，是懂得如何运用智慧通达万物本性，反哺所学的知识、通达未能通晓的部分，这是《中庸》说的"能尽物之性"。

庄子说我们需要认识的未来和对象都是不停变化的，如果用固定的知识去理解，是不可能的！人心中存在的固定的观念和方法都是人自己的障碍，有所依凭才能成立，而认知所依凭的基础本身也是变化多端的。您怎么知道我所说的本于自然的东西不是出于人为呢？又怎么知道我所说的人为的东西又不是出于自然呢？

您怎么知道我所说的生命天然的能力和作用，不包括人的认知能力及其主观能动性呢？又怎么知道我所说的人的认知能力及其主观能动性，不属于生命天然的能力和作用呢？凡人之愚，在于不理解"道"所反映出来的规律是自然而然。

宇宙万物所必须遵循的自然规律就是"道法自然",人能契道,便是自然无为。

让世上万物、万事、万有遵循他们本来的样子,自由自在地各自发挥,不妨碍,不打扰,不勉强为之,这就是契"道"。人只有无为契道,方能无不为而有所作为。

宇宙天地是道的展现,宇宙天地把一个个生生不息的浑圆,展现在了人的面前,唯有圆才是真正的生生不息,周而复始,天长地久。

"德"是"道"的体现,无为便是"德"的显现。在整个宇宙万物的运行过程中,按照"道"的规律所表现出来事物的属性,才堪称为"德"。

反过来说,若是脱离了"道"的规律而人为地任其妄为,那么所表现出来的属性便是失德,失德的人是有限的,不可能"无不为"的。

天若失天道,则四季无常,反复为妖,或暴风骤雨,或日星隐曜;地若失地道,则草木不生,或山崩地裂,或倒海翻江;人若失人道,则众叛亲离,疾患缠身。

古德云:"得道多助,失道寡助。"因此,道家修养是循"道"任性行的无为法,表现出来就是"任性合道"。

"自然无为"是人事、人物、人所必须保持的根本德性。无论对内、对外,人、人类若是违反了"道"的自然而然法则,陷于一种"无道""失道""缺德"的恶性生存循环状态,最终结果注定是悲惨的,天地万物、人类社会莫无例外,这就叫做"不道早已"。

三 禅门修道

对比儒、道二门的修道法，禅门修道应称为"相应道"更适合。

关于禅法修行，笔者曾在多部书中屡屡谈及，这里就不再赘述。

我们需要再花费些笔墨讨论一下三家修道的异同，可以说禅、儒、道三门修道的根本精神和利益众生是一脉相通的，这相通的是"道"，而不同则表现在"修"上。

佛教自东汉明帝年间正式传入，从适应到成长，历经了五六百年之久，最后其中一脉，经由六祖惠能大师变革转化成"中国禅"。唐武宗会昌（841—846年）灭佛后，佛教义学的几脉受到毁灭性打击，而"中国禅"因能自力更生，故能蓬勃发展，不过到了北宋，"中国禅"也流于文字禅、文人禅等形式。在南北宋之际，振兴"中国禅"的代表人物当属临济宗杨歧派下的大慧宗杲禅师（1089—1163年）与曹洞宗一系的天童正觉禅师（1091—1157年）了。

以"中国禅"的发展而论，从达摩祖师的"如来禅"到六祖惠能开始的"祖师禅"再到五家七宗开始的"分灯禅"，"如来禅"属于印度禅，而从"祖师禅"开始则是与中土儒、道思想相融合的、地道的"中国禅"了。至"分灯禅"，可以说分别代表宋禅的两大趋势，即临济宗杨歧派下的大慧宗杲禅师偏主"禅儒合一"；曹洞宗一系的天童正觉禅师偏主"禅道合一"。

大慧宗杲禅师"禅儒合一"思想对宋代理学思想的影响甚大。大慧禅师生于北宋哲宗元祐四年（1089年），卒于南宋孝宗隆兴元年（1163年），享年七十五岁。他三十七岁在师父圆悟克勤禅师处悟道,此时正值金人南侵,徽、钦二帝被掳,即史称"靖康之难"之际。

由于政局动荡,其时士大夫们内心苦闷,多数人通过参禅得到了精神慰藉,而朝廷也知道"禅"能够有效安定人心,故对"禅"的发展采取了各种扶植的政策。据《宗门武库》记载,"大慧广交士大夫、官僚",这从回信的对象中得知,其人物有丞相、参政、枢密、司理、给事、侍郎、内翰、提刑、待制、通判、运使、宗丞、直阁、郎中、舍人、状元、教授、判院、知县、太尉、和尚、长老、居士等,可以说他是当时致力向官场弘扬佛法的第一人。北宋亡后,高宗即位。大慧禅师因主战,得罪了宰相秦桧,故而被削僧籍,流放衡州,后移梅州历时约十五年之久,至六十八岁始复僧籍,诏主明州阿育王山,后迁径山。一时法席隆盛,宗风大振,号称"临济再兴"。寺中结夏安居约有一千七百余众,至孝宗即位,赐号"大慧禅师"。

士大夫们之所以愿意主动结交大慧禅师,因为禅师能及时指出士大夫们的毛病,如心思不纯,妄求速效,迷于公案上求知解,不知道如何以无所得心求无所得法。

针对士大夫的毛病,禅师提出只要正见具足时,日用随缘,不用着力排遣心意识,不须按捺妄想,亦能自然贴适。若以有求心欲求无所得法,则离禅愈远。

禅师不赞成士大夫远离人伦,抛却事务,闭关修禅。他指出一切法皆对症之药,病去药除,切忌执药成病,故云:"世间、出世间法,不得言一,不得言二,不得言有,不得言无。一二有无,于光明藏中亦谓之毒药,亦谓之醍醐。

醍醐毒药本无自性,作一二有无之见者,对病医方耳。"

从三教交流史的观点上看,自《牟子理惑论》开始,儒释道就走向三教合一的潮流了,到了唐代,官方大体上采取三教并行发展的政策,宋代亦然。"中国禅"自出生便融合儒、道,肯定世法,再引向上一路,顿悟成佛。其理念是:世、出世间无别,僧俗无别,释儒相即,凡圣等一。

"中国禅"从来不只谈空寂,谈禅定、解脱,而且与儒家相同,不断肯定世间法,禅法包容一切法,不离一切法。到了大慧禅师这里,也是提倡修道在世间,不必一定要出家修行,禅师说:"士大夫学道,与我出家儿大不同。……我出家儿在外打入,士大夫在内打出。在外打入者其力弱,在内打出者其力强;强者谓所乖处重,而转处有力,弱者谓所乖处轻,而转处少力。"可见他的禅法不认为世法与出世法为二,僧俗可以交参而同会一处。

同理,儒与禅亦不二。为了说明此理,禅师说:"三教圣人所说之法,无非劝善诫恶、正人心术。心术不正则奸邪,唯利是趋;心术正则忠义,唯理是从。理者理义之理,非义理之理也。如尊丈节使,见义便为,迳非常之勇,乃此理也。圭峰禅师云'作有义事是惺悟心,作无义事是狂乱心。狂乱由情念,临终被业牵;惺悟不由情,临终能转业'亦此理也。佛云'理则顿悟,乘悟并销。事则渐除,因次第尽'亦此理也。李长者云'圆融不碍行布,即一而多;行布不碍圆融,即多而一'亦此理也。永嘉云'一地具足一切地,一法遍含一切法,一月普现一切水,一切水月一月摄'亦此理也。《华严经》云'佛法世间法,若见其真实,一切无差别'亦此理也。其差别在人不在法也"。故此,儒家归处,无不与道、禅相契。

《嘉泰普灯录》有一则关于大慧禅师解释《中庸》三提句的记录：

> 宪知其尝执卷，遂举子思《中庸》"天命之谓性，率性之谓道，修道之谓教"三句以问。慧曰："凡人既不知本命元辰下落处，又要牵好人入火坑，如何圣贤打头一着不凿破？"宪曰："吾师能为圣贤凿破否？"慧曰："天命之谓性，便是清净法身。率性之谓道，便是圆满报身。修道之谓教，便是千百亿化身。"

这对话什么意思呢？在于宪的寻问下，大慧禅师对《中庸》三提句另有解释，说如果一个人本身未见性，却又好为人师，岂不是以盲导盲，至学人入火坑？所以说，对成圣成贤之道在没有真切把握前，不可乱施教。于宪马上再问如何能真切把握这个要点？大慧禅师便以法身、应身、报身来诠释性、道、教。

儒为世间教，禅为出世间教，从唐以来三教一致论的趋势下，北宋契嵩禅师就曾以五戒同体说儒家"五常"，故大慧禅师如此说不足为奇。

为了更明白地表达禅儒不二思想，他说："儒即释，释即儒。僧即俗，俗即僧。凡即圣，圣即凡。我即尔，尔即我。天即地，地即天。波即水，水即波。酥酪醍醐搅成一味，瓶盘钗钏镕成一金，在我不在人。得到这个田地，由我指挥，所谓我为法王，于法自在，得失是非，焉有罣碍？"又说："三教圣人立教虽异，而其道同归一致，此万古不易之义。"

儒家修道之所以称"社会道"，因自孔子起，注重入世哲学，注重人际往来，儒家修道以社会和谐为本，既然和社会紧密关联，而社会又是错综复杂的，人脱不开家庭和家族关系，这是横向的联系。

不仅在横向联系上，孔子的理想还体现在他想效法尧舜，认为社会需恢复周礼，君子需立功、立德、立言而留世，死而不亡为"仁者寿"，尧舜、周礼、万世留名，这便是儒家思想中过去、现在、未来之间的纵向联系。故，称为"薪火相传"，因此，儒家修道和禅门不同，是不离过去、现在、未来三际的世间法。

如何沟通三际呢？唯有用大脑意识！三际的记忆是存在人大脑意识里的，大脑意识是记忆的储存库。一切知识、规则、规范、典故、历史、法典、文化、风俗、政事都会在大脑意识范围内储存。故，儒门修身法实际是基于时间、空间范畴内的修法。

道家修道是"任性道"，所依经典以老子《道德经》为始，而《道德经》中只谈到社会现象，没有谈社会始终，只提了道法自然，没有提长生不老及如何修道。而庄子中也只有逍遥超脱，而没有提天地始终。

可见，"清静无为"属于无始无终，道者知人间疾苦，也知方外有仙境可逍遥，故隐身于荒野，自在修行，多数不入红尘，这点和印度婆罗门修行人类似。

能修道的基础是必须任性，唯有任性才可无为，唯有无为方能任性，此时真人能和道契合。

从实修角度说，唯有任性无为才有可能打通气脉，气是沟通精和神的唯一渠道，也只有气的能量能使修者于苦寒之地而不畏寒，绝五谷而不知饥。

儒家的大脑意识修法是有为法，道家修法是无为法，无为法是超越时、空局限,气脉通,周天圆,则即身成仙。

而禅门修道既不从过去、现在、未来的三际时间入手,也不从即身成仙的空间着眼,禅门的"相应道"关注的是"当下一念"。

"当下一念"有两种显现。

其一是"一念万年",以一念包含万年之深广悠远,此为"其大无外"意,须弥纳芥子,即"放之则弥六合"。

一念能纵横三际万年,包含万物、万事、万有,世出世间,能舍离长短、先后、是非、善恶、正邪等相对概念,能收摄万年之岁月而无遗。人如可穿越时间看现象,则当时的善恶又权当别论,这是"一即一切"。

大修行者虽和凡常人一样,一念中念念迁流,新新非故。但由于其禅定之甚深境界,能像电影慢镜头一样,放慢念的迁流速度。有些武功高手修到一定境界时,看风、看雨、看对方出拳速度都是极慢的,这属于眼功,此功成就,便能轻易看出对手的漏洞,但这种眼功仅仅是禅定功夫的外围,真的大定,便叫"一念万年"。

其二为"万年一念",以万年归于一念。是"其小无内"意,芥子能纳须弥,即"卷之则退藏于密"。

万年归于一念中,是"一切即一",万物一体,一源,一性,一心,万法归一,海纳百川。古谚云:"十世古今,当处一念。"万年之岁月中有不变之定理。

在修法中,万年之所以能归于一念,是万物、万事、万有、万法的本质同一,修者有慧眼能洞察本质即是"观自在"。于刹那极变中如如不动,收摄一切法,包容一切法。此即"一切即一"。

子程子语"中庸"："不偏之谓中，不易之谓庸；中者，天下之正道，庸者，天下之定理。此篇乃孔门传授心法，子思恐其久而差也，故笔之于书，以授孟子。其书始言一理，中散为万事，末复合为一理。放之则弥六合，卷之则退藏于密。其味无穷，皆实学也。善读者玩索而有得焉，则终身受用之，有不能尽者矣。"

《圆悟佛果禅师语录》中云："佛祖以神道设教，唯务明心达本。况人人具足、各各圆成，但以迷妄，背此本心，流转诸趣，枉受轮回。而其根本初无增减，诸佛以为一大事因缘而出，盖为此也。祖师以单传密印而来，亦以此也。……从无始来亦未曾间断，清净无为妙圆真心，不为诸尘作对，不与万法为侣。"

又说："唯大达超证之士，奋利根勇猛，一径截断则无难。……凛然全体现成，……自然无怖畏，只有清虚莹彻，无一法当情，如悬崖撒手，弃舍得无留恋，一念万年、万年一念，觅生了不可得，岂有死也？"

可见，三教之修"道"，本质虽同，其"修"则异。

也可以说，从利众精神上来看为"同"，这是指修者静坐或自省时内在心力感化的精神；而从利众方法上来看是"异"，这是指修者自修及引导教育大众时，其步骤、方法、沟通等行为。

儒家修道入手点既然放在大脑意识，那么就会看重继往开来；道家修道入手点放在现世解脱，故此必重逍遥自在；而禅门修道入手点是在当下一念，由此，当下的顿悟是修行关键。禅的修法本是"实际理地，不受一尘，万行门中，不舍一法"，哪有什么法不能包容在其中呢？

从儒家修道的内涵可以看出,修身是儒者通过"格物、致知、诚意、正心"实现独善其身"内圣"的过程,而"齐家、治国、平天下"则是君子实现达济天下的"外王"过程,这点和"中国禅"虽修法不同,但其内化、内求、内观、慎独等精神与禅门强调的禅者内修内证不相悖。

我们从《大学》可以看出,曾子主静定;从《孟子》可以看出,孟子"求放心"。宋明的大儒们亦不乏内证内修的功夫,如周敦颐"主静",程子每见人静坐,便叹其为善学,更有"程门立雪"的典故,可见程子的静坐功夫亦是相当了得;朱子也劝学者"半日静坐",明儒王阳明、刘蕺山等先生皆静坐得力。

蕺山先生言及静坐云:

> 一炷香,一盂水,置之净几,布一蒲团座子于下。方会,平旦以后,一躬,就坐。交跌齐手,屏息正容,正俨威间,鉴临有赫,呈我宿疚,炳如也。乃进而敕之,曰:"尔固俨然人耳,一朝跌足,乃兽乃禽,种种堕落,嗟何及矣。"应曰:"唯唯。"于是方寸兀兀,痛汗微星,赤光发颊,若身亲三木者。已乃跃然而奋曰:"是予之罪也夫。"则又敕之曰:"莫得姑且供认。"又应曰:"否否。"顷之一线清明之气徐徐来,若向太虚然,此心便与太虚同体。乃知从前都是妄缘,妄则非真。一真自若,湛湛澄澄,迎之无来,随之无去,却是本来真面目也。此时正好与之葆任,忽有一尘起,辄吹落;又葆任一回,忽有一尘起,辄吹落。如此数番,勿忘勿助,勿问效验如何。一霍间整身而起,闭阁终日。

见此便知，儒家静坐修养法，源自禅门，其语也几近禅话。静坐一法，至明时更为儒、道、禅共修法。

明朝四大高僧之一，憨山大师早年在盘山修行后，与妙峰师行脚至五台山，住塔院寺。大方主人从雪堆中清理出几间旧屋，供大师静修。当时正是万山冰雪，一片银色的世界。大师顿感身心清凉，似乎置身极乐世界。

几天后，妙峰师往夜台游览，大师独居静坐，有人来也不与人说话。不久，看人如木桩，最后竟一字不识……当时山风怒号，冰雪消融，雪水冲激，奔腾之声如雷贯耳，又如千军万马出征。静中闻声，甚感喧扰。憨山大师待妙峰师返回后，便向他请教。妙峰师说："境由心生，不从外来。古人云：三十年闻水声不转意根，当证观音圆通。"

在憨山大师静室外不远处有一独木桥架山溪之上。大师每天坐立桥上，初闻水声不绝于耳，以后动念即闻，不动念即不闻……一天坐桥上忽然忘身，一切皆寂静无声。从此一切声音均不能扰乱。大师习定期间，以米面合野菜熬粥为食，三斗米吃半年尚有余。

一日，在食后经行中恍然入定。不见身心，唯有一大光明藏，圆满湛寂，如大圆镜。山河大地，影现其中。自觉身心了不可得。即有一偈涌出：瞥然一念狂心歇，内外身心俱洞彻，翻身触破太虚空，万象森罗从起灭。从此内外湛然，再不为声音、色相所障碍。过去的疑念，当下顿消。回到屋内，看饭锅上已生厚厚的灰尘，因无人在旁可以问时间，故此也不知过去了多久。

憨山大师自悟后，无师请益，便自己展读《楞严经》以求印证。由于过去未听法师讲过此经，现在结合自己内证体验观照阅读，不起丝毫妄识情见，如此历经八个月，全经旨趣了然无疑。

这就是禅门的修道法，一通百通，可惜的是，修养如蕺山先生，虽有门下如黄宗羲等大弟子，在学术上自开一门，但和大多数儒者一样，往往是"极高明"有余而"道中庸"不足，果真两耳不闻窗外事，便能一心契合圣贤书吗？

儒家君子亦分无为、有为两种，无为君子相当于禅者随缘自在境界，无处不自主，无处不自在，因势利导，从心所欲，胸有成竹，因机而变，此时无为不为，无可不可。《中庸》云："如此者，不见而章，不动而变，无为而成。"又云："是故君子动而世为天下道，行而世为天下法，言而世为天下则。远之，则有望；近之，则不厌。"

而有为君子，尚停留在事、理的境界中，时时争个对错是非、辨个高低上下，显出浑身浩然正气，在规矩方圆里固执己见，这样的人在现实社会中是最容易受伤的，因为人如果踩得太实，就没有灵活度了，无法在现实生活中圆融，也不懂以退为进，致曲之妙。他们无论学问多高，都还处于有待提高应变能力的阶段，故常有平生抱负不得志的感慨，发出生不逢时之叹息。其实，哪有生不逢时的道理？乱世当然有乱世的好处，故能出思想、出英雄、出境界。

孟子云："平治天下，舍我其谁？"

禅者颂
万行

大丈夫,行十方。
十方世界炼心场。
实际理地如如法,
万行门中处处芳。

第四章 诚明明诚诚为本

第一节　君子心即诚心

东周时期的齐国已是大诸侯国之一，在成为"春秋五霸"前，齐国国君是齐襄公，襄公为齐僖公的长子。

齐襄公自己无子，王位只能由父亲留下的两个异母兄弟——公子纠与公子小白继承。齐襄公是个暴君，当时管仲与挚友鲍叔牙都在齐国为官，他们知道凡是暴君必没有好下场，便分别保公子纠与公子小白出国躲避。

鲍叔牙保的是公子小白，他们逃到莒国避难；管仲则保着公子纠逃到鲁国。

周庄王十二年齐国内乱，襄公被公孙无知所杀，公孙无知自己做了国君不久，也被杀。于是公子小白和公子纠谁先回齐，谁就能先为君。

管仲为了保公子纠，亲自带兵半路阻击公子小白，早就埋伏在半路的管仲一见小白车队，便稳稳地弯弓搭箭瞄准小白就是一箭，小白当时大叫一声，口吐鲜血，翻身倒出车外。管仲见状认定他必死无疑，便转身回去。

事出紧急，当时鲍叔牙与众侍卫都被小白骗过，等到管仲远去，小白才起身，原来箭只射中他的衣带钩，他急中生智咬破舌头假装口吐鲜血，骗过管仲。由此可见公子小白危急时刻的沉着应变能力。

惊喜之下,一行人整装速发,终于先公子纠回齐,公子小白便是著名的"齐桓公"。

管仲和公子纠无奈,只好半途返回鲁国。齐桓公登基后,第一道诏书就是任命鲍叔牙当太宰,可叔牙却谢绝说:"我是一个平庸的臣子,您给予我恩惠叫我不挨冻受饿,已是对臣子的恩赐了。如果谈到治理国家,我没有这个能力,而管夷吾却有这个能力,我比不上管夷吾的地方有许多:宽厚仁慈,爱戴人民,治国能力,忠诚信义,规范经济、礼法、道德准则。不仅如此,两军交战时,他还能亲自出现在营门击鼓助威,使战士们勇气倍增,各方面我都不如他。"

桓公说:"可我差点被他射死!"

鲍叔牙说:"不过是各为其主罢了,您如果宽恕他,让他回齐,他以后为了您也会这么做的。"

齐桓公问:"可他现在在鲁国,怎么办?"

鲍叔牙答:"去请他回来。"

齐桓公说:"鲁君有施伯,如果他知道我要用管仲,一定不会放他回来。"

鲍叔牙说:"可以派人向鲁国请求,说国君想要当众处死仇人,这样鲁国就会放他回来了。"

齐桓公就派使臣去鲁国请求。鲁庄公听闻,向施伯询问,施伯答:"齐桓公绝对不是想杀管仲。管仲是治理天下的奇才,他所辅佐的国家一定能独霸天下,让他回齐,鲁国必有忧患!"

鲁庄公问:"那怎么办?"

施伯答:"把尸体交使臣带回。"

鲁庄公就准备杀管仲,齐国使臣大急,向庄公说:"我们国君是要活的管仲!他要亲自杀了示众,如果带回尸体是没有达到我请求目的的,这样一来,我们国君一定会认为鲁国和齐国作对,请您勿做破坏两国友谊之事。"

于是鲁庄公犹豫了,最后还是把管仲交还给齐使,齐使慌忙领着管仲连夜赶回。

凡有智慧的人绝不贪小利、不因私废公。为了齐国的发展,桓公不记一箭之仇,反而许管仲以重任,这不是人人可以做到的。齐桓公不是虚情假意,而是对他信任无疑,以至于言听计从,真正做到了"用人不疑,疑人不用"。在齐桓公的授权下,管仲在齐国大展宏图,实行军政合一、兵民合一,极大地推动了经济发展,国家日趋强盛。可以说能识人、会用人,是齐桓公成功的关键。齐桓公之所以后来能称霸春秋,就是因为他当政初期的贤明,这贤明就是他博大的胸怀与谦虚、沉稳的心态,以及志存高远的智慧。

公元前681年,齐桓公在今山东甄城召集宋、陈等四国诸侯会盟,他因此成为中国历史上第一个充当盟主的诸侯。当时,华夏各路诸侯国饱受北方游牧民族戎狄部落的袭扰,民不聊生,夜不安寝。周王室衰微,不能有效凝聚诸侯应对戎狄。危难之下,齐桓公站出来团结诸侯,组成声势浩大的联军,对戎狄部落实施了毁灭性打击,使中原百姓过了近三十年的太平生活。另一方面,在南方逐渐崛起的楚国野心勃勃,藐视周朝王室,不停歇地向北方扩张自己的地盘,发动了一轮又一轮蚕食北方诸侯国的侵略战争,北方诸侯人人自危，朝不保夕。还是齐桓公，以盟主的身份团结中原诸侯，共同伐楚，成功迫使楚国降服，向周王室称臣。

齐桓公九合诸侯、尊王攘夷、北击山戎、南伐楚国，受到周天子数次嘉奖，其霸主地位举世公认。可以说，此时的齐桓公头脑清醒，雄心勃勃，豪气冲天。在他的背后，站立着以管仲为首的各有所长、尽忠职守的出色团队，史称"桓管五杰"。他们君臣同心，对内整肃朝政，厉行改革；对外令出则至，存亡续绝，创立了不朽奇功。

然而谁也没想到的是，齐桓公到了晚年，剧情却急转直下，他远君子近小人，以致从春秋五霸之首变成了一位最窝囊的国君，被活活饿死在后宫，停尸六十七天无人理会，谁能想到霸王的归处，居然是蛆虫之口？可以说，齐桓公的一生，将贤明和愚痴和谐地统一了。

公元前645年，管仲病重，桓公去管府探病，有一段经典对话。齐桓公问管仲："您如果故去，谁可代您为相？"

管仲谦虚地说："没有人能比国君更了解臣下了。"

桓公问："易牙如何？"

管仲答："不爱其子，安能爱君？"

桓公说："开方如何？"

管仲答："不爱其亲，安能爱君？"

桓公说："竖刁如何？"

管仲答："不爱其身，安能爱君？"

齐桓公问的此三人是什么人呢？就是他晚年宠爱的三位近臣。

易牙是齐国彭城人。是第一个运用调和之事操作烹饪的庖厨,他善做菜,烹饪技艺很高,被后世厨师们称为祖师爷。易牙的味觉鉴别力惊人,传说曾有人问孔子:"把不同的水加到一起,味道如何?"孔子道:"即使将淄水、渑水两条河中的水混起来,易牙也能分辨出来。"

一次桓公对易牙说:山珍海味我吃腻了,只是没吃过人肉,不知人肉味道如何?桓公本是无心戏言,易牙却牢记在心。一次午膳,齐桓公吃到一盘鲜嫩无比的肉羹,便问:"此系何肉?"易牙说:"臣子四岁,臣献其肉于大王尝鲜。桓公大受感动,从此宠信易牙。"

开方是卫国国君的公子,在齐国做人质,为对齐桓公表达忠心,愿终身为齐国效劳。后来父母相续去世,有人劝开方回卫奔丧,开方说:"我的父母是齐桓公,我再没有别的什么父母。"桓公大受感动,从此宠信开方。

竖刁原是齐国大臣,为了表示忠心,自行阉割入宫当太监。桓公大受感动,从此宠信竖刁。

管仲临终告诫齐桓公,必须远离此三个小人!齐桓公听了管仲的话,果然回去后找了借口,将易牙、开方、竖刁三人撤职。可是过了三年,齐桓公没了这三人的服侍奉承,感觉浑身不爽,于是重新召其入宫。任命竖刁为大内总管,主管奏章批阅,实行宰相之职;任命易牙为国防部长,主管军队;任命开方为组织部长,主管人事任免。

公元前643年5月,齐桓公病重,易牙、卫开方、竖刁三人立即变脸,发动政变,拥立公子无亏,逼走太子,同时堵塞宫门,不许任何人给齐桓公送食物。

齐桓公饿得不行,爬至寝宫门口,想用竹竿捣麻雀窝掏麻雀蛋吃。易牙命手下人用弹弓射桓公手脚,最终桓公被活活饿死。死后六十七天不发丧,直到腐尸上的蛆虫成群结队爬得满地都是,才处理。《史记·齐太公世家》云:"桓公尸在床六十七日,尸虫出于户。"齐国的霸业亦从此衰落。

其实无论古今,常有一种普遍现象,叫"包围定律"。只要你有权,周围就必然会出现一批小人包围你。有权而修养不够的人,缺乏自律性,故而小人一吹捧,就无比舒坦,这就像人离不开水的滋润一样。而小人的存在价值就是,他们会用各种方法令到当权者每一个细胞都舒坦。竖刁、开方、易牙就是这样无所不用其极的小人,他们能把日日如沐春风的齐桓公捧上天堂,最后又是他们将垂死挣扎的桓公送入地狱。

齐桓公晚年一意孤行,导致下场如此凄凉悲惨,以致于半世英名,一代霸业,终被昏聩愚痴所毁。

早期儒家经典几乎都是形而上的,可到了《大学》《中庸》出现了一些变化,尤其是《中庸》,提出了用"道中庸"诠释和统一"极高明",以此"合内外之道"。"道中庸"中就包含了"形而下"的方法。

如果缺乏了"道中庸",君子修身缺少下手处。朱子在序《中庸》中云:"历选前圣之书,所以提挈纲维,开示蕴奥,未有若是其明且尽者也。"自宋始,《大学》《中庸》两书被宋儒极力推崇,可以说,宋儒由于受到禅门影响,更加注重发挥儒家心性学方面的成就,将子思、孟子思想中内观、内化、内求之学进一步阐扬,这是儒家的一大转变。

曾子说"吾日三省吾身",这就是儒生由"知止"开始走向内省、内观的功

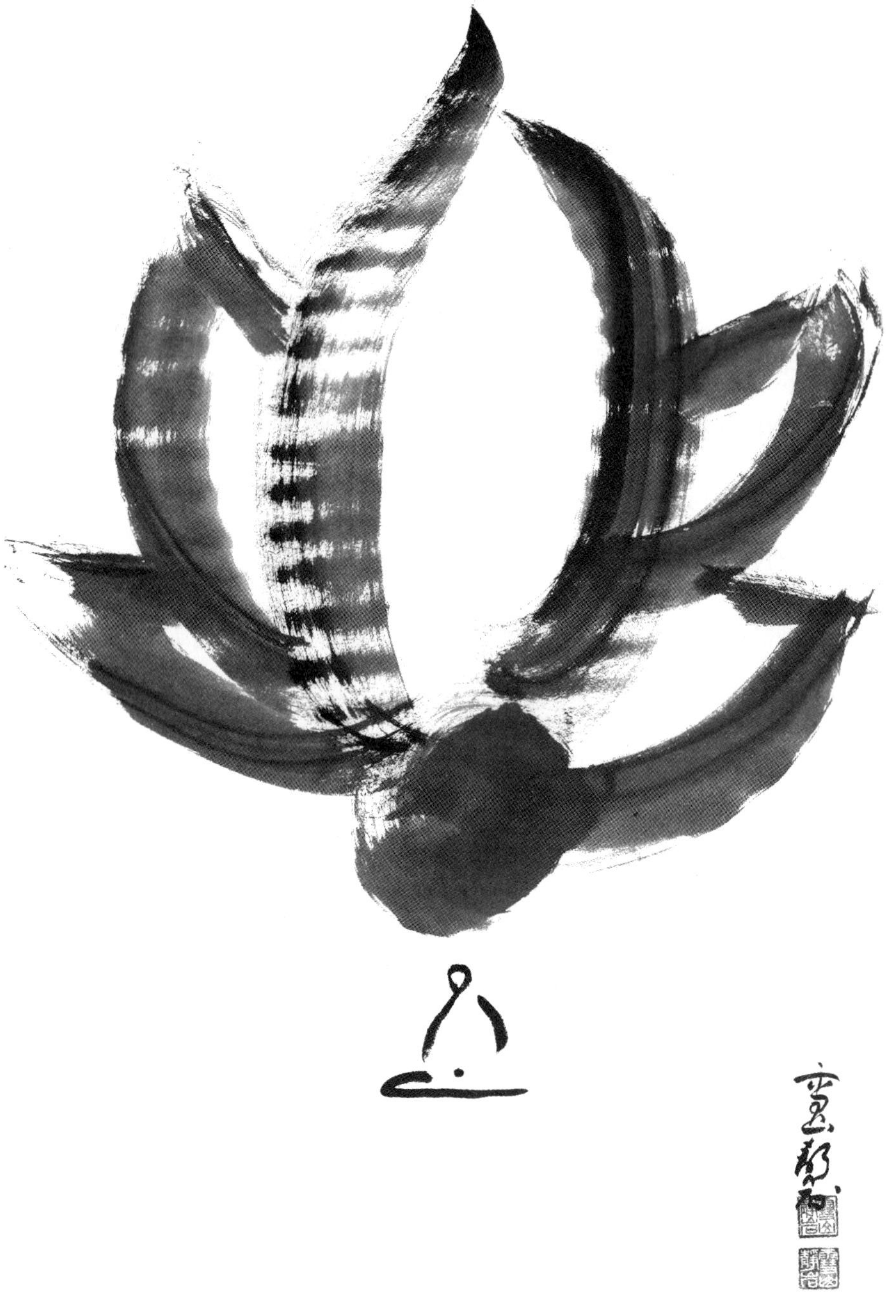

夫了,什么是君子内省、内观的修身功夫呢？禅门所谓:日用而会起用;平常而知进退;正觉而明缘起;有情而至感通;通达而明一如;灵活而能明辨;禅定而可不动;智慧而终自在……齐桓公之所以最终落到惨绝人寰的可怜境地,和他成就霸业后不反省、不修身、不真诚、不贤明有直接关系。

不过曾子"省"事的层面还停留在"为人谋而不忠乎,与朋友交而不信乎,传不习乎"上。到了子思,则在《中庸》发挥至"中""庸""和"等境界,这是子思在老师曾子"省"的基础上,往前迈了一大步。

《中庸》的方法总纲是:"天命之谓性,率性之谓道,修道之谓教。"后文又用"诚者,天之道也。诚之者,人之道也"来呼应。寓意着"诚""天""天道""性""中""喜怒哀乐之未发"和"大本"等同,诚道即天道,人的本来面目是"诚",只要率性而为,就能奉天承运,无为不为。

注意,这是指秉承和顺应本来的天性而为,非指顺应后天人为的性情而为,齐桓公晚期就是顺应了人为的性情,而远离了本来的天性,才被蒙蔽。但如何率性行事,如何能充分发挥人天性之"诚",这就是儒家"诚之"的功夫,是"人道",也就是"教"。进一步说君子能感化他人的是"诚之"功夫,教化能使得人心等同君子的"诚之心"。

围绕"诚之"的施为,《中庸》提到了"博学之,审问之,慎思之,明辨之,笃行之"等方法,关于"博学之"的含义,我们前文已经讨论过,这里不再重复。接着,《中庸》又解释了"笃行"的范围:"君臣也,父子也,夫妇也,昆弟也,朋友之交也。"这和《大学》齐家、治国、平天下略同。

《中庸》谈"诚",用了多个不同表述方式,其中"诚""诚明""至诚"属先天

"道";而"明诚""致曲""诚之"属于后天"教"。

"诚、诚之";"诚明、明诚";"至诚、致曲"三对均由"诚"来贯通,不过此处的"诚"指的不是天道,而是后天之"教"。

《中庸》无论从哪个角度谈"诚",都是为了君子能合于天道,达到"至诚"之境。因为能天生下来即合于道者几乎不见,人需要通过"教"的方法而合道,故此,儒家提倡:君子时刻不忘"修身为本"。《中庸》中称之为"慎独","慎独"是培养君子"诚"的修身方法。

《大学》和《中庸》都重视修身,《大学》云:"自天子以至于庶人,壹是皆以修身为本。"《中庸》谈修身,说:"故君子不可以不修身。思修身,不可以不事亲。思事亲,不可以不知人。思知人,不可以不知天。"

读者请注意,《大学》和《中庸》所表达的角度、层次、范围有不同,有些话看上去差不多,实际上内涵有区别。

如曾子讲:"大孝尊亲,其次弗辱。"意思是对父母最大的孝顺首先是给他们应得的尊重,其次是使得他们在社会上不受辱。什么是不受辱?您自身行为堂堂正正,常行善事,父母自然在社会上不受辱;而您如果行为不端,损人利己,那么父母常被人戳脊梁骨,因您的行为而受辱,这就是"不孝"。

可见儒家的"大孝"本来是指精神层面,物质是次要因素。那些为家族延续血脉,或者奉事能养等事,均属于物质层面,不属于"大孝"范围。曾子"大孝尊亲,其次弗辱"这段话中已内含了"思事亲,则不可以不修身"之意。

而《中庸》谈修身时云"思修身,不可以不事亲",意思和曾子说的出发点不同,曾子重点放在如何"孝"上,而"中庸"的重点则是放在君子如何修身上。故此,我们阅读理解经典时,一定要真正参透作者内涵,千万不能误读。

世间万事、万物、万有本以"诚"为本。人的本性与太极法界同体,"清净无为"才是人的本来面目。本书要讲的本是"禅画美学",为什么需要花那么多笔墨先讲儒家修养呢?

其一,不具备"诚心"的人谈不上理解"禅画美学"之"大美"。如果人的美仅仅是针对自己狭隘视野的美,这种美不仅随着心情变化而反复无常,也和利益纠结一处,美中夹杂了增值、利益、好处、所得,以及各种后天妄心、习气成见,为障目之叶,使人无法见到"大美"。

其二,非"至诚"之人,画不出真正的"禅画"。"至诚"者,谦虚、柔和、忘我、不争,所谓"德正则心安,心安则气顺"。德正气顺方能致使心性至纯至净,以至于无为而为。"诚者,物之终始,不诚无物"。禅画是诚之实体,不诚无以成画。

其三,君子能率性而为的关键便在"诚"上,君子心即诚心。君子心态则可以说是"诚城"。"诚"是真诚,"城"是"城墙"。君子的信念要像城墙一样坚实、稳固和厚重,使之内在气能不散,这是"择善固执""守一不移"。君子由一颗真诚心合于天地之境,此时,方可于人、事、物上真正有"成"。

从"禅画美学"角度说,行事必发自"信"而依于"诚",能贯天地而不欺,这种品德才是人可以创作出禅画"大美"的基础。

"诚"发于"信",读者们千万不要以为,"信"还不简单,其实修行中讲"信、愿、行",把"信"放首位,可见"信"是修行的基础、保障,是根本。现代社会一切矛盾都是彼此不"信"引起的,我们下一本"禅画美学"要和大家讨论

《楞严经》，其中有关于"十信位"的内容。凡常人心念反复、无常、多变、易惑，故此一切修行从"信"开始。佛立"十信位"，如初信，即"信心住"，经云："即以此心，中中流入，圆妙开敷，从真妙圆重发真妙，妙信常住，一切妄想灭尽无余，中道纯真，名信心住。"可见，初信位都已经不得了，一切我执、法执、空执之妄想皆能灭尽，以诸妄尽故，唯彰显中道纯真，此为"信心住"。

到了二信，名"念心住"。经云："真信明了，一切圆通；阴、初、界三。""阴"是五阴；"处"是十二处；"界"是十八界。"不能为碍；如是乃至过去、未来无数劫中，舍身、受身。"什么意思呢？就是舍身、受身这些轮回事，可以自己做主。什么时候死是自己选择的。修至此境，五阴、十二处、十八界、三科、一切诸法不能为碍；修者不但现在生中，乃至过去、未来，皆为圆满无上菩提，此为"念心住"。

至三信，名"进心住"。经云："妙圆纯真，真精发化，无始习气通一精明，惟以精明进趣真净，名精进心。"这是修者已得妙圆纯真后，无始以来的业、气不复为碍，故惟以此真精妙明之如如智体，进趣契入真净之如如理体，此为"精进心"住。

至四信，名"慧心住"。经云："心精现前，纯以智慧，名慧心住。"这是修者由于已进趣真净之体，故"心精"得时时"现前"，故能以智慧起用。

五信名"定心住"。经云："执持智明，周遍寂湛，寂妙常凝，名定心住。"

六信"不退心住"。经云："定光发明，明性深入，惟进无退，名不退心。"修者到了第六信，才名"不退心"，说明信实属不易，修者唯有定光开发显明，才能惟进无退，故名"不退心住"。

七信是"护法心住",指修者能内护心法、外护佛法。

八信是"回向心住",修者能以妙慧之力,对外回佛之慈光,向内将自己心光安住,此犹如双镜,光明相对,其中妙光妙影,重重相涉相入,光中见光,影中含影,佛光入我,我入佛光,回自向佛,回佛向己,此为"回向心住"。

九信是"戒心住",修者自心之光念念紧密回照自身、自心,能安住无作、无为、清净一念,不落于有为,不执于无为,名"戒心住"。

十信是"愿心住"。经云:"住戒自在,能游十方,所去随愿,名愿心住。"修者此时观自在成就,能随愿一念便至游化十方法界,名"愿心住"。

由于本书是讲"禅画美学"和《中庸》的关系,所以"十信住"我们在此不充分展开发挥,只蜻蜓点水,以后有机会还会细说。信心如手,修者入三宝山时,具足信心者,才能采到宝。诚、信是为人、修行的根本,人、事、物如不诚则必伪,"君子坦荡荡,小人长戚戚",唯有坦荡荡的君子能处乱世而不惧,不思而得,不勉而中,从容中道,无为不为,这一切的能量是由发自天性的真诚所启发的,所谓"心诚则灵"。"灵"即是"禅画"鲜活生动能作用之因,也是"禅画"契悟明心所作用之果。

《史记·季布栾布列传》记录了秦朝末年,楚国有一个叫季布的游侠,性情耿直,为人侠义好助。只要他答应过的事情,无论有多大困难,都会设法去办,称为"一诺千金"。楚汉相争时,季布曾是项羽的部下,几次献策使刘邦的军队吃了败仗,刘邦当皇帝后,下令通缉季布:"高祖购求布千金,敢有舍匿,罪三族。"

可是有不少人敬慕季布为人,在暗中想帮助他。不久,被通缉乔装后的季布到山东一家姓朱人家当佣工。朱家明知他是季布,仍冒着被灭三族的危险收留了他,后来,朱家辗转到洛阳去找刘邦的老朋友汝阴侯夏侯婴说情。刘邦在夏侯婴的劝说下撤销了对季布的通缉令,还封季布做了郎中,不久又改做河东太守。朱家亦以此侠义之名闻于世。

子曰:"人而无信,不知其可也。大车无輗,小车无軏,其何以行之哉?"信以诚表,人如无信无诚,还能叫人吗?但诚信也是和"义"紧密相关的,"义"是制宜、适宜、权宜之意,也即"时"意。

人天生具有诚根,能屡被人欺也不思欺人,当然也有智慧不自欺,遇难时不怨天尤人,因而为人处世能稳健包容,心像城墙一样,不被世俗的风气、利益所打动,这便是真诚的君子了。小人为什么成天惶惶不安、患得患失呢?因利益驱动故,费尽心思分析怎样才能使利益最大化,这就会斤斤计较,见异思迁,攀比分别。

君子行事并不是考虑利益最大化,而是从道义上考虑此事当不当为。君子不是不要利益,而是将道义放在首位,为什么要一个人把钱都赚光呢?为什么要因为多赚了些钱而树更多的敌人呢?为什么要为了些钱而去伤害无辜生灵呢?为什么要为了赚钱而去破坏天地自然呢?钱究竟是什么?有什么用?该怎么用?您今天为赚钱造下的业,欠下的账,最终能用钱救赎吗?君子取财有道,唯有能秉持诚心的人,才能洞察人、事、物的本质,行事才不会偏。

我们现实社会上绝大多数人因为各种内外的原因,无法和真诚的天性契合,《中庸》提到,可以通过博学、审问、慎思、明辨等方法,逐渐使自己趋于真诚之境,这种通过后天的学习、体会,叫"自明诚",也就是"教"。是通过教化的作用,使人越来越趋于诚境。这里说的"自明而诚谓之教"也就是"修道之谓教""格物致知"的意思。

但不管是后天的"自明诚",还是圣人先天具足的"自诚明",《中庸》说"诚则明矣,明则诚矣",结果是一。不同的是人因不同秉性而入手点不同,最后明诚互用,既诚且明。

"诚"是社会稳定运行的大道,是人道和谐运行的法则。在儒家的观点中,为人真诚才可以说是一个真正的人,否则是禽兽。

真诚而能通达天地的人,道家谓之"真人"。《庄子·渔父》谓"真":"真者,精诚之至也。不精不诚,不能动人。故强哭者,虽悲不哀;强怒者,虽严不威;强亲者,虽笑不和。真悲无声而哀,真怒未发而威,真亲未笑而和。真在内者,神动于外,是所以贵真也。……礼者,世俗之所为也;真者,所以受于天也,自然不可易也。故圣人法天贵真,不拘于俗。愚者反此,不能法天,而恤于人;不知贵真,禄禄而受变于俗,故不足。"

北宋时期的神童晏殊是真诚的人,十四岁时,有人把他举荐给宋真宗。真宗召见他,并要他与一千多名进士一起参加考试,答题时,晏殊发现自己十天前刚练习过这个试题,就如实向真宗报告,请求改换其他题目考自己,真宗非常赞赏晏殊的诚实,赐他"同进士出身"。

真宗时期,天下太平。京城的官员常到郊外游玩,或留恋酒楼茶馆,晏殊家贫,无钱出去玩耍,每日在家里读写文章。一天,真宗突然升晏殊为太子伴读,大臣们都很惊讶,真宗说:"近来群臣常游玩饮宴,只有晏殊闭门读

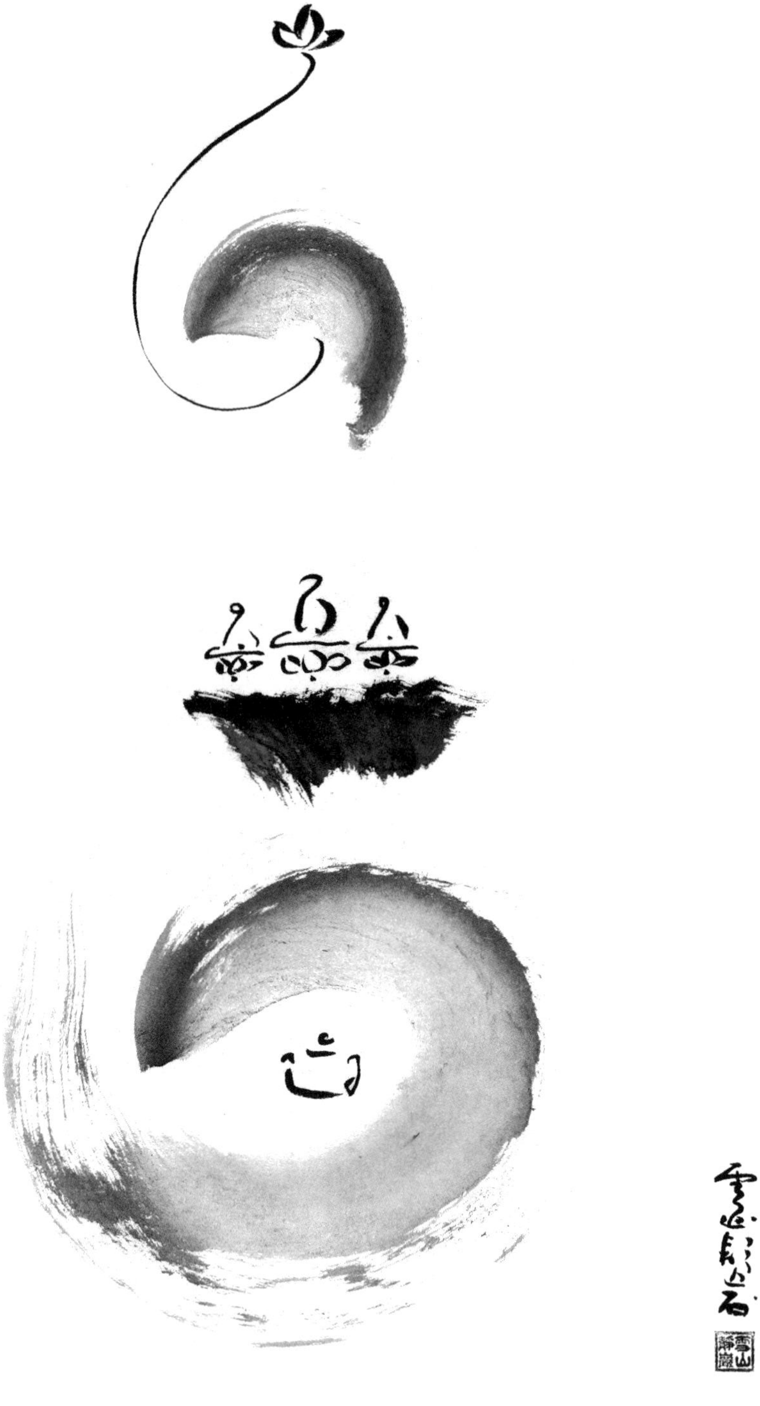

书,如此自重谨慎的人,正是东宫伴读的合适人选。"晏殊却当即启奏:"我也喜欢游玩,只是家贫,若我有钱,可能也去宴游了。"真宗听了,不仅不怪,反而对他更加赞赏。

春秋时期,齐桓公攻打鲁国。鲁国力弱打不过齐国,请降。可是武士曹刿对鲁庄公说:"您愿意用国家的灭亡换取自己短时期的安逸吗?"

庄公问:"什么意思?"

曹刿答:"您若听我的话,国土会扩大,您也会安全。若不听我的话,国家会灭亡,您也会处于耻辱中。"

庄公说:"我听你的话。"

于是,鲁庄公便依曹刿的主意,和曹刿一起揣着剑去见齐桓公。

一落座,鲁庄公便用左手紧抓齐桓公,右手抽出剑来对着自己,叫道:"鲁国小,国都距离国境才几百里,可现在只剩下五十里!剩下五十里和一寸不剩没两样,鲁国根本没法活。反正丧国是死,和你拼命也是死,我今天不活了,死在你面前算了!"

齐国的管仲和鲍叔牙见此情况,急忙上前阻拦。而曹刿却拔剑挡住了两位,说:"两位君主在说话,谁也不准打扰。"

管仲见状,对尚在迟疑的齐桓公说:"大王勿涉险,应该放弃土地保护自己,而不要放弃自己保住土地!"

齐桓公最听管仲的话,马上答应还给鲁国四百里土地。但是齐桓公一回国就后悔了,管仲对他说:"不行!您答应人家了却又事后反悔,天下人会认为您没信用,以后还会有谁服您呢?"

齐桓公觉得有道理，想了想说："鲁庄公和曹刿都是齐国的仇人，如果我对仇人都讲信用，那说明我对恩人会更讲信用，这样天下人都知道我有诚信，必然会更信任我。"

这是成语"信于仇寇"的出处。

孔子一直欣赏管仲的为人，认为他是仁者。孔子能称赞人为仁者，那是最高评价了。《管子》曾说："非诚贾不得食于贾，非诚工不得食于工，非诚家不得食于农，非信士不得立于朝。"这是说，从经商到务农，各行各业无"诚"不成事，"诚"是百得之源、成事之本。

子程子则说："学者不可以不诚，不诚无以为善，不诚无以为君子。修学不以诚，则学杂；为事不以诚，则事败；自谋不以诚，则是丧其德而增人之怨。"这是从修学、为人、谋事、待人等方面讲学人须诚，不诚则修学不精，不知其然，自弃其忠，增人之怨。

《中庸》云"诚即真实无妄"，此谓"诚"也是一种"实有"，是有本源性、创生性的实体。"实"有两义：一是指有"实体"的形体表现；二是指可"实现"的动态构成。

明末王夫子说："夫诚者，实有者也，前有所始，后有所终也。实有者，天下之公有也，有目所共见，有耳所共闻也。"

和古人相比，现代人奉行的是以结果为导向论，许多人误读《孙子兵法》讲什么用兵需"出奇制胜""兵不厌诈"，仿佛生存唯有要狠要斗才行。还有人把明清时期才出现的"三十六计"奉为制胜法宝，也有人偏爱"厚黑学"，现代不少公司更是奉行狼性文化，在这些熏陶下，人越来越奉行实用主义，浮躁不安,鼠目寸光。

笔者曾见有学人看经典,其实就是在乱翻,然后轻易就说看不懂,这么不带恭敬心地乱翻,真正有思想的书怎么可能看懂呢?为什么人会这么轻易对待书呢?因为先入为主,感觉思想不重要,智慧不重要,不能马上变现的都不重要,好像和自己无关,自己忙,所以思想和智慧属于不急的事情,凡是不能帮忙自己赚到钱的,都是无用的。

所以,这些人谈起修养属于业余爱好,讲到修行也是出于好奇,在各种奇技淫巧盛行于世的今天,似乎只有各类快餐鸡汤才能解决他们的实际需要,这个招、那个术只要快、有用就行!这就是典型的头痛医头脚痛医脚的想法,仿佛止痛就能治好病,还仿佛不疼了,病就自己好了。

基于这种思考方式的人,是永远也无法安心、自在、幸福、满足的,这种人,人生的基石建立在最变化无常的名誉、财富、人情上,那么注定要痛苦不安地过一生。"众生欲除苦,奈何苦更增",这就是不明苦、乐的根源。当我们用心的方向是向外驰求时,社会的变化、他人的赞毁、世俗的评价都是压力之所在,让人不堪重负,疲于应付。而当我们的用心方向是向内探寻时,那些成为压力的所有因素,全部转为增长功夫、智慧的动力,促使我们向上一路,精进不息。

一颗永远内求的心才能和经典相应,经典不是懂了才要读,而是读了才能懂。读经典也不是道理上懂,能分出来道理上的对错,而是能在经典中找到和自己相应的师、法,然后去寻找师法团队实实在在地修行实践。学习最忌讳就是满足于似是而非的"相似法",这对学人的危害最大。有些人自己知见重,难以深信别人,您说他错,他不信,非要证明他错,此反而激发出逆反心理。您自己站在阴影里不出来,却抱怨阳光不公平。要知道,佛法、禅法、儒门都是一种心境,不是道理的对错可以解释的。

故,笔者常对修禅之人讲,不能听说哪个老师有名就找哪个老师,胡乱四处听法其实是最要命的事情,听了个糊里糊涂、乱七八糟,反而感觉自己好像懂了,这就麻烦了,形成习惯后转身难,要花几倍、几十倍的力气才有可能转过来。所谓"明师",便在于自己的证悟境界已经成熟,学、事、理、法、修已经通达无碍,不会自己也处在东跑西颠、四处窥探、见异思迁、不明究竟的浮躁状态。因其一门成就而能通达圆通后,能随时感知学人境界而因人不同,教法不同。

有些人说,为什么我遇不到正法团队或者大善知识呢?这不恰恰是您应该自我反省的下手处吗?

中国传统的古文没有标点符号,学人要自己学会"断章""取义",所以叫"章句",由于每个学人境界不同,体会不同,断出来的句子也会不同。北宋天台德韶国师之法嗣遇安禅师,出家后,于天台德韶国师座下参学,经常阅读《楞严经》。一天,遇安禅师读到"知见立知,即无明本。知见无见,斯即涅槃"这句时,他不按原来断句读,而把它破句,读成"知见立,知即无明本。知见无,见斯即涅槃",断句一改,他当即豁然大悟。

后来有人告诉遇安禅师说:"你断句断错了!"禅师却回答说:"此正是我悟处!"

于是,时人都称他为"安楞严"。遇安禅师悟道后,住温州瑞鹿仙岩寺。

北宋至道元年(995年)春天,他作偈付嘱其嗣法弟子蕴仁禅师道:"不是岭头携得事,岂从鸡足付将来。自古圣贤皆若此,非吾今日为君裁。"

付嘱完毕,遇安禅师洗澡换衣,安坐禅床,然后让人把棺材抬进房间。静坐了一会儿,禅师自己爬进棺材里,让人钉上盖子。过了三天,弟子们把棺材盖打开,发现师父安然而卧,神色如常,一时,四众哀恸,哭声四起。

谁知道大家正痛不欲生地嚎哭时,遇安禅师突然自己从棺材里坐了起来,吩咐弟子重新击鼓升堂,弟子们被师父弄得晕头转向,眼泪没干就坐在法席前准备听师父讲法,谁知禅师就说了一句:"此度更启吾棺者,非吾之子。"

也就是说:小子们!你们谁再敢大哭大闹,再把我的棺材打开,谁就不是我的弟子!说完,他自己又爬进棺材里去了。

后世之人总觉得禅门祖师的各种行为不可思议,之所以想不通,是因为这些能量、功夫、智慧、定力不是学出来的,而是修出来的!学人唯有反复诵读经典,才能和经典中的大智慧相应,通过大量地反复阅读,您被蒙蔽的思想、压抑的道心、本性的良知才会一点一点地由模糊变清晰,此时配合踏实稳健的实际修法,学人的境界才能真正山高月小,水落石出,以至于终有一天能洞察本质,大彻大悟。人经由这种修行的过程才会逐渐清明,所以一个不想浑浑噩噩混过此生的人,就必须给自己定戒律,努力地令到生命保持清明,保持在一种成长状态中,而能维持生命不断成长的最有效方式便是读、写、解、契经典智慧。

《中庸》云:"人一能之,己百之。人十能之,己千之。果能此道,虽愚必明,虽柔必强。"

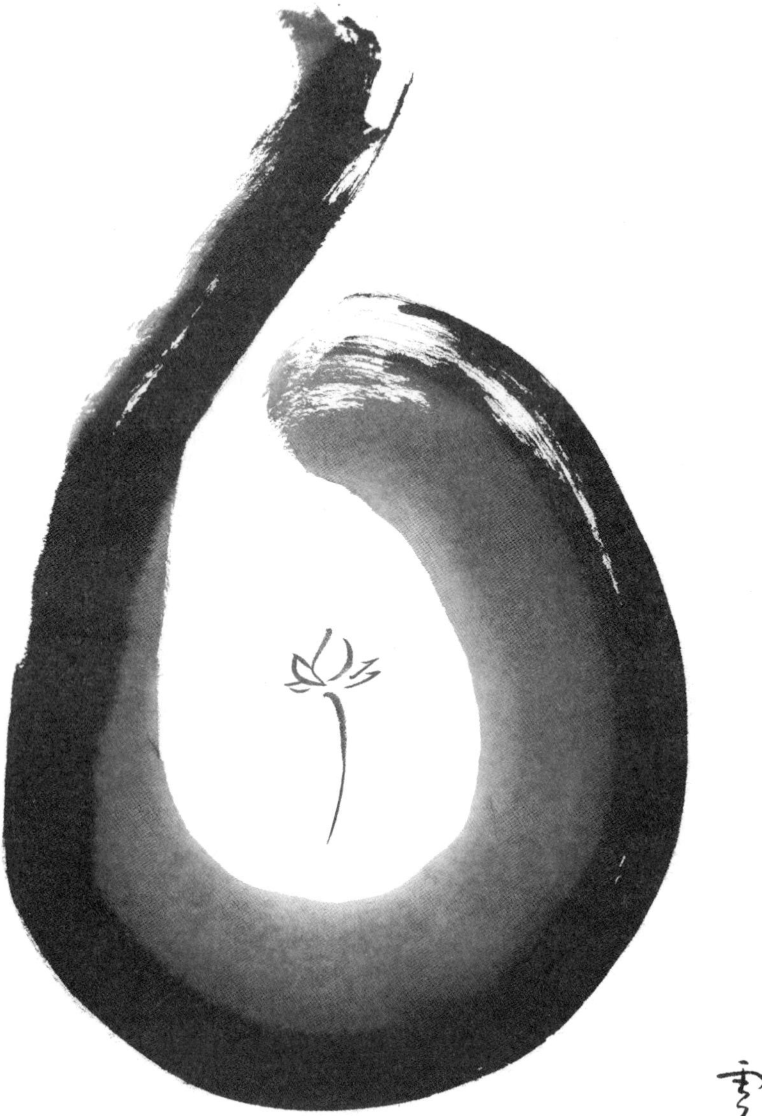

"人一能之,己百之"是强调我们在汲取智慧方面一定要刻苦奋进,读不懂时要比别人付出更多的时间和努力。有的人根器高,读书过目不忘,见一知百,没有这种根器的人,就需要反复地去读。朱子当年为《诗经》作注时,说自己一首诗读上百遍时,这首诗的思想、情感、特征才能融会于心。

朱子读诗尚要百遍,难道我们比朱子更有智慧吗?拥有一颗真诚的心,人方能安心笃行于世。此时,君子是"诚心城",所谓"外息诸缘,内心无喘,心如墙壁,可以入道"。"诚心城"越巩固,意味着定力越强,感化他人的能量也越强。

《中庸》云:"至诚之道,可以前知。国家将兴,必有祯祥;国家将亡,必有妖孽。见乎蓍龟,动乎四体。祸福将至,善,必先知之,不善,必先知之。故至诚如神。"

朱子更是直接说道:"'中庸'言诚便是神。"神不是神灵,是指实理之用,"诚"本是宇宙万物的本源,一旦发用流行即变化成宇宙万物的各种现象,此时,"诚"体也就变化多端、无迹可寻、神妙无穷了。

子程子言:"寂然不动者,诚也;感而遂通者,神也。"

修习"禅画美学"的修者,是以诚心入门的,诚心源于一颗有真爱的心,爱是生命的最初动力,爱的表现是真诚,没有真诚的爱是自私的占有。具足了爱、诚的修者,才能真正体会到生命的奇妙、禅画之大美。达此境界时,方能体会"禅画"之大美是变化多端,何等无迹可寻,神妙无穷了。

第二节 至诚致曲

什么样的人能"自诚而明"呢？圣人！

凡人怎么办呢？"自明而诚"！也就是通过"教"而致"至诚"。

为什么必须达到"至诚"呢？因为唯有"至诚"者才能完全顺应自己的天赋本性，将社会的人、事、物发挥、发掘到极致，从而不枉生而为人。"至诚"就是将真诚发挥到了极致。

怎么样才算发挥到了极致？人的心此时如同一面光彩照人的镜子，镜面上没有污垢、尘埃，能如实观照宇宙万物，清晰照见万事、万物、万有的本来面目。

"至诚"是儒家心性修养的最初也是最高境界，这当然不是纯粹停留在精神上的形而上思想，"至诚"需要有办法显现出来才行，"至诚"的功用在人世间、社会生活中的显现，是"唯天下之至诚，为能尽其性"。

这句话有两层含义：一是至诚能尽性，这是尽人、事、物之性的充分条件；二是唯有至诚才能尽性，这是尽人、事、物之性的必要条件。

"尽性"出自《易经》，云："穷理尽性，以至于命。"君子要尽各种性，必先素位而行。《中庸》云:"君子素其位而行,不愿乎其外。"每个人都应该有自己的位置,抱着至诚之心立足于社会现实,知止后定,清正廉明,于本位做好本分事,这叫"素位而行"。

唯有"至诚"的人,才能放下利害得失心,以天下为公的赤诚来做一切人间事业。这样秉持了天性纯诚、诚之又诚的人,是无所不能容,能尽人之性的真正的"人"。《中庸》云:"能尽人之性,则能尽物之性。"

从体的角度讲,叫尽"人之性";从用的角度讲,叫尽"物之性"。

"尽人性",是"尽物之性"的必要条件。诚是万物本源,由诚体自然发出,中间不经过再加工,没有分别是非,没有曲折造作,这叫"性",在人谓人性,在物曰物性。

什么是"物之性"? 例如科学家本该是尽"物之性"的人,能在形而下的领域发现万事、万物、万有变化的规律,就是尽物性,这种人必是真诚的,也就是说唯有真诚的科学家,才能真正尽"物之性",那么缺乏真诚之心的科学家会怎么样呢? 他们即使发现了物的部分性,也无法给自己、给人类带来真正的幸福,他们的发现可能给个人、团体、组织带来利,但这种利同时伴随着更大的对己、对人、对社会的害!

利有无常性、变化性、暂时性、替代性、生灭性等各种特性,贪图一己之利的科学家越多,这些科学家,因为个人贪利而极度开发物之性,则他们越有聪明才智、越工作积极认真、越废寝忘食、越积极主动,影响范围越广,人类生存则越危险。故此,仅仅某个领域的小小发现,不能尽人之性的科学发明,都必然由偏而最终成害,这些绝对不叫尽物之性。

什么是真正的"尽性"呢？即能令到人、事、物的本性发挥出最大程度的合理性。过与不及都不算"尽性"。

人的本性从自然之性到了社会之性相互之间其实并不矛盾，和生物之性当然同样不矛盾，人如果能够按照万事、万物、万有的生长性质，智慧地为其调和促成，帮助它的合理生长，使其能不偏不倚地发展，这便是"尽性"。

"能尽物之性，则可以赞天地之化育；可以赞天地之化育，则可以与天地参矣"，对人来讲，能致"中"达"和"，便是"赞天地之化育"，能尽物性的人，是能成万物的人，是和天地同位的人，是能补天地不足的人，这便是"至诚"的感化能量。

尽物之性，一方面是参与天地化育的循环与天地并行；一方面是能合于天地。"参"什么？参化育的法则，自然而然的成长衰亡规律；参与天地的"中"道，也就是"中庸"之道，"中和"之道。

老子说："道大、天大、地大、人亦大，宇中有四大，而人居其一。"四大是平等的，能率性、至诚的人，是尽人性的，也能够尽物之无穷无尽之性，这就是人、物合一。《中庸》云："诚者自成也，而道自道也。"

如何"至诚"呢？要"择善而固执之"。信、诚、仁、义等品质便是人需要固执的"善"，"人一能之，己百之。人十能之，己千之"。《中庸》说"择善而固执"，需从博学、审问、慎思、明辨、笃行处下手。

达到"至诚"，就能合于天地，化育万物，就能风化天下。所谓的文化、风化皆源于此。万一还达不到"至诚"怎么办？《中庸》提到："其次致曲，曲能有诚，诚则形，形则著，著则明，明则动，动则变，变则化，唯天下至诚为能化。"

北宋年间，欧阳修不修禅，但他久闻浮山法远禅师禅法奇逸，于是很想去会会禅师。到浮山后，他先是造访华严寺，没发现什么特别的地方。于是，就与友人在会圣岩上下棋，法远禅师坐在远处观棋。欧阳修下了几局后，便将棋盘收起来，躬身请禅师因棋说法。

法远禅师当然知道欧阳修桀骜不驯，轻禅蔑佛，于是便转身回寺擂鼓升堂。

自古"中国禅"祖师们说法的特点，便是不轻易说破，说破属于死句，祖师们说法是开启学人悟性的。绝对不是传授、记录什么知识，说破的便仅是知识，唯有悟出来的才属于智慧。所以"中国禅"祖师们说法和其他学派不同，常用一些动作或答非所问的形式来提点学人，棒喝机锋，无非破人执著，吹散学人心头迷雾，这叫禅机。

此时，法远禅师当然也不会向欧阳修具体解释什么棋理、禅理。据《禅宗正脉》记录，法远禅师对欧阳修的上堂法语为：

"若论此事，如两家着棋相似。何谓也？敌手知音，当机不让。若是缀五饶三，又通一路始得。有一般底，只解闭门作活，不会夺角冲关，硬节与虎口齐彰，局破后徒劳绰斡。所以道，肥边易得，瘦肚难求。思行则往往失粘，心粗而时时头撞。休夸国手，谩说神仙，赢局输筹即不问，且道黑白未分时，一着落在甚么处？"

欧阳修听后良久曰："从来十九路，迷悟几多人。"之后谓同僚曰："修初疑禅语为虚诞，今日见此老机缘，所得所造，非悟明于心地，安能有此妙旨哉！"

法远禅师这一段话到底是什么意思呢，他借助围棋把禅法说清楚了吗？读者需要自己先慢慢体悟一下原文的深意。如有些不懂的词，例如"绰斡"指下棋时的动作这些，都不是禅师说法的重点。禅师的一番话，学人境界不同，故而理解人人有异，大儒欧阳修当时愣了半响后，算是明白了，故此深表赞叹，从此确信禅门祖师的境界并非虚妄，如非悟明心地者，安有真正禅语可言？

祖师们讲法，不是让人去回答，而是让人去领悟！例如法远禅师说"黑白未分时，一着落在甚么处？"这就是典型的话头，禅门的话头是什么？专业的词叫"无穷底"！也就是学人跟随这句话一路下去，其小无内，无穷无尽的层层叠叠之密意无尽，感觉永远都会涌出新意，学人参透处，便是见性时。

祖师们讲法的玄妙，非大根器者不能领会，弈在棋局中，沉迷于其境，陷于局中难以自拔者，乃芸芸众生也。若能跳出局外，触类而旁通者，如此时欧阳修等，即会当下大悟。刹那间通彻透明，是人生至幸。

"中国禅"祖师往往立地数语，学人如醍醐灌顶，顿开心眼，这种介于无意和偶然之间被禅师激发出来的觉性，便是人人具足的佛性。

禅师为什么会"因棋说法"？因为围棋不仅是文人雅士的娱乐，也不仅是一种智力比赛，围棋与天象易理、兵法策略、治国安邦等都有关联。从《周易本义》卷首所载《洛书》之黑白圆点的布局来看，棋盘面效《洛书》，有三百六十一个交叉点、八个方位星、周边七十二个交叉点，这与三百六十周天、八卦、七十二候相应。棋盘象征着宇宙由三百六十个天体组成，而纵十九乘横十九，共三百六十一个棋点，多余的中心一点即为"太极"，代表先天地生。

三百六十的目数在旧历中为一年的日数,将此一分为四,四隅就是春夏秋冬,白子和黑子为昼和夜。棋子呈扁圆形,上突下平,分黑白两色,象征阴阳。如此,便把天地象征化了。

棋盘上,有三百六十一个交叉点,第一手棋的落点,是三百六十一个阶乘的计算,例如第六手棋的落点,是三百五十五个阶乘的计算。如此浩繁的变化,使得古往今来虽棋局无数,但几乎找不出两盘一模一样的棋局。想要下好棋的棋手,需要有广阔的视野,具备精确的计算能力,同时又要有灵活的棋感。

现代社会造化所生的自然王国和人类建筑所成的人造世界交相和合,科学越发展,机器就越生物化,生物就越机器化。以围棋为例,围棋之妙,是弃、脱之妙,棋手凭什么弃和脱?不在于计算,因为其变法无穷无尽,变数甚至超过阈值中原子的总和,沈括在《梦溪笔谈》中谈到围棋的变幻数量时,称"大约连书万字四十三,即是局之大数"。这里的"四十三个万"不是指"四十三万",是说"三"的"三百六十一次方"。围棋因变化无穷,故此真正能驾驭棋局的棋手会感到其乐无穷。故此,国际象棋的所有变化可以靠计算算出来,而围棋不能,下围棋和其他棋类不同,除非是在"三劫循环"的情况下,否则几乎是没有和棋的,而这种概率只有数十万分之一。故此棋手对弈,每一局须分胜负,一盘棋三百六十一个子,最小的输赢在半目之间,也就是说,在一千四百四十四个半目中,最后的胜负可能来自一千四百四十四分之一的机会。这对棋手是意志力的考验,当一方盘面落后时,要设法一步步扳回来。而象棋和国际象棋中,后走、后手、弱势时可以设法兑子求和,围棋则不然,几乎没有和棋的侥幸,一着不慎,满盘皆输。即使收官阶段,仿佛已经胜利在望,却也可能因为极微弱的失误而憾败。

更难的是,连编程者也不可能写出围棋的评估函数。所以,围棋的棋手下棋,其弃、脱之妙便在于当下直觉的"悟性"!棋手下围棋的智慧是在围棋中不断理解,而不是学会计算,能赢的关键是棋手的境界,其对内的视野和对外的格局,决定了最终的结局。

据传围棋起源于尧帝。晋《博物志》曰:"尧造围棋,以教丹朱。"宋《路史后记》中说尧娶妻富宜氏,生下儿子丹朱,而丹朱行为不端,尧甚是苦恼。一日,尧行至汾水之滨,见二仙对坐翠桧,划沙为道,以黑白行列如阵图,于是前问全丹朱之术。一仙曰:"丹朱善争而愚,当投其所好,以闲其情。"指沙道石子曰:"此谓弈枰,亦名围棋,局方而静,棋圆而动,以法天地。自立此戏,世无解者。"由此可见,古人造围棋并非为了争输赢,而是陶冶情操、修身养性、生慧增智、抒发意境。

从《左传》《论语》《孟子》等书中可以见到,围棋在春秋、战国时期已经广为流行。至唐,唐玄宗还特为围棋手们设置了一种官职,叫"棋待诏",官阶九品,与"画待诏""书待诏"同属于翰林院,所以又被统称为"翰林"。

围棋和其他棋类不同的是,每一个子,在出发前的地位都是相等的,即寓意人人平等。它们最终产生的力量和作用,在于弈者什么时间把它放在什么位置:时机恰当,位置正确,子力就高;时机不当,位置不佳,子力就低。

故此,最后的胜负,在于棋手对每一个子力的运用是否得时、得位、得力。局部、全局,都是如此。在等级森严的古代,创作者能通过棋局而折射出这种平等观,内心是何等伟大!

　　围棋虽形式简单,黑白两子的规则也很简单,但是它的玄妙却远非任何棋类所能比超。笔者修订本书时,人工智能阿尔法狗已经战胜了人类棋王,进一步自学成才的阿尔法元又战胜了阿尔法狗,人类在围棋上失着于人工智能寓意深广,笔者会在后续书中展开讨论。

　　法远禅师因棋说法,一开语,便述棋局开局常态与夺局之禁忌,既要有占据一角求立足之起点,又要有拆边扩展之硬功,更要有胸怀全局挺进中原直取目标的大气,否则,全功尽弃。

　　棋如人生,下得好不好,实乃棋手有所为有所不为的智慧,故,一城之得失无关终局,弈无常态,能舍者得。棋手有输棋输人者,有输棋赢人者,有赢得理者,有赢却无理者,各有得失,所谓尔为何来,尔自何往也!

　　天无定势,人无完人。弈在棋中,至要在当其机得其人,而一有其所遇,即有其所乐,所以禅师说"敌手知音,当机不让"。欧阳修曾是"言佛为耻"的大儒,但于禅师一语之下,能茅塞顿开,颔首叹服,从而改变了轻蔑佛禅的观点,转为护持禅法的重要人物。法远禅师"致曲"功德,可谓无量。

　　宋时,王安石曾感慨地说:"儒门澹泊,豪杰多为方外收尽。"又说:"本欲变学究为秀才,不料变秀才为学究。"可见唐宋之际,第一流的知识分子、饱学而又灵活之士尽在禅门。为什么王安石会用上"豪杰"二字? 为士大夫们钦佩的禅门祖师不仅论见非凡,更重要的是,他们在生活中,拈花皆是语,饭食尽皆禅,前所未有地将深奥的思想全然融入生活,在日用中能深入浅出发挥到淋漓尽致的地步,能如此者,当得起"豪杰"两字了!

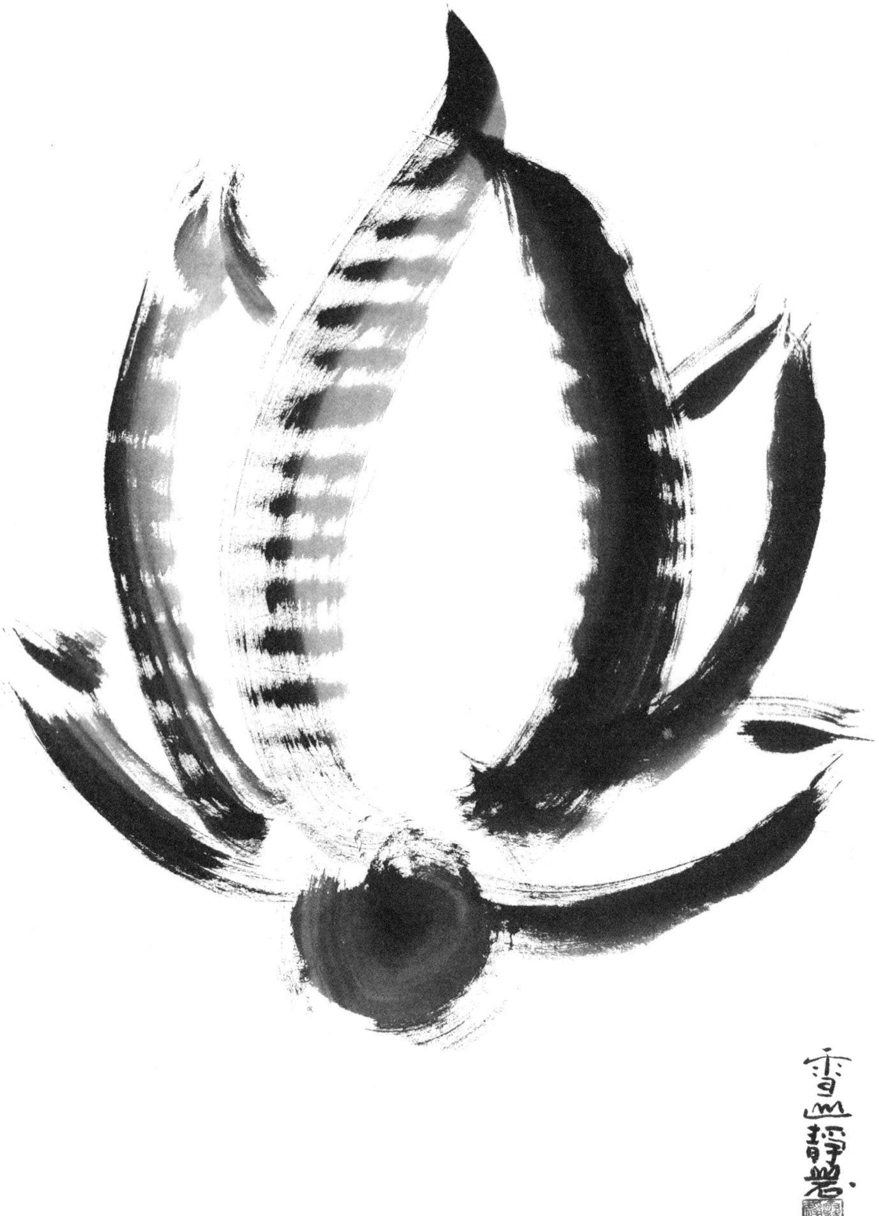

他们不仅能自证清明,还能起而行之,学理通达无碍却浑身上下无半点学究气,能将儒、释、道之精髓,再或者诗词歌赋、琴棋书画,乃至功夫禅定,尽情挥洒。

那么,为什么祖师们能有如此成就而今天的禅者却难得成就呢?因为古时修禅和今人不同,古人进入一个修法修习,就会规规矩矩按照师父说的去修,一门深熏,很少有见异思迁、朝三暮四的人。

而自从经典越来越多、道理越解释越理论化、各种功夫越来越精密、信息越来越发达、环境越来越复杂后,众生对圣人所说的话、对师父所说的法,就开始怀疑,人人信奉货比三家,造成今人不专心,可以说贪、痴、慢、疑的功夫提高了,结果就是成就者几乎不见。围棋之所以败给人工智能,是棋法已不见,唯有棋局、算术在。

阳明先生曾说:"知轻傲处,便是良知;除却轻傲,便是格物。"知能"可欲者"是"吾",这是绝不可丢却的;知所"不可欲者",是"我",这也是绝不可留滞的。这就是归于天人之境的"至诚"。

那么,如何"知"呢?"致曲"为首功。

"致曲"一词本源自《周易·系辞上》,云:"范围天地之化而不过,曲成万物而不遗。"《中庸》中有多层含义,我们试解如下。

第一,"致曲"意为"曲通"。为什么要"曲"呢?"中庸"之君子率天命而行,是从天到人、从上至下的顺应沟通模式,是以以人应天为不平等前提的。不过,人、事、物的发展方向,从来都不会是单向的发展,人顺应天命、率天命而行,仅仅是"由上至下"的一种沟通模式,如果只能由上而下,就谈不上天人合一了,也谈不上四大之中人居其一。只有一种沟通渠道就意味着不平等。

如果天人关系这么简单,天就变成了神圣的上帝,而人则变成了为天行事的仆人。中国传统本质是以人为本,是强调社会人文性表现的,人文便是指人亦能由下至上地"曲通"于天,这个沟通方式依靠的根本在人之诚,人以诚贯通天人之际。

"人文"是人独有的道德情感,其中包含有文字语言、器物商业、政事法令、制度规则、理念精神等,保存于文学、艺术、宗教、哲学等各个方面。人将这种唯人特有的道德性情感,投射传达给天,赋天以德,天再授人以意,这是人和天的相互作用性,是人以人文道德情感方式和天互动,而非动物性本能的情感方式。

动物是以弱肉强食为生存法则的,而人本应遵循人文道德的社会生存法则,在这种精神下,人会以仁爱之心,关怀弱小群体,帮助孤老残疾。悲天悯人是人类特有的情怀,人以此"曲通"于天,才有资格成为四域中四大之一,人德可补天地之不足,故天地人能合一。

第二,"曲"有"曲尽其妙"意,即指微小的细节。

也就是说,至诚不够时,可以从人、事、物、礼等最微细处着手,从最小的一面去用心对待,而曲尽其情,上下其手。精微、细密是至诚的下手处之一。

第三,"曲"乃"偏"意。

朱子说:"曲,是气禀之偏。"天道是无偏的,人本来所禀赋的天性也是无偏的,但由于出生后,后天习气所致,形成了人的各种自私、自利之心,人的这些私欲、认知能力、心量体量的差异就是"曲"。"性相近,习相远",是人之"偏"。

如同青烟本直,有风即偏。这个"风"对外讲是社会风气,对内讲是个人习气。故此,君子要通过时刻纠偏,克服自己习气。这个过程是曲折迂回的,此时的"曲"有"曲径通幽"之意。

"幽"是指幽冥深邃、幽微隐寂的"道"。

第四,"曲"有"由"意。

曲是酒母,《书》云:"若作酒醴,尔惟曲,是矣。"酒非"曲"不生,也就是说,君子经由"致曲"之法而转化至天地人和的至诚境界,和是众缘和合后生成的酒,能和的结果是经由曲的作用。

第五,"曲"有"全"意。

老子说"曲则全"。曲是圆"〇",全是圆满。凡圆相必由曲而致。全是一,一由空生,无形、无相、无滞住;无大、无小、无内外;无边、无际、无限量,这就是"曲则全"。

它既是恒静,也是恒动,这种动静不二的状态,就是道性本空,心生则起。

此外,曲是相对直而言的。直是万事、万物、万有本具的功能,但直在它所形成的空间、时间的物理范围内,均是经由曲线运转的。所谓的直线运动,其实是有限范围内的假设。

从本体而言,事实、真相是不存在曲、直之分的。万事、万物、万有都在曲、直的交替中变化。

当然,曲还是诚的基础。"致曲"到诚、形、著、明、动、变六个过程,最终完成"至诚能化""至诚如神"的大机大用,这是子思将孔门心法真传灵活应用的千古伟论,读者绝不能轻易放过,儒家心性之妙,便在于此。

人的意识、思维哪有一个是走直线的?天地万物哪有走直线的?所谓的直线放大了必是曲,人能通过至诚心致曲而回向,对内借由人的胸怀、见识、抱负、能量等内因,对外依赖环境、社会、风气、文化等外因,交曲变化形成各种不同时期的行为。这些因地、因时、因人、因势等不同的方圆曲直心态变化,如何由致曲而回向,所需要的是诚之的功夫。

人身是有限的,人心是有私的,因为有限和有私,后天"教"的功夫就难免有偏,可能因法而误、因师而偏,也可能因学人自己而蔽,这是"中庸"难至的原因,同样也是君子"中庸"必至的决心。

"中庸"虽难至,但"至诚"还是会有一个形体,能通过"体"表现出来,这是"诚则形,形则著",这种"体"的表现不仅是一般的表现,它会有显著的特征,此乃"著则明"。达到了"著""明"的程度,"明则动"。就能够对人、事、物产生促进和推动的力。而最终是"动则变,变则化"。

《易经》中的象、数法则也说明了这一点,您本身如果是个真诚的人,善行天下,学养深厚,必然会通过各种形式反应出来,这种"诚体"的反应也必然和普通人触受反射的区域有别。例如您可能会有特别的预感和预知能力,或者有极其明锐的洞察力,这就是"心诚则灵"。

这种预感、预知能力,是怎么来的?就是君子"不勉而中,不思而得"真诚心的外显,有了这种以真诚为主,心诚则灵的巨大动力,人、事、物便开始发生神奇变化,变是始、化是果,好比滴水可以穿石。"化"在社会而言,是风化,即社会风气转化的过程;在教育而言,是教化;在个人而言,是身心的转化。

我们看看这个变化过程,化由变来,变由动来,动由明来,明由著来,著由形来,形由诚来,不明则不会真动,不动则不会真变,不变则无从能化。故此,一切化之果,皆源于诚,故"诚为大本"。

什么是子思说的"至诚无息"呢?"息"是不停息,"至诚"是人心新陈代谢、生生不息的过程,所以"不息则久",久是恒常意。另一层含义,则是说"至诚"既不属于物理,也不属于心理,是"生生不息"的"天行健",是心物一元的"元"。

"致曲"是走了一个河流迂回的方式,最终要归于"诚"海,以至于"至诚"。《中庸》曰:"唯天下至诚为能化。"又曰:"唯天下至诚,为能经纶天下之大经,立天下之大本,知天地之化育。"唯有至诚才能感天动地,化育万物,"合外内之道也","时措之宜也"。

天和地原本是至诚的,天地人能否和谐,关键就在于天地之间的人了。从古智人至今不过十几万年,人类曾经和所有动物一样,是地球上的物种之一,随着人类社会的发展,人类的智力开始大跃进,文明逐渐起步,人类便一步步自傲起来。

东方传统是敬畏天地的,人不会去和天地斗争,而自从西方文明主导世界后,伴随着进化论,人一跃而登上了生物链的顶端,自我感觉成了地球的主宰。从认知革命、农业革命到科学革命,再到现在的人工智能、机器人和各种先进的意识革命、生物基因革命,人类真的了解什么是"人"吗?就好像唯物主义者至今无法究竟地解释何为"物"。未来人还是"人"吗？人类未来的共性和个性分别会是什么呢？人还能找回自己吗？还能真正具备独立思考能力吗？无论从体力、应变力、耐力、记忆力等各方面，大部分人的退化速度正追赶着人工智能的进化速度，这样下去，世界会是谁的世界？对于地球来说，在地表生存的是人类，还是人工智能、机器人，有什么区别吗？地球如果有意识，您觉得将现代人类换成人工智能或机器人，它们不吃不喝，不破坏环境，地球会不会更乐意呢？……

我们人类究竟是怎样从有能力、有智慧、有责任、重和平的"人"，一步步演变成在资本带动下，贪婪自私并对自然、同类、动植物、生态都极具破坏力的另一类"生物"的？现代人类究竟想要什么？想留给子孙后代什么？

我们提及君子、伪君子、小人这几个概念时，有人会以为伪君子就是小人，其实这是有区别的，伪君子是心中有羞耻心，他还会伪装成君子的样子，介于君子和小人之间，希望受到君子的美誉，又因为利益驱使而内心自私自利。这种利、害之间的心态来去，一念成佛，一念成魔，是伪君子的两面性。而真小人则不必伪装，因此，伪君子是斗不过真小人的。因为，小人不装腔作势，他卑鄙得彻底，无羞耻心，无所忌惮，小人也是种"真人"。

真人，是旗帜鲜明的人，无论无私也好无耻也罢，价值观都极其明确，从理论到行动很清晰，他们会将自己的人生观、世界观、价值观彻底化为各自的人格模式。总之，他们的人格是统一的，不存在口若尧舜、行同桀纣的人格分裂现象。而最痛苦的人，就是往来于两者之间，一方面受利益诱惑出卖自己，一方面被良知折磨焦虑不安的人，伪君子是，"原人"亦是。

说到这里,笔者想起了一位儒家弟子,他曾是无名小吏,后经名师调教出人头地。再后来,他贪恋权势,追名逐利,最终,自讨苦吃,成为中国历史上死法最惨烈的宰相,没有之一!这个人,就是千古一相——李斯,他是战国末期最后一位大儒——荀子的得意门生。

荀子的思想上承孔孟,下启汉儒,旁接黄老,是儒家从先秦到汉代的关键过渡人物。他有两位著名的学生,一个叫韩非,一个叫李斯。

韩非是法家思想的集大成者,其学说中以政治哲学为主的专制理论对以后两千多年的中国政治环境产生了极为深远的影响。

《史记·老子韩非列传》云:"韩非者,韩之诸公子也,喜刑名法术之学,而其归本于黄老。非为人口吃,不能道说,而善著书。"

韩非所著的《韩非子》中曾提出:"臣事君,子事父,妻事夫。三者顺则天下治,三者逆则天下乱。此天下之常道也,明王贤臣而弗易也。"这一说法,在汉代衍变成了三纲。董仲舒在《春秋繁露》中说:"王道之三纲,可求于天。"而班固的《白虎通义》也说:"三纲者,何谓也?谓君臣、父子、夫妇也。"除了"三纲"这一提法以外,"三纲"所包含的思想内容,也源于先秦儒家。它们既不是韩非也不是汉儒的发明,而是先秦儒家人伦思想的重要组成部分。从这个意义上讲,可以认为韩非成了荀子与汉儒的联系中介。

与思想成就非凡的师弟韩非不同,李斯的成就表现在政治上。春秋战国的布衣卿相,到了李斯,被发挥到极致。他以布衣之身,一步登天爬上了中国历史上最早建立的统一帝国之相位。

可是,登天之后又能如何?

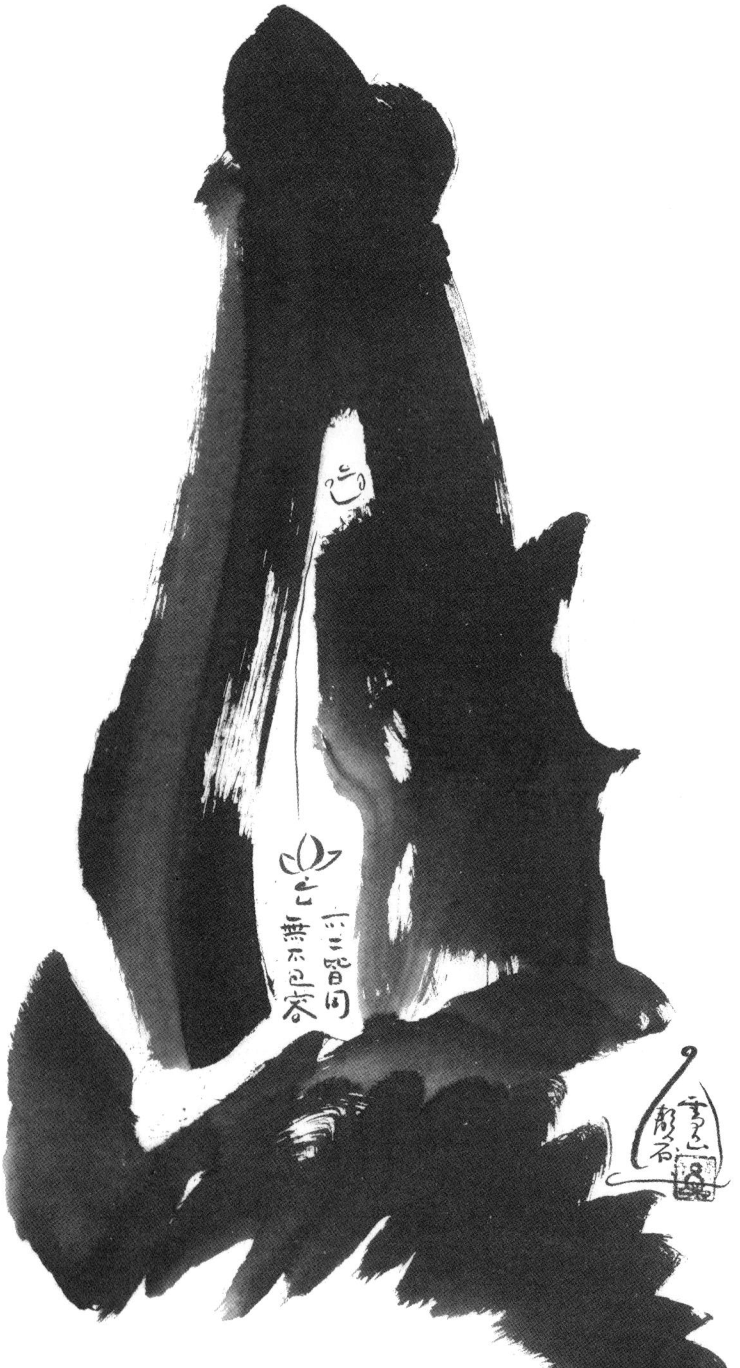
無不包容

李斯本为楚国上蔡人，做过郡小吏，后从荀子学习。学成之后，入秦寻找发展机会。据《史记·李斯列传》记载，他辞别荀子时，给老师写了封信："今秦王欲吞天下，称帝而治，此布衣驰骛之时而游说者之秋也。……故诟莫大于卑贱，而悲莫甚于穷困。久处卑贱之位，困苦之地，非世而恶利，自托于无为，此非士之情也。故斯将西说秦王矣。"

入秦之后的李斯，很快成为秦王嬴政的客卿。秦王政十年（公元前237年），秦宗室大臣要求秦王驱逐客卿，那场风暴的中心其实是针对吕不韦，而李斯曾受吕不韦知遇之恩，他为己为吕，写了一篇著名的《谏逐客书》，助秦王阻止了这次行动。

《史记》云："秦王乃除逐客之令，复李斯官，卒用其计谋。官至廷尉。二十余年，竟并天下，尊王为皇帝，以斯为丞相。"

李斯爬到了权力顶峰后，在对老师荀子的思想学说有吸取也有扬弃的同时，对师弟韩非的理论却十分信服。从这个意义上说，韩非对李斯的影响至深，他是李斯由儒转法的关键点，也正是由于李斯对韩非的信服，他更加知道韩非的思想比自己彻底，故此他才会与姚贾两人合伙害死韩非。不过他虽然害死了韩非，却将韩非的思想付诸实施。为什么这么说呢？我们看李斯在历史关键时刻的人生选择，基本上都是按照韩非的人性思想行事，但这恰恰是导致他最终走向毁灭的根源。

儒家人性论在战国时期大体演化出了三派。

一派认为人性是无善无恶的，就像水一样，决之东方则东流，决之西方则西流，这一派以《孟子》中的告子为代表。

一派以孟子为代表,提出"性善论",认为人性中天生具备仁、义、礼、智因素,只要致力于教育培养人的善性,人皆可以为尧、舜。

另一派以荀子及其弟子韩非为代表,提出"性恶论"。荀子认为,人的自然本性是追求利欲,所以人类的天性是丑恶的。《荀子·王霸》说:"夫人之情,目欲綦色,耳欲綦声,口欲綦味,鼻欲綦臭,心欲綦佚。此五綦者,人情之所必不免也。"

《荀子·性恶》说:"若夫目好色,耳好声,口好味,心好利,骨体肤理好愉佚,是皆生于人之情性者也,感而自然,不待事而后生之者也。"

这是说,人类受感官驱使,天生具有趋利避害性,这是人类与生俱来、无待而然的自然本性。那么,天性就贪欲的人为什么会有善举,为什么有的人会成为圣人呢?荀子说由于教育的"化性起伪"作用。"伪"者,"为"也,意指后天的"教"。"化性起伪"是通过后天的"教"来感化、矫正人类丑恶的本能。

孟子与荀子,一主性善,一主性恶。主性善者主张培养善性,主性恶者倡导"化性起伪",其实这些都是从现象上谈的,说的都是一回事,最后是殊途同归,分别得出了"人皆可以为尧、舜""涂之人可以为禹"的圆满结局。

有些读者不能理解为什么善、恶能是一回事。因为同样一件事,包含了善恶两种现象。曾有一位禅师,每次下山,见到一位老婆婆总是在哭,人称"哭婆婆"。一次,禅师便问婆婆每日哭泣的缘由。婆婆告诉禅师:"我有两个女儿,一个卖伞,一个卖鞋。我看到太阳时,就想起了大女儿的伞卖不出去,因此伤心;看到下雨又想起小女儿的鞋卖不出去,因此也伤心。"

禅师听后说:"啊?你应该每天开心才对啊!"

婆婆大惑不解地问："我有什么开心的？"

禅师说："您每次见到晴天，看到太阳就该为卖鞋的小女儿开心；见到雨天，就为卖伞的大女儿开心。这样一来，岂不是天天开心？"

婆婆闻言恍然大悟。从此，街头便有了一个成天乐呵呵的"笑婆婆"。

同一件事，"迹"中正反两面同时存在，孟子、荀子两位圣人的下手点不同而已。儒门讲性善、性恶是从"迹"来发挥，而"中国禅"祖师讲的"不思善、不思恶"是从人性"本"的角度讲述，故此，禅、儒说法看上去虽有不同，实际不过是角度不同而已。

讲到性善、性恶，我们需要再重新讨论一下墨子，当时和儒家并称"显学"的墨家为什么最后没有得到有效的发展？其中一个主要原因就是墨家之法，缺乏了自相矛盾性，无自我搏击，流于一面性，一面性就是缺少了"致曲"之功。他心中的天是正义之天，强调"兼爱、尚同"，可以说，儒家之所以能成功流传，是充分认识了人性的两面性，而墨子则是理想化的，他忽略了社会气氛的构成只是少数人带动绝大多数人，绝大多数的老百姓不懂理性，他们都是感性的，容易情绪化，缺乏洞察力，也就是说，带动社会的少数精英，他们如果心善，则人民幸福安定，他们如果心恶，则人民水深火热。儒家从国君、士大夫着手，推行"仁政"，这是大树的树根和树干，唯有根、干稳固了，枝叶才能茂盛。故，儒家鼓励儒生入仕为官，而墨家弟子则几乎不和朝堂往来。

并且墨家学说所提倡的"天志、明鬼"的神鬼观念已经具备了宗教意义，是墨家精神的归附和根基。他们认为上天和人格化的鬼神，是一只看不见的手,"天志、明鬼"思想是一种约束和矫正的裁决标准,是宗教意义上对鬼、神之敬畏,是一种内心的归属感,是走向理想社会的精神支柱。

墨子说"君、臣、萌,通约也",也就是认为人们选举政府的时候是应该有契约的,"萌"是人民的意思。《尚同》中阐述了什么是契约,认为人们选举产生了君王后,就把部分权力转移给了君王贵族,不过这是让他们代理,而非让他们骄奢淫逸、欺压百姓的,得到权力的人需要各司其职,管理国家,带领百姓致富奔小康。曰:"为万民兴利除害,富贵贫寡,安危治乱",墨子尖锐地指出,如果民众和君王不同心同德,责任在君王。

"尚同"思想是最早的契约论,比卢梭提出得早多了。"天志"思想是立法基础,已经超越了君王的法仪。墨子批评统治者们违背契约,任人唯亲,惟利是图,使得"饥者不得食,寒者不得衣,劳者不得息";他还重视人民的私有财产权,强烈反对"不以其劳,获其实"的不劳而获。当墨子在为人民的政治权力呐喊呼吁,提出"有能则举之"的政治权力、参与政治是人人平等的权力时,我们发现,没有一个强国的君主和墨子交朋友,没有一个国家采用墨家为基本国策,朝廷几乎没有墨家子弟为官。光有枝叶而无树根、树干的树能有多久的生命力呢? 今天,还有几人能理解墨子当时的伟大呢?

墨子的"天"被汉儒董仲舒部分吸收了,董仲舒推出"天人感应"论,把天人格化,把自然界原本与人间无关的灾异联系在一起,以约束君权。他说,皇帝须时时刻刻注意天灾,每当遇上变异情况时,首先要检查自己的德行,看一看自己有哪些地方违背了天意,要改过自新,挽回天意。

为了进一步加强这些联系,他把各种自然现象和君权做了一个系统的类比。如阴雨象征什么、天旱象征什么、四时失时象征什么、日月失序象征什么、山崩地裂象征什么,凡此种种,仿佛列表一般,都依一定的次序排列出来。凡遇"变异",皇帝就要"修省"。如"修省"后,"变异"不消,皇帝就要受"天"罚。"天"对君显示的福瑞、灾异分别表示希望和谴责,是指导他们行动的,其实这是为"君权神授"制造理论。他重新清理了天与阴阳、五行乃至万物的基本关系,恢复天主宰一切的至上神和人格神地位。

在摆正了天的位置之后,董仲舒"由天道推演人事",对人尤其是天与人的关系予以重新解释。自汉儒起,天人关系是"天主人从",人是天所创造的,天所以生人,是为了实现天的意志;这个看法和老子的观念截然相反,老子明确否认"天"是最高主宰,认为世界的本源是"道"。汉儒这样理解,人就成为天的缩影。他们认为:人之为人,本于天,人之形体,化天数而成;人之血气,化天志而仁;人之德行,化天理而义;人之好恶,化天之暖清;人之喜怒,化天之寒暑;人之受命,化天之四时。人生有喜怒哀乐之情,如同天有春秋冬夏之类。

汉儒的理论较之先前的神学或儒学更明确地强调天人的从属关系,天人之间的关系由此变得不对等或不平等。表面上说"天人感应",而实际上是人受命于天、人感应于天的主体观和思想线索。

汉儒改变了"天命之谓性"的真正内涵,认为人性天施,又由于人性"本于天""上类天",所以从根本上讲,人性不可更改,而非人性和天性平等。董仲舒一方面主张人性天成,不可更改,另一方面,又十分强调人性的差异、等级和教养之功。他认为,由于人副天数,而天有阴阳之分,因此人之性本身,

禅

以及性与情之间,亦有阴阳之别。

于是,在天道与人道的对应中,天之阴阳与人之性情间也确立了某种对应关系,其次,由于"阳尊阴卑",所以他对性与情关系的看法,也是"性尊情卑"。人性被分为三个等级:一是所谓"圣人之性",即情欲少,不教而能善者;二是所谓"中民之性",即虽有情欲,但可为善亦为恶者;三是所谓"斗筲之性",即情欲盛,虽教亦难为善,只可为恶者。

他主张"善过性,圣人过善",只有"中民之性"需要并可以教养。他认为:善出于性中,而性未必已善、全善,"故性比于禾,善比于米;米出禾中,而禾未可全为米也;善出性中,而性未可全为善也。善与米,人之所继天而成于外,非在天所为之内也"。这样一来,儒家的性质就变了,变成善之于性,便只是一种先天的可能性,也就是"善端";而这种作为先天可能性的善端须经后天之教养方可为现实。

最后,也是最重要的,既然天命即性,而性尊情卑,待教而善;那么秉承天意,以天为律,通过王者的教化和自身的修养,开启善端,以性养情,便成为其文化观和主体观方面合乎逻辑的选择。

所以,一方面,就个人或一般民众而言,体察天意的自省作用和修持之力十分重要;另一方面,就王者或统治者而言,顺天承命的正统地位和教化之功也成为理之必然。由此可见,以董仲舒为代表的汉儒,已经将原来的儒家改变成了一种不平等的学术理论和政治哲学:以天为律,天主人从,阳尊阴卑。

原来的平等观念变成了主次有序,即一方命定或永远地对另一方的统领或屈从。汉儒建立起以"三纲五纪"为基本内容的伦理学。所谓"三纲",即君为臣纲,父为子纲,夫为妻纲:"君为阳,臣为阴;父为阳,子为阴;夫为阳,妻为阴。"由于"王道任阳不任阴","是故臣兼功于君,子兼功于父,妻兼功于夫,阴兼功于阳"……之所以要恢复"天"至上神的地位,重申"天主人从",主张"屈民而伸君""屈君而伸天"的固定从属关系,强调秩序、持守、教化和思想统制的重要性,其根本目的之一,在于"推天施而顺人理","以天之端正王之端",这是论证"君权神授"的合理性及现存秩序的合法性,为封建主义集权统治寻找理论根据。

以董仲舒为代表的汉儒,由此变革了先秦儒家政治伦理化和伦理政治化的平等思想,促成了儒学和神学的进一步结合。作为其直接的结果,是神学的儒学化和儒学的神学化。所有这些,从根本上颠覆了中国文化传统中"以人为本"的核心思想,转化了人本思想中人的主体地位。故此其后"谶纬之学"兴起,出现了以王充为代表"天道自然"论,对"天人感应论"和"谶纬之学"进行了批判。

我们再次回到李斯这里,李斯对荀子的"性恶论"只接受了前半截,可以说他学儒只学了一半,他认为趋利是人的天性,却抛弃了老师"化性起伪"的关键教化、引导的作用力。荀子说恶,主旨在于用教育方法而至凡夫终为圣人,这是其"性恶论"的核心思想。而李斯则自己改造了后半段,他认为既然人性恶,就须用酷刑、严法来惩治,于是他和秦王一起把秦国变成了一个大监狱,法律越来越严厉,法令越来越细致,国家越来越强大,好像一台永动机,充满了战斗力,然而人民却生活得越来越艰辛和痛苦。他的这套以酷刑、严法治理天下的法家思想论和老师的以儒家"性恶论"引导民众"化性起伪"的理论,和儒家思想可谓起同途,殊归处。

出身布衣的李斯内心自卑,由于自卑故而自傲,他发愤要做出一番解穷脱困、平步青云的伟业来摆脱身份的卑微。他说,人生最大的耻辱莫过于卑贱,最大的悲哀莫过于穷困,一个人如果自托无为,不能改变自身卑贱困苦的处境,那就无异于人面禽兽,可见他是误将谋取功名利禄作为人类区别于禽兽的本质特征。

李斯辞师时所说的话,表明他从出师门那一天起,就没打算要继承老师的"化性"之教,他满脑子想的都是功名利禄。入秦后,李斯便"得时无怠",没有放过任何一个获取功名的机会。据《史记·李斯列传》记载:"诸侯名士可下以财者,厚遗结之;不肯者,利剑刺之。离其君臣之计,秦王乃使其良将随其后。"他通过采用种种残酷的手段,辅佐秦王以暴政一统天下,而他,也因此登上日思夜想的丞相重位,似乎是一人之下万人之上,好不得意!

秦统一天下之后,李斯揣摩始皇心理,为持禄保宠而频出新招。他虽从荀子处学了《诗》《书》《礼》《易》,但他当权后却视《诗》《书》等儒家五经为敌,为了迎合秦始皇的专制,他建议焚烧《诗》《书》百家之语,禁止天下民众议论时政。

始皇三十四年(公元前213年),博士(指掌管古今文史典籍的官)淳于越进言:殷周之所以存在千年,是因为它把天下分封给子弟和功臣,现在天下如此之大,宗室子弟却没有封地,他们和百姓一样,万一发生了田常、六卿之变,又有谁来相救呢?

淳于越这是以儒家的立场来看待秦朝政治,他的这种观点同秦始皇的法家思想是格格不入的,故而始皇大为不满,把淳于越交给李斯处理。

　　李斯认为,这是以古非今,搅乱民心。对于造谣惑众、不利于统一天下的言行必须立即禁止,否则将会影响政局的稳定,有损于皇帝的权威。最后,他把这一切都归罪为读书人读了太多古书,建议下令焚书。按照李斯最后制定的法令,凡是秦记以外的史书,不是博士所藏的诗、书、百家语都要烧掉,只准留下医药、卜筮、种树等实用书。此后,如有敢再谈论诗书者"弃市",就是在闹市区执行死刑,并将尸体暴露街头。"以古非今者族",这是指借古喻今的人,不仅自己有罪,家族皆同时受刑。这次焚书的原因,虽是因分封的问题引起,但李斯借题发挥,最后竟造成焚书的结局。

　　焚书的第二年,有两个术士暗地里诽谤秦始皇。始皇大怒,派御史调查,审理下来有四百六十余人因此被坑杀,这是所谓的"坑儒",其实被坑杀的是方士。《史记·儒林列传》中言:"及至秦之季世,焚诗书,坑术士。"可见,杀的不全是儒生。

　　李斯为什么由儒转法呢? 因为高效! 大秦为什么自秦始皇后可以说几乎是一代而终呢? 因为法家的出发点在高效。实际上是把国家变成了高效机器,他们忽略了国家是由人构成的,而人类一代代传递、生存、延续的核心发自于"情"。国家的军队、机构都是人组成的,不是法律、法规自性运作,而人都有来源,家庭关系就是这一切的来源,故此,儒家说"亲亲为大",当忽略了人情的作用时,就变成"法""律""令""规"越多,漏洞也越多,对人的控制越多,人越思变! 最后,秦始皇去世不久,"天下苦秦久矣"! 人民纷纷揭竿而起,发动灭秦起义。

人之本,是内心的情义,而法本是为了保障人类社会和谐、国家有序稳定、人民生活幸福的工具,以法为本而忽略情的温暖作用,社会风气反而会转向暴戾、冷漠,最终得不偿失。情和法之间,应是不二圆融、互生互助的关系。情本是法本。

贞观六年的年底唐太宗曾释放二百九十个死刑犯回家过年,太宗为什么会突然这么做?是善心大发、考验人性,还是推行仁政?这是谁出的主意,笔者无从知晓,但他真的把这批犯人放回家跟家人团聚,顺便处理后事了,并同意他们来年秋后再自己回来受死。第二年秋天,二百九十个死刑犯全部如期回归。唐太宗大受感动,下令将他们全部赦免。

这件事情的意义便在于太宗发挥了情的作用,放是情,如期回归是情,最后被赦免还是情。相信这批死刑犯多会洗心革面,重新做人。也因为此事必定给社会风气带来了积极的推动作用,唐人会感恩太宗的贤明,以至人心向善,这是"贞观之治"又一创举。

而大秦自秦孝公起重用商鞅,两次变法后,秦国以法家为治国之本。大秦重法家治国,有秦国的苦楚:国力羸弱,位置偏远,要积极调动生产力,就需要剑走偏锋,使国家从上而下变成一台高效运转的机器。故此秦惠王登基后,虽迫于旧族势力车裂商鞅,但人虽死,其法被沿用。故李斯身为大秦相国,重用法家之法属"公"。另,李斯查证到二百多年前,其祖上蔡国大将军李属被成公所诛,罪名不明。而先祖之惨死和家族的败落,跟孔子困于陈、蔡直接相关,以至于李斯心中对儒家存有芥蒂,这属"私"。

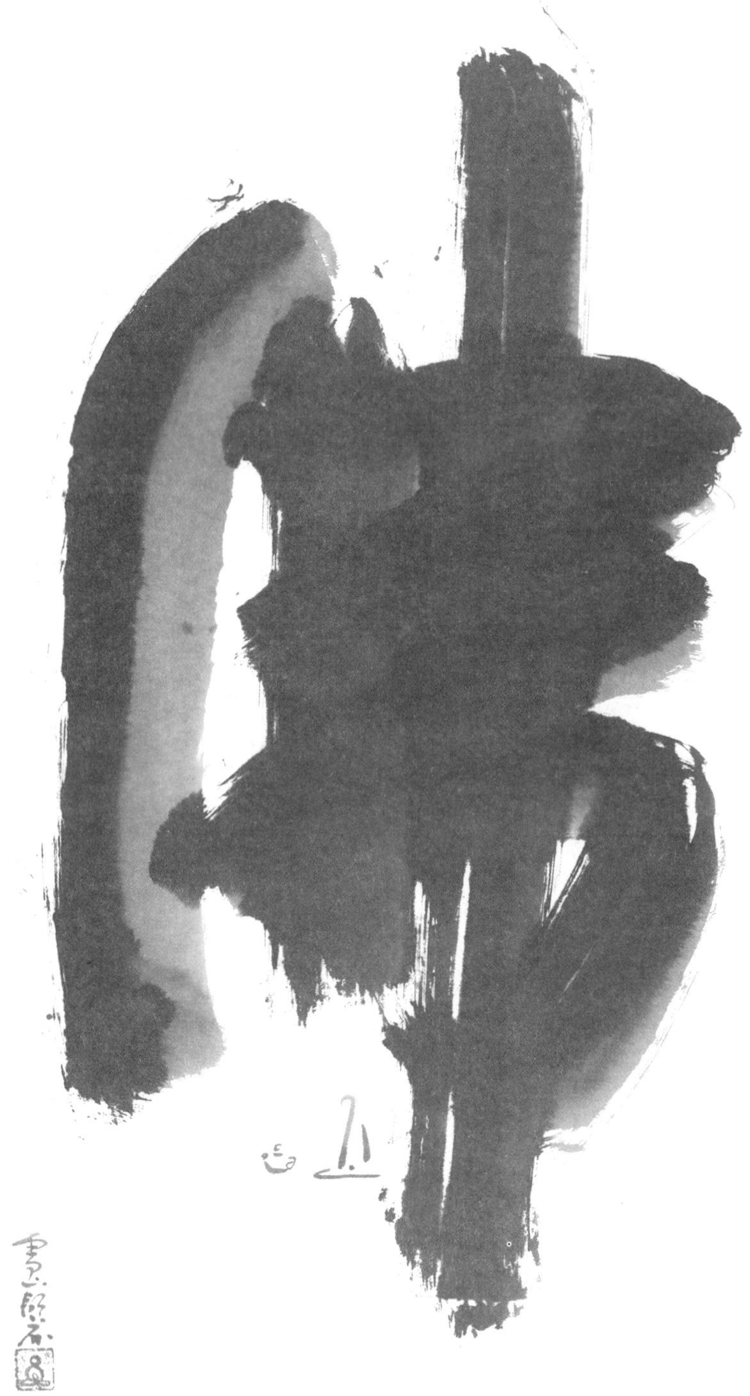

然而在感激、陶醉、庆幸自己荣登宰相大位之余,李斯的内心真没有恐惧吗?《史记·李斯列传》记录,他自己说:"物极则衰,吾未知所税驾也!"可见,他所担心的只是盛极而衰,失去富贵,却从未思考如何从善如流,利国利民。他的一言一行淋漓尽致地体现了性恶说,却将老师"化性起伪"的思想抛之云外,忘记了老师一切学说的落脚点是为了导人做圣人君子。

公元前323年,韩非死于秦国。有关他的死因,《史记·老子韩非列传》记录:"李斯、姚贾害之,毁之曰:'韩非,韩之诸公子也。今王欲并诸侯,非终为韩不为秦,此人之情也。今王不用,久留而归之,此自遗患也。不如以过法诛之。'秦王以为然,下吏治非。李斯使人遗非药,使自杀。韩非欲自陈,不得见。秦王后悔之,使人赦之,非已死矣。"

韩非上书韩王实行变法,他的建议却未被韩国国君采纳,只得退而著书立作,名《韩非子》。韩非受教于荀子,也继承了老师的毅力,当年荀子潦倒病死之前还在辛苦著书,其精神可歌可泣,而韩非虽没发扬荀子儒家学说,但在著书方面师徒二人颇有志同道合之处。

他的著作传到秦国后,秦王大为钦佩,整套《韩非子》治国方略,即法、术、势三条,这是君王专制的理论与实战基础。秦王读《孤愤》《五蠹》时,感叹:"嗟乎,寡人得见此人与之游,死不恨矣!"

韩非的法治观念中,强调的是用重典重刑治国。《六反》中言:"明主之治国也,众其守而重其罪。"用重法是"杀一警百",这样,人们因为畏惧,故而犯法的人会减少,国家也就昌盛起来。为什么是君王专制?因为韩非的学说里没有公民监督的成分,一切事务都是君主亲自过问并自行监督的,他还要君王隐蔽于众臣之间,不能在臣前过分地表现喜乐悲愁,就怕臣子们投其所好,使"五蠹"横生。

为了得到韩非,秦王找了个借口攻韩,韩王派韩非出使秦国。秦王见到韩非后很高兴,但没有马上任用他,于是李斯告诉秦王,韩非是他的同门,他对韩非很了解,然后他就和姚贾合作在秦王面前编织了韩非的各种坏话,韩非因而被关进监狱。不久韩非在狱中服毒,而送给他毒药的就是李斯。

李斯害死韩非的出发点究竟是出于私心中的妒忌,还是他认为韩非作为韩公子必定阻秦攻韩?当然韩王遣韩非去秦国游说的目的,就是希望能拖延秦国攻韩的步伐。李斯是否认为韩非若是回国,必定协助韩国御秦,到时又会成为秦国的阻碍呢?这就无从知晓了,或者两者皆有之。

但无论何种原因,在李斯看来,韩非都必死!他既然自己送上门来,正好借秦王之手杀他。韩非在狱中曾上书于秦王,可惜书落李斯之手,一切也就付诸东流。对韩非的死因,西汉《战国策》曾有不同说法,但各界持《史记》说法的居多。

大秦宰相李斯的政治野心一步一步得到满足,却没想到始皇突然驾崩了,聪明绝顶的李斯此时方才遇到真正的对手,谁想到居然是他以前根本不放在眼里的宦官,真小人赵高!

秦始皇沙丘驾崩时,那道令长子扶苏速回咸阳处理后事的诏书并没有发出,而是被赵高扣押了。赵高明白,如果扶苏称帝,自己的前途就毁了,这道遗诏是万万不能发的。唯有扶立对自己言听计从的胡亥,才可能保证自己的未来。

于是,宰相李斯的态度成为政变能否成功的关键。但执掌朝政数十年的李斯,始皇对他恩重如山,李斯的表现也是忠心耿耿的,这种易立皇储、篡改遗诏的政变,李斯会做吗?敢做吗?这就引出了伪君子和真小人之间的较量。

《史记·李斯列传》记录,李斯和赵高之间的谈话很简单,赵高单刀直入,一点也没和李斯兜圈子,开门见山便说:"皇上去世了,留下诏书让长子扶苏进京称帝,但是,这封诏书目前没发出去。而且皇上驾崩,他人不知道,玉玺在我手中。只要你我口径一致,可以改立胡亥继承大统,丞相您意下如何?"

李斯当然吃惊非小,当即斩钉截铁地回答:"安得亡国之言?此非人臣所当议也!"

可是说出来这么大义凛然的话有什么用?赵高敢于如此一针见血地和李斯摊牌,就是早把李斯这只仓鼠看得透透地,李斯当年奔赴秦国的初衷是"人之贤不肖,譬如鼠矣,在所自处耳",这是他的老鼠哲学。所以,赵高听到李斯的回答后,不慌不忙,一口气问了他五个问题:"您的才能和蒙恬比怎么样?您的功劳和蒙恬比怎么样?您的谋略和蒙恬比怎么样?您的人气和蒙恬比怎么样?您与扶苏的关系和蒙恬比怎么样?"

可以说赵高的思路极其清晰,五个问题在李斯听来,步步惊心,直指要害。故,他只能坦言:"此五者皆不及蒙恬。"

一击而中后,赵高接着不慌不忙地继续问:"凡秦国被罢免的丞相、功臣没有一位有好下场,您觉得自己会是例外吗?"

李斯闻言,内心开始激烈斗争,正犹豫间,赵高又使出杀手锏:利害!以"安"与"危"的相互转换继续发起进攻。

赵高说:"'安'可以转化为'危','危'可以转化为'安',如果一个人连'安'与'危'都掰不清,根本谈不上智慧。丞相大人啊！当今天下的权力与百姓的命运都掌握在胡亥手里,而胡亥只听我赵高的,您如果与我们联手是从上控制下,外部势力要进来控制朝廷那属于妄想,下面的人要制服上头是造反。"

说着说着,看李斯的心开始活动了,他话锋一变,警告说:"您如果听我的话,可以长保封侯,永世相传,如果不听我的话,不仅会马上灾难降临,还会祸及子孙。智慧的人善于转祸为福,您打算怎么办呢？"

一番舌战下来,据《史记·李斯列传》记载:"斯乃仰天而叹,垂泪太息曰:'嗟乎！独遭乱世,既以不能死,安托命哉！'于是斯乃听高。"

如果放在今天,赵高属于谈判高手,为什么能赢？他对人性了解得太彻底了！对李斯这个伪君子而言,哪有什么正义感？什么是谈判？就是能说动对方顺着自己的想法和思路走,谈判就是讨价还价,对方每退一步,自己就进一步。

那么这次谈判如何？李斯从对始皇临终前的信誓旦旦,到开始时斩钉截铁的拒绝,这一切在赵高的面前如同儿戏,李斯的坚定防线被赵高一眼看穿,形同虚设。赵高比李斯自己都清楚他在想什么,他怕什么、要什么、能做什么。否则他如何敢连个试探都没有,就直接挑战李大人所谓的"忠诚"？

他从"亲疏"入手,动摇李斯的进途,再突然断其退路,告诉他想全身而退是不可能的,不能进也不能退时,人才会铤而走险,于是开始形势分析,最后晓以利害,一剑封喉,把个李斯说得无言以对,最终做了赵高的鹰犬。

《左传》云:"思其始而知其终。"果不其然,李斯应了"作法自毙"四个字。

那么，事实是否真如赵高所说，如果扶苏登基，李斯的结局就一定很惨呢？可以说，这叫以小人之心度君子之腹。扶苏登基后的事情是谁也无法预判的，李斯如果做个坦荡荡的君子，以诚相待扶苏和蒙恬，那么可以肯定的是，他内心中不会成天因为背叛而惶恐不安，也可以肯定的是，即使不再当权，他和家族的结局也一定不会那么悲惨！

秦二世元年（公元前209年），昏庸无能的胡亥继承了帝位。李斯与赵高的结合，本源于利益，利尽则散，各取所需后勾心斗角是在所难免的。不到两年时间，李斯就成了赵高功利上的绊脚石，赵高卸磨杀驴的速度、除之而后快的决心，是李斯这个伪君子万万想不到的。

在这场权力的角逐中，李斯很快就体会到了牢狱的冰冷黑暗，一次次被严刑拷打、刑讯逼供，让李斯真正品尝到了他自己制定的酷刑严法的真实。中国历代丞相中，下场最可悲、死法最惨烈的人，首推李斯。据《史记》记载："二世二年七月，具斯五刑论，腰斩咸阳市。"也就是说，赵高利用李斯上位也就两年，就把李斯杀了。

什么是"五刑"，也就是五种刑罚。先秦的五刑是指墨、劓、剕、宫、大辟，《北魏律》的五刑是死、流、徒、鞭、杖，《北齐律》的五刑是鞭、杖、耐、流、死，《北周律》的五刑是死、流、徒、鞭、杖；从《隋律》起，才将五刑定为笞、杖、徒、流、死，并一直延续到清朝。

从"五刑"的演变过程来看，这种惨绝人寰的刑罚，正在一步步向着较文明、人道的方向发展。可李斯却没有那么幸运，秦朝的"五刑"可与死刑并用，极其残忍。其法为："先黥、劓、斩左右趾，笞杀之，枭其首，菹其骨肉于市，其诽谤詈诅者又先断其舌。"由于李斯行刑时没有胡言乱语,所以没有被额外地割掉舌头。但司马迁既然用了"具"这个字,就说明李斯是遭受了五种刑罚之后,再处腰斩,一项也没有漏。

玩火之人必自焚,李斯自己是《大秦律》的制定者和执行者,如今自己却成了"俎上鱼肉",由他训练出来的刀客,按照他精心厘定的刑罚,一项一项、一刀一刀地慢慢结果了他的性命。

实施"五刑"是一个漫长的死亡过程,行刑的过程中,年迈的李斯必定会从阵阵无以言表的刺痛中,体会到自己其实早已在年轻时就已经死去,自入秦后费尽心机追逐的荣华富贵、名利权势,此刻究竟在哪里? 不过,谁又能真切体会李斯当时的心情呢? 此时,他会不会想起师弟韩非子的一句名言:"今众人之所以欲成功而反为败者,生于不知道知,而不肯问知而听能。"

滚滚长江东逝水,浪花淘尽英雄。是非成败转头空,青山依旧在,几度夕阳红……

李斯死时,七十三岁。去往刑场时,白发苍苍的他对同赴刑场的二儿子李由说:"吾欲与汝复牵黄犬,俱出上蔡东门,逐狡兔,岂可得乎?"

从这段话中可以感受到他当时的内心世界,临终的李斯恢复了从容和真诚,这段发自肺腑的话,既是他对闲情逸致、美好生活的向往和留恋,也是对他自己追逐权力一生的全面、彻底否定。

回归人本初之真心,回归对天地自然的敬畏,回归人和众生之类的友善,扶老爱幼,人皆友善,这样的人和社会,才是能心安处世的和谐社会。性本空,故无善恶;随缘起,故有美丑;定慧等,故有明辨。

禅画之"大美",不会存在于具体事物中,也就是说,一切具体的事物都不会是真正的"大美"。真正的"大美"是存在于万事与万物、万物与心、心与心、万物与万有、万物与万物的间隙中,是在不断的阴阳更换、五行交替、明暗互生、善恶转化、不垢不净、不生不死、不增不减、如来如去中随缘产生的。

每一幅禅画所显现的阴翳和波纹反映,都是观者当下的心相。世上,凡言"大""高""真"者,必孤独。如大海、天地,还有真相,所以,当一个人、一件物开始越来越孤寂时,就开始向着"大""高""真"的方向转化了。不过,这种孤寂并非寡薄,大海孤寂,但海水充满着整个地球;天空高远,但时刻滋养着整个地球;人心难真,但唯有真诚的人心才能合于天地。

有心者得,无心者通。

禅者颂
云上曲

皓月当空明寂寂，
潇潇寒影随月移。
苍茫天地一圆相，
忽有清风振白衣。

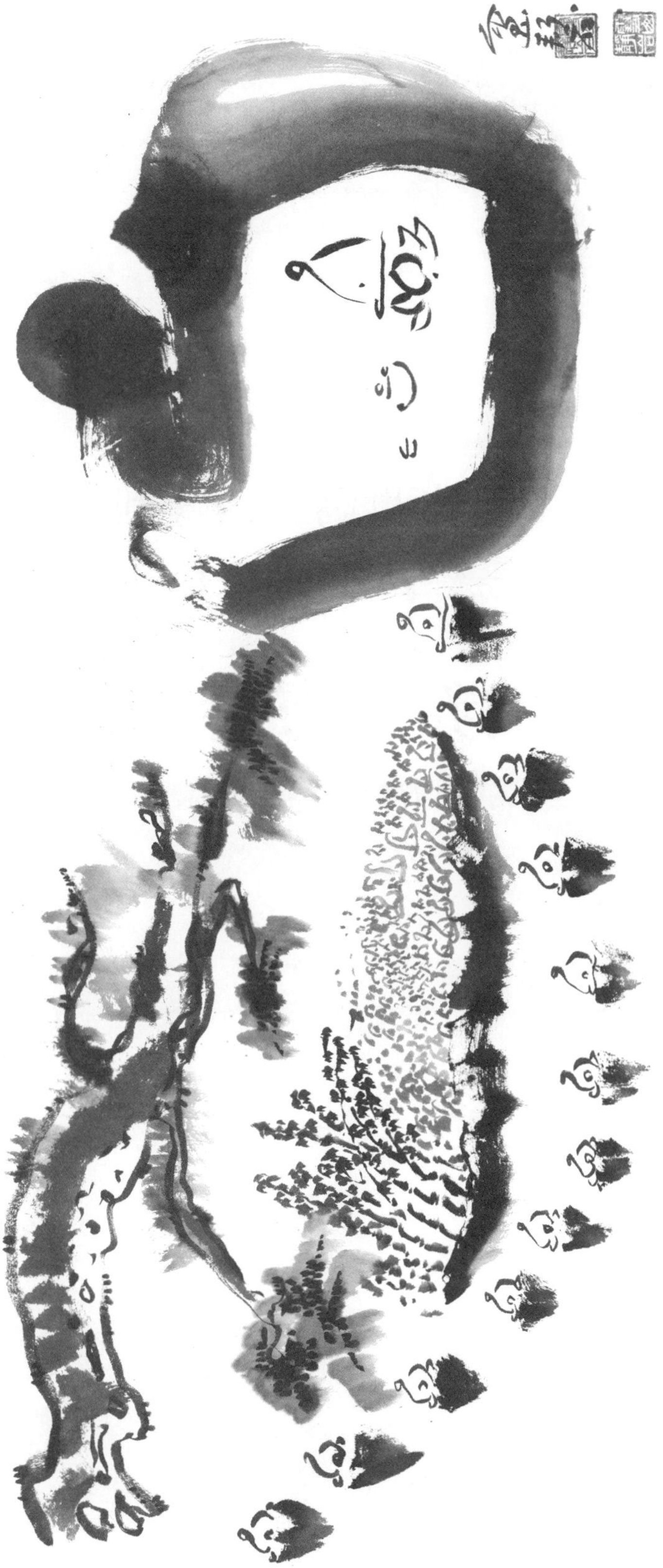

十年磨剑 八年笔耕

二十一本专著
供养十方善知识

(部分作品简介)

禅文化系列
《茶密禅心》

正本清源，溯源中国禅之历史脉络、法源灯传之路。

"拈花微笑""一苇渡江""婆子点心""打车打牛"……那些妙不可言而又朴实平凡的瞬间，在文字间奔放流动。

容千载于一瞬，纳须弥于芥子。这活泼泼的禅心，从没有断过……

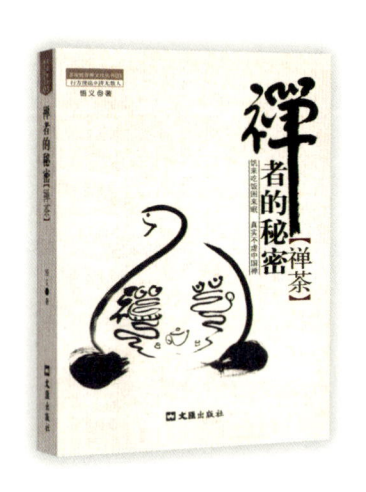

禅文化系列
《禅者的秘密·禅茶》

　　这一年又一年的蹉跎岁月,到底是向我们走来,还是匆匆离开?

　　陆羽,皎然,茶烹,季兰……

　　这谜一样的人生,雾一样的故事,伴随着茶的芬芳在心中弥漫。

　　最好清晨和露看,碧纱窗外一枝新。

禅文化系列
《禅者的秘密·饮食》

禅者,有秘密吗?

日月星宿,盈昃列张;全现于前,而凡常之人不得其要。

放下屠刀,立地成佛:此乃祖师实语、真语、不妄语。

如何是成佛的下手处?饥来吃饭困来眠。

且看古佛赵州,徒儿真秀,如何千里行禅,闭关安居,如何在苍茫孤寂之天地间,循禅法之脉络,以饮食为启迪,显禅之"密"。

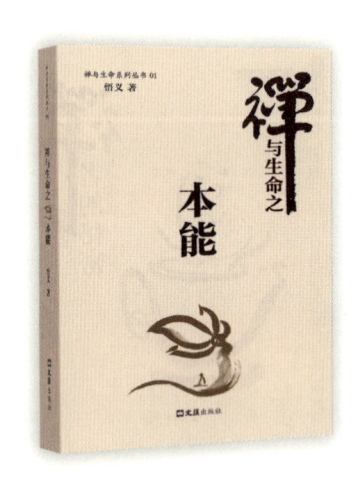

禅与生命系列
《本能》

大脑与能量、意识的通路、颈椎与理智、胸椎与情绪、腰椎与生命力、体内饮食的通道、梦修是什么？筋与骨……

人应该如何相应生命本具的能源与能量呢？

我们的身心为什么不健康呢？

蓦然回首，自己就在灯火阑珊处。

禅与生命系列
《生存》

生,不由己?

存焉于世,是必须自主、自控、自在的!

否则,人何以为人?

如何自主? 如何自控? 如何自在?

最简单,情绪如何起伏? 疾病从何而来? 环境和"我"如何相生相克?

一位身心俱疲的商人,在人生的十字路口,遇见一位禅师,如此,心中疑惑娓娓道来,从微处展开宏大的对生命实相的探寻。

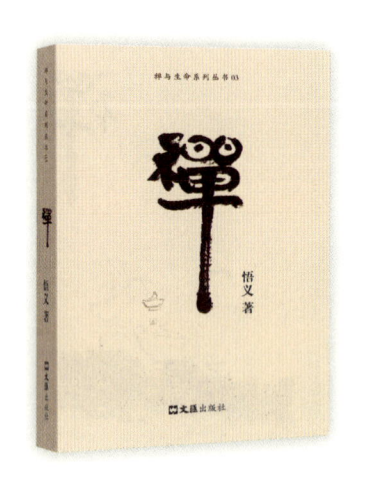

禅与生命系列
《禅》

禅,不可说。

那,为什么还要说?

"缘,念,通,空,行,了,生,死,起"这些是密码?还是章节?

骑在六牙白象背上的各路人等,穿越时空,电光石火,上天入地,共赴马祖之约。

是梦?是真?不可思议的,往往正是生命的重生处。

禅画美学系列
《高明中庸 修身为本》

何为禅？何为观？何为心？何为美？

作为"禅画美学"系列丛书的开篇之作，作者从"禅画美学"这个中国禅修行的下手处下手，生动活泼，气象万千。

何为禅儒不二？

如何穿过两千多年来的语意变迁，精彩透视当今社会？

且看，中国禅修养导师悟义老师，妙解《中庸》。

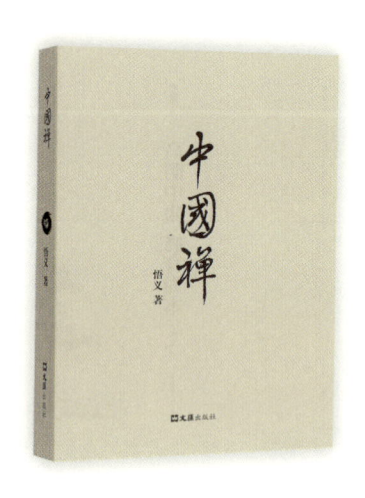

禅法系列
《中国禅》

独解禅法西来、"中国化"之历程。

人脉、法脉,两线并举。

何为"中国禅"?"中国禅"从何时起?由谁创立?有何发展?后来为何式微?如今,即将重新大放光彩的中国禅,将对中国乃至世界的文明,起到什么样的作用?

《中国禅》娓娓道来。

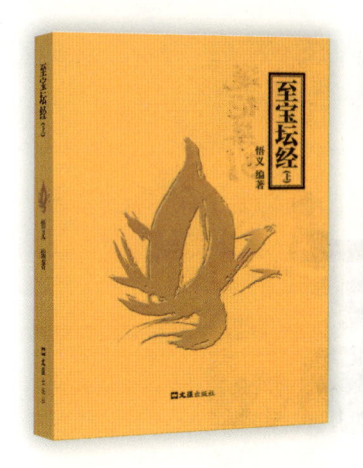

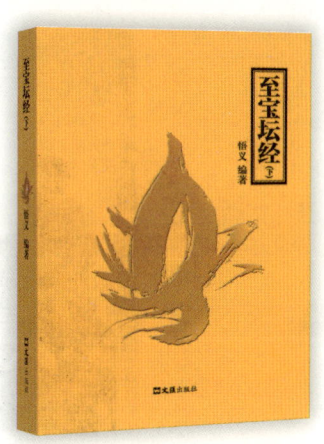

禅法系列
《至宝坛经》(上下册)

《六祖法宝坛经》是中国禅的根本经典。

虽只有两万余字,却法海难测,现代人想真正理解其中智慧,实非易事。

著者将自修行中对《坛经》法语的证悟,与有缘人分享。

《坛经》是佛法的中国化。

《至宝坛经》是《坛经》的现代化。

禅修系列
《莲花导引》

苦于脱不开城市污染生活的人,需要"静中动"不离"动中静"。

"莲花导引"功夫,是帮助修者进入禅定修为的辅助功夫。

虽,禅定深不可测,然,因人、因事、因境、因机而变,其中必有轨迹可循,必有下手之处。

"莲花导引",乃其入手之一。

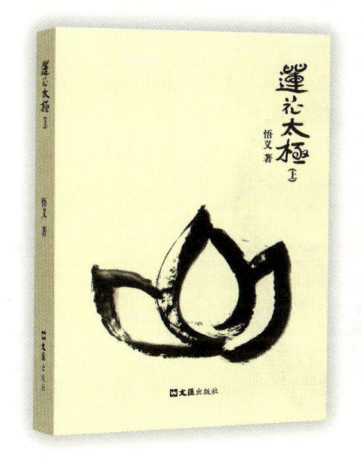

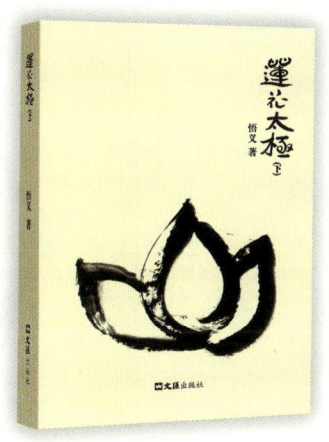

禅修系列
《莲花太极》(上下册)

　　禅者若想真正心契禅法，必重实证实修。文字、修法、语录，乃指月之手，非"中国禅"本身。而无文字、修法、语录，如何见月？

　　定中生慧，慧不离定。

　　"莲花太极"是帮助禅者契合禅法的助力。

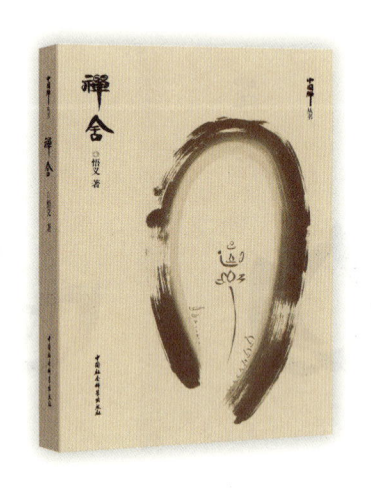

禅修系列
《禅舍》

《禅舍》似言房舍,实论禅"舍"之法。居"舍"禅修,由"舍"契禅。

"舍"是法,"禅"是心,舍它个无漏,无为为法,方契合无相禅心。"舍",是最大的藏,藏生于法,藏意于心。藏天下于天下,藏财富于生意,藏生命于众生。

灯无尽,藏无尽,灯灯无尽,唤醒生命。

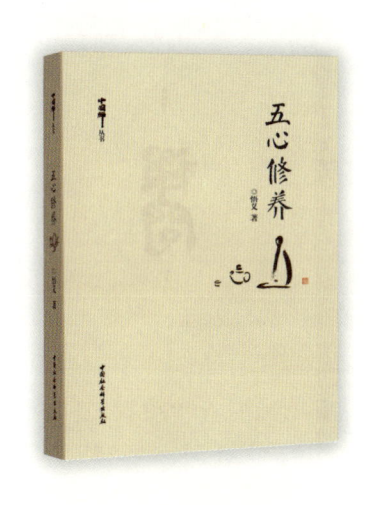

禅修系列
《五心修养》

开篇作者以博大恢弘的视角，全方位追溯了中华文明五千年的历史渊源与辉煌，以及中华文明的古老智慧所具有的当代意义。

"五心修养"是将人之习气分为地、水、火、风、空五类，从而对应地、水、火、风、空五种修养法，是"中国禅"修养者的共修法。

其实质是通过六根清净法净化身心，借用禅法之力帮助初修者卸载冗繁的旧有程序，重启生命自净化系统，唤醒生命的活力。

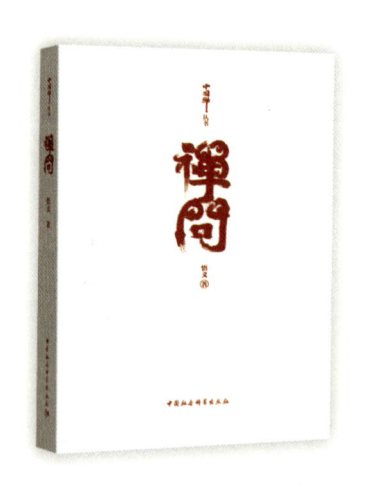

"中国禅"讲座系列
《禅问》

修者参禅问禅；

师者应机破机。

答非答，问非问；

答亦答，问亦问。

此书是2016年腾格里沙漠月亮湖等三次"中国禅"讲座问答之汇编。

全书三十六问答，浅入深出，理趣含密；答在问中，无前无后；任取一页，当有所会。

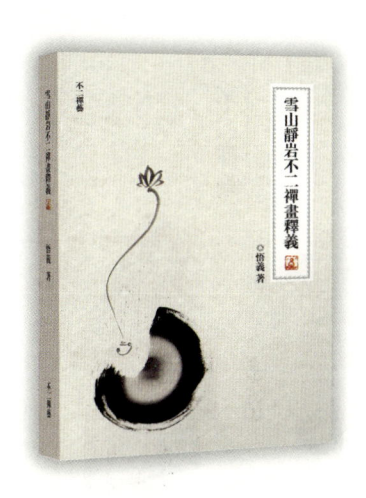

禅艺系列
《雪山静岩不二禅画释义》

一支如椽大笔,世出世间不二。

一点浓淡水墨,时空任运往来。

禅,不可说;却,可画、可意、可道、可契、可印心。

禅艺系列
《不二禅颂》

  从禅颂印度起源,至中国之演化,到日韩之发展,史海钩沉,本文梳理禅颂渊源、脉络,直契禅颂声法的根底,将这一微妙的修法呈阅修者。

  生命能量与宇宙能量如何连接?气机如何生发、转化?音声的无量无尽奥妙如何表达?何为如沐春风?声法的震动与人体的关系如何?

  愿各位有缘听闻不二禅颂的善知识,循声得度,自利利他!